苏轼

SUSHI

一蓑烟雨任平生

郭宏文 陈艳婷 著

团结出版社

图书在版编目（ＣＩＰ）数据

　　苏轼：一蓑烟雨任平生 / 郭宏文，陈艳婷著. --
北京 ：团结出版社，2019.2（2021.5 重印）
　　ISBN 978-7-5126-6390-9

　　Ⅰ．①苏… Ⅱ．①郭… ②陈… Ⅲ．①苏轼（1036-
1101）—传记 Ⅳ．①K825.6

　　中国版本图书馆 CIP 数据核字(2018)第 137129 号

出　版：团结出版社
　　　　（北京市东城区东皇城根南街 84 号　邮编：100006）
电　话：（010）65228880　65244790 （出版社）
　　　　（010）65238766　85113874　65133603（发行部）
　　　　（010）65133603（邮购）
网　址：http://www.tjpress.com
E-mail：zb65244790@vip.163.com
　　　　tjcbsfxb@163.com（发行部邮购）
经　销：全国新华书店
印　装：三河市东方印刷有限公司

开　本：163mm×240mm　　16 开
印　张：20.5
字　数：336 千字
版　次：2019 年 2 月　　第 1 版
印　次：2021 年 5 月　　第 3 次印刷

书　号：978-7-5126-6390-9
定　价：58.00 元

前言

明月几时有？把酒问青天。不知天上宫阙，今夕是何年。我欲乘风归去，又恐琼楼玉宇，高处不胜寒。起舞弄清影，何似在人间。

转朱阁，低绮户，照无眠。不应有恨，何事长向别时圆？人有悲欢离合，月有阴晴圆缺，此事古难全。但愿人长久，千里共婵娟。

这首词，是苏轼的中秋望月怀人之作，表达了他对胞弟苏辙的无限怀念之情。苏轼运用形象描绘的手法，勾勒出一幅皓月当空、举杯独酌的清冷画面，来衬托自己遗世独立的意绪，与往昔的神话传说融合在一起，在月亮的阴晴圆缺当中，融进浓厚的哲学意味。

当时，苏轼在密州（今山东省诸城市）任太守。中秋之夜，他一边赏月，一边饮酒，直到天亮，于是作了这首《水调歌头•明月几时有》。词的上阕，是词人在望月，既怀逸兴壮思，高接混茫，而又脚踏实地，自具雅量高致；词的下阕，是词人在怀人，即他的弟弟苏辙，由中秋的圆月，联想到人间的离别，同时感念人生的离合无常。

对于这首《水调歌头•明月几时有》，历来都是推崇备至。南宋著名文学家、词人胡仔，在他所编撰的诗词话集《苕溪渔隐丛话》说："中秋词，自东坡《水调歌头》一出，余词尽废。"胡仔认为，这首词是到当时为止，历朝历代写中秋的词中最好的一首。

苏轼少年成名，本是做宰相的胚子，却因性格上的直率孤傲，在朝中常与持变法主见的人有分歧。他不仅不能与新党共事，也不能容忍尽废新政的旧党，这造成他仕途上的坎坷。而恰恰是这一原因，使苏轼成为在文坛上光耀后世的文豪。苏轼在贬谪期间，仍表现了不屈不颓的精神风貌。正像《定风波•莫听穿林打叶声》一词所述，遇雨小事中却蕴含着丰富的生活哲理，故世人赞之："非大手笔难以至此！"

苏轼字子瞻，号东坡居士，宋仁宗景祐三年腊月（1037年1月）出生于眉州眉山（今属四川省眉山市），祖籍河北栾城。祖父苏序、父亲苏洵均好诗书，苏轼因此幼年承受家教，深受其父苏洵的熏陶。母亲程氏也是知书明理，并曾对苏轼"亲授以书"。

有这样良好的家庭氛围，加之苏轼从小就聪颖好学，他得以博涉经史。21岁时，苏轼就入京参加科举考试，并在欧阳修的推崇下，一举名动京城。25岁时，苏轼就担任福昌主簿。宋仁宗嘉祐六年（1061年），苏轼又考中制科优人三等（最高等），授大理评事，签书凤翔府判官。

34岁时，苏轼因不满王安石变法，自请到地方任职。他先后出任杭州通判，密州、徐州、湖州等地的知州。知州这一职务，就相当于现在的市长。他在职期间，一直体恤民情，尽心职守，且以诗托讽时政，冀有补于国。43岁时，因"乌台诗案"遭人陷害，被贬官至黄州任团练副使。

5年后，苏轼又复朝奉郎、登州知州，召为礼部郎中、中书舍人、翰林学士等。后因不赞成司马光一派尽废王安石新政的做法，苏轼又请出任外职，先后担任杭州、颍州、扬州、定州等地的知州。57岁时，又被贬官至惠州。62岁时，再次被贬官至海南儋州。这次被贬，也成为宋朝史上被贬最远的官员，远得已到了国土的边界。同时，也是受罚最重，重得仅次于满门抄斩。

苏轼一生，宦海沉浮，三次被贬，但始终是不卑不亢，不屈不挠。即便年事已高，也没有被命运打败，依然以他宽阔的胸怀，寻求面对逆境的安身立命之道。宋徽宗即位后，苏轼被赦内迁。宋徽宗建中靖国元年（1101年）七月二十八，苏轼卒于常州，享年66岁。死后被赠太师，御赐谥号"文忠"公。

苏轼于官场起起伏伏四十余年，虽仕途多舛，屡遭贬逐，但在各地任职期间，也取得了非常突出的政绩。如徐州防汛、杭州筑堤、儋州授馆、兴修水利、架桥凿井、赈灾施药……为官一方，深受百姓的爱戴。如著名的苏堤，宋哲宗元祐五年（1090年），苏轼任杭州知州，疏浚西湖，主持修建过一道长堤，百姓为纪念苏轼的功绩，将此长堤命名为"苏堤"。

苏轼对文学创作，倾注了毕生精力。"乌台诗案"以前的创作风格，一向是性不忍事，嫉恶如仇。遇有邪恶，则"如蝇在食，吐之乃已"。毫无疑问，苏轼一直渴望在仕宦之路上获得成功。但是，在宋神宗元丰二年（1079年），御史李定等人摘取苏轼诗句，以"指斥乘舆""包藏祸心"之名弹劾苏轼，将其投入御史狱中，严刑勘问，酿成"乌台诗案"。所谓"乌台"，即御史台，因官署内遍植柏树，又称"柏台"。柏树上常有乌鸦栖息筑巢，乃称乌台。

后经数月折磨，罪名虽没成立，但苏轼却被谪以黄州团练副使之职安置黄州。在黄州的生活是艰苦的，也是寂寞的，足够他反躬自省，走出心境的困惑。天性乐观的苏轼爱交朋友，还亲自垦荒种地帮补生计。他崇尚道家文化，并回归到佛教的意境中来，习惯于淡泊和静定，"东坡居士"的别号，便是在这时候起的。面对起伏多变的人生，苏轼由少年般的无端喟叹，转为风轻云淡地说出，"也无风雨也无晴。"

在今四川眉山市的苏家故居里，其大门上悬挂着这样一副楹联："一门父子三词客，千古文章四大家。"上联中的"三词客"，指的就是苏家里的三个人：苏轼的父亲苏洵、苏轼本人和苏轼的弟弟苏辙。而下联中的"四大家"，指的是唐宋杰出的四位散文家：韩愈、柳宗元、欧阳修与苏轼。这副楹联的上下联，都有苏轼，可见后人对他的文学艺术的评价，到了非常高的程度。

渊博丰厚的学识，豪爽豁达的性格，曲折坎坷的经历，使苏轼在文、诗、词三方面都达到了极高的造诣，堪称宋代文学最高成就的代表。苏轼的艺术创作活动，还不局限于文学，他在书法、绘画等领域内的成就，也都非常突出。同时，他对医药、烹饪、水利等技艺，也有一定的贡献。

苏轼可称得上是全能的文学天才，也可称得上奇才。其散文与欧阳修并称"苏欧"，在今存的约4200篇散文中，无论是奏议、进策和杂说等议政论史之作，还是碑传、游记、书札、序跋等叙事随笔，都以思理精当、文笔洒脱见长。他的诗，与黄庭坚并称"苏黄"，现存诗 2700 多首，内容广泛，立意新颖，诗风宏放雄浑、飘逸清丽，受到历代诗家的高度赞誉；他的词，与辛弃疾并称"苏辛"。苏轼从事词的创作稍晚于文、诗，大致在熙宁中期任杭州通判时小有成就，任密州、徐州知州时渐趋成熟，贬官黄州后的创作更具神韵与老健；他的书法，名列"苏、黄、米、蔡"北宋四大书法家之首，追求个性解放，重在写"意"，喜用卧笔偏锋，给人圆劲宽博意忘工拙的感觉，也让人领略到他纵逸豪放、平淡天真的人生；他的画作，开创了湖州画派，与著名画家、诗人文同并称，喜画竹石，画风强调神韵。

若论美食家，苏轼也是当仁不让。用现在的话说，就是吃家大神，走到哪里，都能享受生活，享受美食，每每还以所食之物，吟诗弄文。想想以他名字命名的东坡肉、东坡羹、东坡豆腐……人们自然都会浮想联翩。

他重视文学的社会功能，反对"贵华而贱实"，强调作者要有充实的生活感受。他认为为文应"如行云流水，初无定质"，"文理自然，姿态横生"，要敢于革新独创。苏轼在词的创作上取得了非凡的成就，就一种文体自身的发展而言，苏词的历史性贡献又超过了苏文和苏诗。苏轼拓宽了宋词创作的题材领域，使其突破酒楼歌女的狭窄天地，成为与诗并驾齐驱的重要文学形式。不同阶层的各种人物，动人的情思、事件，以及随之伴生的人生感受与情感波动，都被苏轼巧妙地融入词作之中，使得其具有鲜活的生活气息与深邃的思想内容。在词的创作上，苏轼为宋词走向独立与成熟，提供了成功的范例。另外，苏轼的词，还多有词题与小序，这些题序，不能用于演唱，却有助于他阐明作品主题和读者理解作品。

苏轼大胆借鉴诗歌创作中的比兴、寄托、夸张等艺术手法，提高了词的艺术表现力、感染力。词与诗相比，长处在于句式长短有致，更便于表达苏轼起伏奔放的激情；而短处在于词律严格，有时限制语言表达的准确性。苏轼有意将词发展成脱离演唱的独立的抒情诗体，自然要尽量借鉴诗歌创作的原则与方法，进而发挥长短句式的抒情特长，纵思骋情，写出许多震撼人心的佳作。说苏词以"豪放"见长，主要是指苏轼为词坛注入新的活力。尽管这部分作品的数量并不多，但正是其奔放豪迈、劲拔雄健的词风，开创了宋词创作的新篇章，亦使苏词在词史上留下了光辉的一页。

苏轼的诗文，写给弟弟苏辙（子由）的比较多。两兄弟从小在一起读书，中第应仕后，只有为父母丁忧的六年和当京官的时间在一起，可谓聚少离多。兄弟两人的个性文风截然不同，苏轼热情奔放，苏辙沉静恬淡，却未影响到兄弟之间的感情。相反地，他们总能并肩携手，患难与共，手足亲情几乎贯穿他们的一生。苏辙说哥哥"扶我则兄，诲我则师"，苏轼认为弟弟"岂是吾兄弟，更是贤友生"。"乌台诗案"后，苏轼银铛入狱，生命堪忧，苏辙上书皇帝，乞以自己的官职赎兄之罪。纵观二苏的仕宦生涯，进退出处，无不相同，患难之中，友爱弥笃，无少怨尤，手足情深，古今罕见。两兄弟唱酬的诗多达数百首，其中，苏轼写给弟弟最著名的诗词，当属《水调歌头·明月几时有》。

苏轼的一生，先后娶过三任妻子。结发之妻王弗，年轻貌美，知书达礼，堪称苏轼的得力助手，与苏轼共同生活了 11 年，27 岁就病逝了。其坟茔葬在苏母墓旁，苏轼在埋葬王弗的山头，亲手种植松树，以寄哀思。又过了十年，苏轼为王弗写下了被誉为千古第一悼亡词的《江城子·记梦》。第二任妻子王润之，是王弗的堂妹，与苏轼共同生活了 25 年，这时期，是苏轼人生起伏最大的时期，她可称得上苏轼的患难之妻。苏轼第三任妻子叫王朝云，天生丽质，聪颖灵慧，能歌善舞，独具一股清新洁雅的气质。原是他的侍妾，在苏轼最困顿的时候，生死相随，可算是苏轼的红颜知己。苏轼写给王朝云的诗歌最多，称其为"天女维摩"。但不幸的是，她年仅 34 岁，即先于苏轼病逝。朝云逝后，苏轼一直鳏居，再未婚娶。

据清代梁廷枬所纂的《东坡事类》记载："苏子瞻泛爱天下士，无贤不肖，欢如也。尝自言：'上可陪玉皇大帝，下可陪卑田院乞儿。'"他的朋友圈，上至达官显贵，下至黎民百姓，三教九流，无所不包。有在他失势时推心置腹、施以援手的好友，亦有落井下石、百般刁难的小人。苏辙劝苏轼，择友要严；王弗劝苏轼，择友要慎。可苏轼却以他超然物外的心胸道："我眼前见天下没一个不好的人。"而世人，亦是最喜他屡遭挫折却依旧一种乐观、旷达的人生态度。

林语堂在评价苏轼时说："苏轼是世间不可无一难能有二的，我们可以说，他是诗人、画家，是散文家、书法家，是乐天派，是道德家，是百姓的好朋友……可是，这些都还不足以描绘他的全貌。苏轼的人品，具有一个天才所具有的深厚和广博，苏轼像一阵清风一样度过了一生，虽饱经忧患却始终不失其赤子之心。正所谓千古之后，再无苏轼；千年之间，唯此一人。信然！"

目录

目录

目录

第一章

昔我先君子
仁孝行于家

01 诞于巴蜀，仁孝名门

巴蜀之地，除了美丽富饶的山川风景之外，自古就以人才辈出、文化氛围浓郁而著称于世，被誉为"天府之国"。

相传，在上古时代，轩辕黄帝的妻子嫘祖，就是四川人，她发明了种桑养蚕之法，抽丝编绢之术，是我们先祖女性的杰出代表。修建于战国时期的都江堰，它的设计者——著名的水利工程专家李冰，也是四川人。汉代著名的才女卓文君、大文学家司马相如等都是四川籍，他们的作品流芳百世，至今余韵不衰。唐代大诗人杜甫曾经在蜀地为官，他有一首著名的诗《蜀相》："丞相祠堂何处寻，锦官城外柏森森，映阶碧草自春色，隔叶黄鹂空好音。三顾频烦天下计，两朝开济老臣心，出师未捷身先死，长使英雄泪满襟。"当初诸葛亮出任丞相的蜀国就位于现在的四川。此外 ，写下"前不见古人，后不见来者，念天地之悠悠，独怆然而涕下"（《登幽州台歌》）千古名句的初唐诗人陈子昂也是四川人。诗仙李白在五岁时随父亲移居四川，大诗人白居易、刘禹锡、高适、岑参等也都多次到四川游历，留下很多精美的诗篇。巴蜀的奇山秀水，培育出了数不清的能人异士，更是培养诗人、文学家们激情、豪迈和浪漫的温床，真可谓是钟灵毓秀。

四川省眉山县，古称眉州城。城内有一座山，名叫彭老山。这里层峦叠嶂、草木葱郁，清澈浩渺的岷江在彭老山的脚下蜿蜒着伸向远方，给温婉秀丽的眉州城增加了一丝灵动。宋仁宗景祐三年腊月十九（1037 年 1 月 8 日），一代大文豪苏轼就出生在这个美丽的地方。

传奇人物的出生，总是伴随着一连串的传奇故事，苏轼也不例外。相传在苏轼出生的这一天，曾经风景秀丽的彭老山，在一夜之间草木尽枯，百花不放，就连飞禽走兽都远走高飞。眉山的父老乡亲议论纷纷，他们说苏轼的出生，几乎夺去了彭老山所有的灵气，使彭老山风光不再。两年后，苏轼的弟弟苏辙出生，人们又把他与父亲苏洵、哥哥苏轼联系起来。当时，在眉山一带流行这样一句话："眉山生三苏，草木尽皆枯。"而据传说，六十多年后苏轼去世的这一年，把"灵气"又还了回来，彭老山重又变得郁郁葱葱。

当然，这只是一个传说而已，不可完全相信。但不得不承认，蜀地的灵山秀水，以及它特殊的人文环境和浓郁的文化气息，给了苏轼最早的陶冶和启迪。

幼年的苏轼，有一个非常幸福美满的家庭。他的祖父苏序为人慷慨大方，乐善好施，是眉山一带远近闻名的人物。每年收完稻子，他总要拿出一些米来换成稻谷，储存在自己的谷仓里。每逢眉山遭遇天灾，他便拿出稻谷来赈济乡亲。他还利用房前屋后的空地种植大量芋头，每当穷人们春荒无食时，苏序就用大锅煮上满满一锅芋头，放在大门外，任由吃不上饭的乡亲们自取。

苏序有三个儿子，长子苏澹，次子苏涣，三子苏洵。苏洵就是苏轼的父亲。

苏序淡于功名，不拘礼节，豪放不羁，而且他的酒量极大。闲暇时，他经常抱着一大坛子酒，与亲友村翁们在村头的大树下席地而坐，饮酒取乐，每次都喝得酩酊大醉。他的次子苏涣勤奋好学，考中了进士并在京城封了官，苏序也父因子贵，登朝为官，被恩授大理评事，被后人称为"苏廷评"。

苏轼的父亲苏洵，字明允，自号老泉。他继承了父亲苏序爽朗奔放的性格，不拘小节，慷慨结交各路朋友，或名人义士，或游闲小人，终日呼朋唤友，嬉戏游玩，而无意勤学苦读求取功名，也不明白顶门立户、维持生计的艰辛。

宋仁宗天圣六年（1028 年），苏洵与眉山大理寺丞程文应的女儿程氏结婚，程氏时年 18 岁。除了父亲程文应之外，程氏的祖父和兄弟也都在朝为官，因而，程家在当地是权势显赫富甲一方的名门望族。然而，这位集富贵于一身的名门千金，自幼不喜奢华，每日素衣淡妆，再奢华的首饰，再绮丽的绫罗绸缎，她都视若无物。可她唯独对笔墨文章、诗书琴棋情有独钟。父亲有一次叹息着对女儿说："家资万贯，你却如此节俭，真是辜负了自己的富贵命。"程氏调皮地对父亲说："做个豪门贫小姐，岂不更有乐趣？"

程氏嫁到苏家后，上侍奉公婆、下照顾幼小，可谓是"上得了厅堂，下得了厨房"，样样拿得起放得下，全然没有富家女子的骄奢习气。苏洵的祖母，年过七十，性情乖戾，家中老小对她敬而远之。唯程氏每日端茶送水、洒扫捶背，把老太太侍奉得浑身通泰、喜笑颜开，逢人便夸孙媳妇知礼懂事。苏洵的父母，见这位豪门嫁过来的千金大小姐如此知书达理，恭俭持家，更是喜不自胜，对她关爱有加。

有一天，程氏娘家的好友来看望她，见她身着粗衣，屋里屋外忙活着操持家务，很不理解，问道："你家里那么富有，你只要随便从娘家要点钱物，就够你生活的了，何必把自己弄得这么辛苦？"程夫人说："我跟娘家要点财物倒是可以，只是我怕娘家人因此会讥笑我丈夫没有本事养家糊口，从而看不起他。所以，为了丈夫的尊严，我不能这么做。"这话传到苏洵和他父母的耳朵里，既让苏洵惭愧得无地自容，也让公公婆婆对这位知大义、识大体的儿媳妇更加刮目相看。

宋仁宗明道二年（1033 年），25 岁的苏洵在夫人的劝勉下，意识到时间的宝贵，便开始阅读一些书籍。看到丈夫的变化，程夫人感到非常欣慰。

不知是受哥哥考中进士被朝廷封官的刺激，还是夫人苦口婆心的劝勉起了作用，宋仁宗景祐二年（1035 年），27 岁的苏洵开始意识到应该肩负家庭的责任，并为以前浪费了大好时光追悔自责。他对妻子说："从现在开始，我确实想发奋学习。可是，咱们的家境不好，我要是专心学习，家里的生计可怎么办呢？"

程氏说："我早就盼着有这一天了。只要你志向远大，家里的生计无需你来操心，我自有打算。如果你只是暂时为了家计而放弃学业，那才是我最不想看到的结果。"夫人的一番话，让苏洵下定决心发奋学习。他从此闭门谢客，一心苦读，几乎断绝了跟所有朋友的往来。

对此，司马光的《程夫人墓志铭》中记载："夫人姓程氏，眉山人，大理寺丞文应之女。生十八年归苏氏，程氏富而苏氏极贫。夫人入门，执妇职，孝恭勤俭……府君（笔者注：指苏洵）年二十七尤不学，一旦慨然谓夫人曰：'吾自视，今犹可学，然家待我而生，学且废生，奈何？'夫人曰：'我欲言之久矣，恶使子为因我而学者！子苟有志，以生累我可也。'"

苏洵开始发奋学习后，家中生计自然落在程夫人一个人的肩上。为了支持丈夫的学业，程夫人变卖了自己陪嫁的所有金银首饰，在眉州城里租了一个小门面，做起了纱縠生意。由于经营有方，没过几年，家里就一年比一年好起来。而苏洵也得以专心学习，最终成为一代名家。苏洵 27 岁开始发奋读书的故事，后来被编入《三字经》中："苏老泉、二十七、始发奋、读书籍。"

苏轼的母亲程夫人一共生下三子三女，长女、次女与长子都先后夭亡。苏轼是次子，比他的弟弟苏辙大两岁。程夫人的三女八娘是苏轼的三姐，她聪明伶俐，懂事乖巧，颇得苏洵夫妇的喜爱。苏轼、苏辙两兄弟与姐姐八娘一起长大，感情非常深厚。

苏轼从小聪明伶俐，勤奋好学，同时也天真烂漫。他经常带着弟弟苏辙，与其他小伙伴一起漫山遍野地玩耍奔跑，采食野果；也会在田野里像其他牧童一样，悠然自得地骑在牛背上，一边放牧牛羊，一边看书学习。后来，苏轼看到晁说之的《考牧图》后，不由地回忆起了自己的童年时光，就在图后题词道：

我昔在田间，但知羊与牛。川平牛背稳，如驾百斛舟。舟行无人岸自移，我卧读书牛不知。前有百尾羊，听我鞭声如鼓鼙。我鞭不妄发，视其后者而鞭之。

泽中草木长，草长病牛羊。寻山跨坑谷，腾趠筋骨强。烟蓑雨笠长林下，老去而今空见画。世间马耳射东风，悔不长作多牛翁。

有时，苏轼还带领弟弟以及其他小伙伴，在家门附近的小河边，做挖渠排水的游戏。他还会在河边，用泥沙筑起美丽的城堡，然后在城墙上堆起一些细碎的草沫，点起"狼烟"。做这些事情，都是苏轼从一些史书中的典故里模仿来的，其他的小朋友，都非常羡慕地围在他身边拍手叫好。

有一次，苏轼在河边做挖渠排水的游戏时，突然挖到一块奇异的石头。这块石头呈浅绿色，形状酷似小鱼，上边点缀着一些银色的星点。这块石头看起来晶莹剔透，摸起来温润光滑。用手敲一敲，竟然能发出铿锵悦耳的声音。苏轼爱不释手，视若宝物一般拿回家去呈给父亲。父亲一看，欣喜异常：这不正是一方上好的砚台么？随后，父亲郑重地告诉苏轼："这是一方宝砚，你要好好珍藏，希望它能伴你一生。"在父亲的潜意识里，这方宝砚从天而降，正是苏轼将来在文学方面有所建树的吉兆。

从此，苏轼非常珍爱这方砚台，用这方砚台磨墨，写起字来得心应手。因此，他常常将书法家王羲之、颜真卿、柳公权等的碑帖手迹，抄了一遍又一遍，并博采众长，形成自己的书法风格，这就是后来人们说的"苏体"。他每天写完字后，要到书房一侧的一个小水塘里，将石砚清洗干净，并妥善保存。于是，后人就将这个小水塘称为"东坡洗砚池"。

后来，苏轼把这块宝砚送给了自己的儿子，使之成为苏家的传家宝。

02 父母大爱，言传身教

　　苏轼的母亲程夫人天性善良又笃信佛教。她认为，人性应当以慈善为本。要做到与人为善，必须得有一颗慈爱之心。孩子的爱心，应当从启蒙时培养。一个孩子，只有从小爱长辈，爱兄弟，爱家庭，爱伙伴，长大后才能爱社稷，爱天下。这样的善与爱，甚至应该延伸至任何有生命的事物，包括小动物乃至大自然的花草树木，等等。

　　苏轼的家里，有一个园子，里面除了种植一些应季蔬菜之外，还栽植了很多果树，以及草木花卉等等。园子里的花草树木，吸引了很多小鸟和昆虫前来采食。程夫人时时告诫孩子们以及家里的侍从们，不许捕捉园子里的小鸟和昆虫，不许折树摘花。因此，每当春暖花开之时，园子里呈现出一派百花争艳、莺啼燕啭、蝶舞蜂忙的热闹景象。这里的小鸟都不怕人，往往把窝巢筑在低矮的枝丫上，这样的小鸟窝，在园子里随处可见，孩子们只要稍一探身，就能看到鸟窝里毛茸茸的小雏鸟。在母亲的告诫下，他们不仅从不伤害这些小生灵，并且经常拿来家里的粮食喂食小鸟。苏轼在《异鹊》中形象地描述了这段美好的时光：

昔我先君子，仁孝行于家。家有五亩园，幺凤集桐花。

是时乌与鹊，巢毂可俯拿。忆我与诸儿，饲食观群呀。

程夫人在孩子们稍识人事时起，就把爱的种子播入了孩子们的心田。正是这种爱，成为日后支撑苏轼事业与人生的精神支柱。程夫人并没有就此止步，她深知：孩子们要成才，不但要有爱心，更要树立高尚的气节和远大的志向。

苏轼两三岁时，母亲程夫人就每日设立功课，教孩子们读书识字。为了便于孩子们理解，她从历代史书典籍中，搜集一些著名仁人志士的史传故事，并编辑整理成册，作为孩子们的启蒙教材。她对孩子们说："读书识字，不是为求官，不是为谋食，也不是专为求取名利，而是为了知事明理，学会做人。"

程夫人很注重教孩子们学习历史。她认为，历史既教人学知识，又教人明事理，对孩子的品德形成有非常大的影响。程夫人经常讲一些历史人物故事，来启发引导孩子勤于思考，明辨是非。

有一次，程夫人给孩子讲《后汉书·范滂传》。范滂自幼刚直，在汝南为官时，除强抑霸，为民伸张正义，深得当地百姓拥戴。然而，为反对奸佞专权，他上书弹劾奸党，不料反遭诬陷，被处以死刑。临行前，范滂与老母亲诀别，他劝老母亲不要为他悲伤。没想到，范母却说："人以气节为本，气节在，生命长短又何足惜？今天，我儿为了坚守气节而牺牲了生命，母亲为你高兴和自豪！"

听到这里，苏轼激动地说："母亲，如果有一天，我也处于范滂那样的境地，面临气节与生命的选择，您也会支持我舍生取义吗？"母亲点点头说："儿子，你如果能做范滂那样的义士，我怎么不能做范滂的母亲呢？"

母亲对苏轼兄弟的教育，不止于文化传输，也有劳动教育。苏轼被母亲送到书院念书时，每天放学后兄弟俩温习完功课，就扛上锄头，带着树苗，跟母亲一起到祖茔去栽松树。松林里，母亲一边带领孩子劳动，一边跟他们做着各种各样的亲子游戏。他们常常会比赛背诗，比赛作诗，或是讲历史故事。程夫人的独特教育方法，堪称是寓教于乐的典范。不知不觉中，植树已经成为苏轼兄弟生活中的一个重要组成部分，形成了一个雷打不动的习惯。日复一日，年复一年，苏家祖茔旁边的空旷黄土地，渐渐变成了一片绿色的海洋。

劳动，不仅强健了孩子们的身体，丰富了孩子们的生活，更锤炼了他们的意志，净化了他们的心灵。孩子们在山坡上种下了一棵棵树苗，母亲却在孩子们的心里种下了一棵棵树苗。

成年以后，苏轼兄弟离开家后，无论走到哪里，无论做多大的官，都会以挖土开渠、植树造林、改善环境、造福一方百姓为己任。后来，苏轼在《送贾讷倅眉》写道：

老翁山下玉渊回，手植青松三万栽。

父老得书知我在，小轩临水为君开。

试看——龙蛇活，更听萧萧风雨哀。

便与甘棠同不剪，苍髯白甲待归来。

苏轼和苏辙兄弟俩在书院读书的时候，由于学校离家较远，中午都是从家里带饭吃。同学们有的带饼，有的带馍，更有家境优越的，会带着精美的食盒。而苏氏兄弟俩却只带一碗一碟，碗里装的是白米饭，碟里装的是白萝卜和一小撮盐。兄弟俩萝卜蘸盐，吃得有滋有味。

从此，"三白饭"成为兄弟俩每日午饭的雅称。他们吃的虽然是"三白"，可学习上却是文品、书品、人品方面的"三佳"。

母亲的言传身教，给了苏轼、苏辙兄弟最好的启蒙教育，蜀地浓郁的文化气息，也给了兄弟俩良好的熏陶。

苏轼 7 岁那年，曾经和小伙伴们一起在寺院附近玩耍。寺院里有一位九旬的老尼姑。她年轻的时候，曾跟随师父到蜀主孟昶的宫中做法事。因此，苏轼和小伙伴们便缠着老尼姑给他们讲那些蜀宫旧事。老尼姑给他们讲，在那个夏夜里，她亲眼见到蜀主孟昶和他的宠妃花蕊夫人，在摩诃池边闲坐乘凉，吟诗作词。老尼姑甚至背诵了那天晚上听来的词篇，优美的词句，加上老尼姑的沧桑往事，在苏轼心里留下了深深的印记。

40 年后，苏轼对这件事情仍然记忆犹新，甚至他还能背出那首词的前两句。闲来无事时，他反复揣摩把玩这些词句，断定这首早已失传的蜀宫词的词牌应为《洞仙歌》，于是，他便以这两句词为开头，续写了后面的内容：

（仆七岁时，见眉州老尼，姓朱，忘其名，年九旬，自言尝随其师入蜀主孟昶宫中。一日大热，蜀主与花蕊夫人夜纳凉摩诃池上，作一词，朱具能记之。今四十年，朱已死久矣，人无知此词者，但记其首两句，暇日寻味，岂《洞仙歌》令乎？乃为足之云。）

冰肌玉骨，自清凉无汗。水殿风来暗香满。绣帘开，一点明月窥人，人未寝，欹枕钗横鬓乱。

起来携素手，庭户无声，时见疏星渡河汉。试问夜如何？夜已三更，金波淡，玉绳低转。但屈指西风几时来，又不道流年暗中偷换。

少年时代，苏轼经常带着苏辙一起外出游玩。当他在墙壁上或者石头上看到历代文人们游玩时刻下的诗句时，就把它们抄录下来，反复思考揣摩。时间久了，就融进自己的感受，一首近乎完美的诗句就会自然而然地流淌出来。苏轼走到村落时，看见一处石壁上写着："夜凉疑有雨，院静似无僧。"但不知何人所写。于是，苏轼灵感顿发，创作了一首一绝：

佛灯渐暗饥鼠出，山雨忽来修竹鸣。

知是何人旧诗句，已应知我此时情。

苏轼的家里虽然并不富足，但家里的藏书却不少，藏书量甚至远远胜过那些富甲一方的乡绅土豪。所以，苏轼从小生活在一个粗衣素食但书香浓郁的家庭里。他曾用一首《答任师中家汉公》的诗，来记述家里当时的情形：

先君昔未仕，杜门皇祐初。道德无贫贱，风采照乡间。

何尝疏小人，小人自阔疏。出门无所诣，老史在郊墟。

门前万竿竹，堂上四库书。高树红消梨，小池白芙蕖。

常呼赤脚婢，雨中撷园蔬。矫矫任夫子，罢官还旧庐。

是时里中儿，始识长者车。烹鸡酌白酒，相对欢有余。

这首诗，详细描述了当时苏轼家里的内外环境：竹林、梨树、开满荷花的小池塘，屋子里书香四溢，还有赤着脚走路的婢女等。

当然，在苏轼的成长过程中，父亲苏洵的教育也是非常重要的。苏洵非常推崇先秦两汉的古文和韩愈的文章，他曾经专心研读这些先贤著作达七八年之久。他反对玩弄辞藻的浮华文章，主张作文要有真情实感和充实的内容。

他的这些思想，与当时正在酝酿中的北宋诗文革新运动遥相呼应。在父亲的指导下，苏轼文学方面的起步就站在一个很高的基点上，跟随着时代最先进的文学思潮。这也直接促成了他日后脱颖而出，成为北宋文学革新运动的领袖人物。

父亲的教育是非常严格的。儿时的苏轼跟所有的孩子一样贪玩，可是父亲给兄弟俩布置的功课，每天都有具体的安排。他会限定时间，让苏轼读完某一部著作，或者完成某一个题目的文章，在规定的时间内如果读不完或者写不出来，就要受到惩罚。

苏洵辅导儿子的方法与州县书院不同，使用的教材也不一样。他要儿子熟读《战国策》《史记》《汉书》《后汉书》《三国志》。在此期间，苏洵也在发愤用功、撰写文章，《战国策》和"前四史"中的很多传略，他都和儿子一道背诵。而背诵的方法也与众不同。他要求儿子在背书时，不仅要注重文章的内容，还要注意文字措辞，引导儿子行文引用词语典故时，要牢记出处又不能言明来源，这样可使饱学之士读起来感到高雅不凡。

有时，苏洵会倚在床上，倾听两个儿子抑扬顿挫地读书，并不时地对儿子读音识字的错误进行校正。虽然苏洵非常讨厌诗词的音律诗韵，但他在教儿子写诗作词时，一点也不敢放松。天资禀赋与众不同的苏轼兄弟，很快就精通了写诗作词的窍门。

除了这些文化基础教学之外，苏洵还注重引导兄弟俩开阔眼界。苏洵早年游历名山大川，后来又四处游学，因而见多识广。回到家中，他常给兄弟俩讲述名胜古迹以及旅途见闻。

同时，苏洵还是一位艺术鉴赏家。他平日里简衣素食，不喜铺张，却唯独爱好收藏。为了一件艺术珍品，他甚至不惜一切代价买回来。他可以用自己的随身佩玉，去换得一幅名画；也会为了一件玉石珍品，当掉自己最值钱的衣服。苏轼在父亲身边耳濡目染，对艺术产生了浓厚的兴趣。因此，他能弹琴，爱画画，通棋艺，为日后艺术上的登峰造极，打下了坚实的基础。

03 聪颖好学，崭露头角

宋仁宗庆历二年（1042 年），5 岁的苏轼曾被父母送进私塾读书。私塾的老师是一位道人，名叫张易简。在这个拥有百十来个学生的私塾里，有一个叫陈太初的学生与苏轼一样天资聪颖。陈太初后来考中了举人，在官府当了小官。但由于从小就受道家学说的影响，对道教痴迷过深，陈太初后来出家当了道士。苏轼从小也受到道教的熏染，对张易简这位道家老师有着很深的感情。他所写的《众妙堂》这首诗，所表达的就是这种感情：

> 湛然无观古真人，我独观此众妙门。
> 夫物芸芸各归根，众中得一道乃存。
> 道人晨起开东轩，趺座一醉扶桑暾。
> 余光照我玻璃杯，倒射窗几清而温。
> 欲收月魄餐日魂，我自日月谁使吞。

苏轼在该诗题下的自记中说："眉山道士张易简，教小学，常百人，予从之三年。谪居南海，以日，梦至七处，其徒诵《老子》曰：'玄之又玄，众妙之门'。余曰：'妙一而已，容可众乎？'道士笑曰：'一已陋矣！何妙之有？若审妙也，虽众可也。'"

苏轼在贬谪南海时，就曾梦见了启蒙老师张易简。在梦里，苏轼返回到孩提时的天真境地，听着张易简的徒弟在吟诵《道德经》，这正是他儿时习诵《道德经》的一种潜在记忆。

苏轼在私塾读了3年，加上父母的言传身教和因势利导，学业突飞猛进。当然，这和苏轼的勤奋好学也是分不开的。据传说，苏轼曾经将长达120卷之多的《汉书》手抄两遍，既加深了记忆，又练习了书法。这样的博闻强记，使他受用终身，以至于后来在翰林院任职时，起草公文不仅文辞优美，而且史料典故信手拈来，运用自如。

有一次，苏洵正在诵读欧阳修的一个谢表，儿子苏轼侍立在侧。苏洵让儿子模仿写作一篇谢表。当时，11岁刚出头的苏轼，很快就交上了这篇模仿作业。其中，有"匪（非）伊垂之带有余，非敢后也马不进"的句子，使苏洵着实惊喜了半天。

还有一次，苏洵让苏轼以《夏侯太初论》为题作文。结果，不出一个时辰，苏轼就把一篇文辞优美、洋洋洒洒的文章摆在了父亲面前，父亲看后叹赏不止。文题中所提的夏侯太初，名玄，字太初，是三国时期魏国的重臣。当时，司马懿的儿子司马师任大将军，专权独断，夏侯玄与人密谋，意欲推翻司马师的专权乱政，但因密谋泄露而不幸被捕。临刑时，夏侯玄临危不惧，淡定自若，仿佛一切都不曾发生一样。苏轼借这件事情发表评论，条理清晰，有理有据，充分展示了他的雄辩之才和机谋之智，其中的"人能碎千金之璧而不能无失声于破釜，能搏猛虎不能无变色于蜂虿"这一句，得到了苏洵的称赞。后来，苏轼在《黠鼠赋》中，再次完整地使用了这两句：

苏子夜坐，有鼠方啮。拊床而止之，既止复作。使童子烛之，有橐中空。嘐嘐聱聱，声在橐中。曰："噫！此鼠之见闭而不得去者也。"发而视之，寂无所有，举烛而索，中有死鼠。童子惊曰："是方啮也，而遽死耶？向为何声，岂其鬼耶？"覆而出之，堕地乃走，虽有敏者，莫措其手。

苏子叹曰："异哉，是鼠之黠也！闭于橐中，橐坚而不可穴也。故不啮而啮，以声致人；不死而死，以形求脱也。吾闻有生，莫智于人。扰龙伐蛟，登龟狩麟，役万物而君之，卒见使于一鼠，堕此虫之计中，惊脱兔于处女，乌在其为智也？"

坐而假寐，私念其故。若有告余者，曰："汝为多学而识之，望道而未见也，不一于汝而二于物，故一鼠之啮而为之变也。人能碎千金之璧不能无失声于破釜，能搏猛虎不能无变色于蜂虿，此不一之患也。言出於汝而忘之耶！"余俛而笑，仰而觉。使童子执笔，记余之作。

这篇文字，是描写一只狡猾的小老鼠，掉到了一个袋子里假装死去，等把它从袋子里倒出来时，它仓皇逃走，就这样把人欺骗过去。

苏轼少年时所作的与鼠有关的作品，还有《却鼠刀铭》。据苏辙的《栾城遗言》中记载："东坡幼年作《却鼠刀铭》，公作《缸砚赋》，祖父称之，命佳纸修写，装饰钉于所居壁上。"

少年时期的苏轼，在得到祖父和父亲的赞赏后，不免有些飘飘然。他自以为学识渊博，才智过人，开始有些目空一切。有一天，他洋洋自得地取过笔墨纸砚，写了一副对联贴在了书房门口："识遍天下字，读尽人间书。"

恰巧，一位老翁从门前路过，看到墨迹未干的对联，很是好奇。而他走近一看，便摇摇头就走了。几天后，老翁拿着一本书来找苏轼，言称自己才疏学浅，特来向小苏公子请教。苏轼满不在乎地接过书，打开一看，顿时傻了眼：竟然一个字都不认识，顿时满脸羞愧，无地自容。老翁看到苏轼难为情的样子，再一次摇摇头拿着书走了

看着老翁远去的背影，苏轼顿时明白了。他拿起毛笔在对联前面各加上两个字："发奋识遍天下字，立志读尽人间书。"从此，苏轼懂得了谦虚，明白了学无止境。

宋仁宗庆历六年（1046 年），11 岁的苏轼跟苏辙一起进书院学习。当时的书院，相当于如今的中学。学院里的老师名叫刘巨，字微之，是眉山一带的名师。他懂美术，擅书法，苏轼非常喜欢他。苏轼后来在书法、美术上的造诣，就得益于在这个时期打下了良好的基础。

有一次，刘先生作了一首《鹭鸶诗》，结尾两句是："渔人忽惊起，雪片逐风斜。"12 岁的苏轼，忍不住地对教师说："先生，您的诗不错，只是末尾一句可否改成'雪片落蒹葭'？"先生吃惊地对苏轼说："你都可以成为我的老师了。"

儿子如此聪明颖悟，让苏洵深感欣慰和自豪。但是，他也感觉到苏轼的豪放不羁、锋芒毕露，这有可能成为他日后漫长人生中一个致命的弱点。所以，他特意写了一篇《名二子说》，以告诫自己的两个儿子。

苏洵在《名二子说》中说，一辆车有很多部件，如车轮、辐条、车盖、车轸等，每个零件都各司其职，唯有车轼看上去似乎没有什么实际用途，但是，如果去掉车轼，车就变得不再完整。所以，我为你取名"轼"，是希望你在以后的漫漫人生路上，不要太外露，要懂得装饰自己。而"辙"，也就是车辙，天下的车没有不沿着车辙走的，但车的功劳却跟车辙没什么关系。若不幸遭遇车倒马毙的事故，跟车辙也不发生干系。所以"辙"是能保全自我的最佳选择。

而苏洵的想法，这正符合幼子苏辙的性格。苏辙个性沉稳，秉性正直，父亲希望他日后能够保全自己，免于灾祸。

父亲的担心和期冀不无道理。苏轼终归不懂外饰，不仅才华外露而且口无遮拦，以至于后来的很多诗句，都成为被人诬陷的口实，让自己吃了很大的亏。

苏轼少年求学之时，正是整个大宋王朝最为安定统一的时代，社会经济迅速发展。经济的发展，推动着文化的繁荣。一大批文人志士，开始不满足于因循沿袭唐末五代的文学旧制，力图推陈出新，打造出自己的文学艺术风格。其中，最突出的代表人物有王禹偁、范仲淹、梅尧臣和欧阳修等。这些锐意求新的文化先哲，经过艰苦的努力与探索，开创出了宋代文学的整体风格，确定了宋代文学发展的基本走向。

苏洵由于常年游学在外，结交了不少文人志士，对这些著名人物的作品自然非常熟悉。他经常选取这些文化先哲的代表作品，推荐给苏轼阅读。苏轼在这些作品的影响下，也渐渐明确了自己的志向。当他在书院读到宋初名儒石介（石守道）的《庆历盛德诗》之后，对欧阳修、范仲淹、韩琦和富弼等人更加仰慕。他在《范文正公文集叙》一文中，有过这样的一段描述：

庆历三年，轼始总角入乡校，士有自京师来者，以鲁人石守道所作《庆历圣德诗》示乡先生。轼从旁窥观，则能诵习其词，问先生以所颂十一人者何人也，先生曰："童子何用知之？"轼曰："此天人也耶？则不敢知；若亦人耳，何为其不可？"先生奇轼言，尽以告之。且曰："韩、范、富、欧阳，此四人者，人杰也。"时虽未尽了，则已私识之矣。嘉祐二年，始举进士至京师，则范公殁。既葬而墓碑出，读之至流涕，曰："吾得其为人。盖十有五年而不一见其面，岂非命也欤？"

这段文字意思是说，庆历三年，苏轼在乡里的学校求学。有一天，从京城里来了一位名士，拿着石守道所作的《庆历盛德诗》给老师看。苏轼忍不住好奇心，从旁边踮脚张望，还脱口吟诵全诗，朗朗上口，并且向先生询问这些是什么人。先生说："你一个小孩子家，不需要知道这些。"苏轼回答："难道他们是天上的神仙吗？要是这样，我就不需要知道了，那如果他们也是跟我们一样的人，为什么我就不应该知道呢？"先生看苏轼说得振振有词，头头是道，便全都告诉他了。最后他说："韩琦、范仲淹、富弼、欧阳修这四个人，是人中豪杰。"

那时候，苏轼虽然还不能完全理解老师所说的话，但这四个人的名字，却早已牢牢地记在他的心中。以后，再读到这些人的诗文辞赋，苏轼就会更加仔细地研读，认真地揣摩。

可惜，苏轼最终还是没能见到范仲淹一面。等到他到京师考取进士时，范仲淹已经去世了。

04 厚积薄发，殿试登第

宋仁宗皇祐二年（1050 年），苏轼已经成长为一名风流倜傥的俊朗才子，在当地文坛已是小有名气了。这一年，苏轼的三姐八娘嫁给了程夫人的侄子，也就是苏轼的表兄程之才。八娘不仅温婉贤淑，而且天资聪颖，才华过人。她对两个弟弟的关爱，可以说是无微不至。她不仅照顾两个弟弟的饮食起居，更能带动他们读书学习。姐弟三人同进同出，感情深厚，形影不离。

然而，八娘在婚姻上却很不幸。她当时不喜欢这门亲事，只是父母之命难违而不得不嫁。嫁到程家以后，公婆一直不喜欢她，经常虐待她。两年后，八娘产下一子并因此身患重病，而程家却不给她医治，父母只好把她接回娘家诊治。而八娘病情刚刚好转，公婆就来兴师问罪，责备八娘不尽媳妇孝道，并抢去她的婴儿。这一闹腾，让八娘伤心不已，结果旧病复发，含恨而死。

苏轼、苏辙失去了最疼爱他们的姐姐，既悲伤又愤怒，把程之才恨到了骨子里。苏洵夫妇痛失爱女，更是悲愤异常，从此与程家彻底断绝往来。爱女心切的苏洵，在八娘死后 8 年写的《自尤（并序）》中，不无痛苦地自责自己当初把女儿嫁给了州里之大盗，并陈述了苏八娘之死的前前后后。

当苏轼到了成家的年龄时，苏洵夫妇为他迎娶了乡贡进士王方的女儿王弗。

王弗是眉山青神县人。青神县坐落在岷江之滨，《蜀中名胜记》中记载："县之名胜在乎三岩。三岩者，上岩、中岩、下岩也。今惟称中岩焉。"

当时，中岩有一座书院，青神乡贡进士王方在这所学院执教，苏轼此时正在这所学院上学。苏轼聪明好学，让王方看在眼里，喜在心里。

中岩下寺丹岩赤壁下，有绿水一泓，平静如半轮明月。苏轼读书之余，常临流观景，想入非非中，不禁大叫："好水岂能无鱼？"于是，抚掌三声，立时，岩穴中群鱼翩翩游跃，皆若凌空浮翔。苏轼大喜，便对老师王方建议说："美景当有美名。"王方于是遍邀文人学士，在绿潭前投笔竞题。可惜，诸多秀才的题名不是过雅，就是落俗。最后，苏轼才缓缓展出他的题名"唤鱼池"，令王方和众人拍案叫绝。苏轼正在得意之时，王方的女儿王弗派丫鬟从瑞草桥家中送来题名，也恰恰是"唤鱼池"三字，令众人惊叹："不谋而合，韵成双璧。"后来，苏轼手书的"唤鱼池"三个字，被刻在了石壁上。

于是，王方请人做媒，将王弗许配给苏轼。当时，苏轼19岁，王弗16岁。这段美好的姻缘，被后人称为"唤鱼姻缘"。

王弗聪明沉静，知书达礼，且低调内敛，二人情深意笃，恩爱有加。刚嫁给苏轼时，王弗未曾说自己读过书。婚后，每当苏轼读书时，她便陪伴在一旁做些女红刺绣之类，终日不去。苏轼偶有遗忘的地方，她便从旁提醒，点拨得恰到好处。苏轼好奇，问她其他书，她也都能答出一二，这令苏轼大喜过望，从此对妻子刮目相看。

王弗特别了解丈夫性格上的弱点。丈夫广交朋友，家里经常访客云集，其中，也不乏趋炎附势、口蜜腹剑的小人。王弗见丈夫不辨真假，无论对谁都推心置腹，于是想出一个好办法，每逢家里有客来访，她便躲到屏风后面偷听谈话内容，用她女人独有的缜密思维，帮丈夫分辨来客的来路与目的。她的见解与分析经过丈夫的验证，往往分毫不差，这让丈夫对她更加倚重，她也成了丈夫名副其实的贤内助。

成家之后的苏轼，学业更是突飞猛进。

宋仁宗嘉祐元年（1056年）三月的一天，20岁的苏轼和18岁的弟弟苏辙在父亲苏洵的带领下，告别母亲、妻子以及众位亲友乡邻，第一次离家，开始了赴京应试之旅。这一天，天高云淡，阳光明媚，苏轼的心已像离弦之箭，飞向了遥远的京城。

父子三人翻秦岭过关中，攀越了曲折陡峭的古栈道，一路惊险刺激，辛苦劳累。初出茅庐的兄弟俩始终兴致高昂，不知疲倦。他们一路放歌，一边赶路，一边游山玩水，欣赏名胜古迹。

当他们到达汴京时，已经过去两个月了。此时的汴京繁花满枝，风光旖旎。父子三人来不及领略京城的美景，安顿好食宿后，就投入到紧张的复习备考之中。

考试分三步，也就是三道关口。按照宋朝科举制度，第一场考试是开封府的府试。府试以后，还要经过中央礼部的考试和皇帝的"殿试"。只有第一道关口通过了，才有资格进行第二场。毫无疑问，对苏轼兄弟俩来说，第一关是小菜一碟，轻松取胜，双双获选。然而，他们丝毫不敢松懈，继续闭门苦读，准备下一轮的角逐。

第二轮考试的时间，是在第二年的正月，由时任礼部侍郎（礼部的仅次于尚书的长官）、翰林侍读学士（给皇帝讲书的侍从官）的欧阳修担任主考官，国子监直讲梅尧臣等担任副主考官。欧阳修非常痛恨当时文坛盛行的内容空虚、矫揉造作、奇诡艰涩的文风，他联合一批志同道合、才识远大的文人，发起了诗文革新运动，致力于剔除这种文坛积弊，大力弘扬简约质朴、感情真挚、文笔自然流畅的文风。

这次的考题是《刑赏忠厚之至论》，作为主考官的欧阳修明确规定，应试文章必须言之有物，平易流畅。至于险怪奇涩、空洞浮华的文章，一律不予录取。在父亲的教导下，苏轼兄弟自幼作文便以先秦两汉的古文和韩愈、柳宗元的文章为楷模，以文风朴实、感情真挚、文笔自然流畅见长。所以，苏轼看过文题，只是稍加斟酌，便写出了六百余字的文章，洋洋洒洒阐明了他一生所遵循的以仁治国的思想：

尧、舜、禹、汤、文、武、成、康之际，何其爱民之深，忧民之切，而待天下以君子长者之道也。有一善，从而赏之，又从而咏歌嗟叹之，所以乐其始而勉其终。有一不善，从而罚之，又从而哀矜惩创之，所以弃其旧而开其新。故其吁俞之声，欢忻惨戚，见于虞、夏、商、周之书。成、康既没，穆王立，而周道始衰，然犹命其臣吕侯，而告之以祥刑。其言忧而不伤，威而不怒，慈爱而能断，恻然有哀怜无辜之心，故孔子犹有取焉。

《传》曰："赏疑从与，所以广恩也；罚疑从去，所以慎刑也。"当尧之时，皋陶为士。将杀人，皋陶曰"杀之"三，尧曰"宥之"三。故天下畏皋陶执法之坚，而乐尧用刑之宽。四岳曰"鲧可用"，尧曰"不可，鲧方命圮族"，既而曰"试之"。何尧之不听皋陶之杀人，而从四岳之用鲧也？然则圣人之意，盖亦可见矣。

《书》曰："罪疑惟轻，功疑惟重。与其杀不辜，宁失不经。"呜呼，尽之矣。可以赏，可以无赏，赏之过乎仁；可以罚，可以无罚，罚之过乎义。过乎仁，不失为君子；过乎义，则流而入于忍人。故仁可过也，义不可过也。古者赏不以爵禄，刑不以刀锯。赏之以爵禄，是赏之道行于爵禄之所加，而不行于爵禄之所不加也。刑之以刀锯，是刑之威施于刀锯之所及，而不施于刀锯之所不及也。先王知天下之善不胜赏，而爵禄不足以劝也；知天下之恶不胜刑，而刀锯不足以裁也。是故疑则举而归之于仁，以君子长者之道待天下，使天下相率而归于君子长者之道。故曰：忠厚之至也。

《诗》曰："君子如祉，乱庶遄已。君子如怒，乱庶遄沮。"夫君子之已乱，岂有异术哉？时其喜怒，而无失乎仁而已矣。《春秋》之义，立法贵严，而责人贵宽。因其褒贬之义，以制赏罚，亦忠厚之至也。

这篇文章，虽然是为应试而作，却并非为应付考试。作者也没有刻意推测考官喜欢什么，思考的问题也相当深刻。一个看起来似乎很枯燥的题目，却被作者论述得有声有色，好像早就成竹在胸，完全没有一般试卷的战战兢兢、揣摩谄媚讨好之相。区区几百言，读起来有青铜之音。

当苏轼放下笔，满怀信心地走出考场时，他或许根本没有想到，自己的这篇应试之作，竟然成为千古传颂的名篇！

然而，这样一篇千古佳作，却因为一个小插曲，而错失获得第一名的成绩。当时，副主考官梅尧臣首先从堆积如山的试卷中发现了这篇精彩的论文，将它推荐给主考欧阳修。欧阳修读到这篇文章时，立即对它的论调高远、层次清楚、文字老道赞叹不已。他又把文章给其他所有的副主考传看，一致断定"第一"非它莫属。但欧阳修又怀疑该文是他的门生曾巩所作。曾巩，字子固，江西人，后来也是唐宋八大家之一，长苏轼18岁。此时，他正投于欧阳修之门下，为欧阳修最得意的门生。当时，科考的试卷全部由人誊写，以防考官与考生营私舞弊，故欧阳修有此猜测。可是，一旦确定这篇文章为第一名，恐怕又会有徇私舞弊之嫌。想到这里，他决定忍痛割爱，使该文屈居第二。

金榜一发出，立刻就引起一场风暴。来自西蜀僻远之地，此时尚无名气的苏轼名列第二，自然成为众矢之的，一大群考生都非常不服气。最终，在欧阳修、梅尧臣等人一再的品评下，众人才渐渐平静下来。

随后，苏轼又参加了礼部的复试，以一篇《春秋对义》荣摘桂冠。与此同时，苏辙、曾巩也都因成绩优异成为当年的进士。

三月，所有礼部考试合格的考生，参加了由仁宗皇帝赵祯亲自主持的殿试。苏轼、苏辙兄弟同科登第，再加上他们器宇轩昂、才华出众，给仁宗皇帝留下了深刻的印象。殿试刚结束，仁宗皇帝就兴冲冲地回到后宫对皇后说："我今天为子孙得了两个太平宰相！"

05 恩师褒奖，慈母离世

在苏轼的童年时期，欧阳修一直就是他心中的偶像。他读欧阳修的文章，吟诵他的诗作，甚至私下里把他当作自己的老师。这次京试，欧阳修做了他的主考官，按照惯例，考生金榜题名之后，主考官与新科进士之间就有了师生的名分和情谊。苏轼终于如愿以偿，成为欧阳修名副其实的学生，这让苏轼无比兴奋和激动。于是，他向恩师呈递了《谢欧阳内翰书》，以此表达自己对欧阳修知遇之恩的诚挚谢意：

轼窃以天下之事，难于改为。自昔五代之余，文教衰落，风俗靡靡，日以涂地。圣上慨然太息，思有以澄其源，疏其流，明诏天下，晓谕厥旨。于是招来雄俊魁伟敦厚朴直之士，罢去浮巧轻媚丛错采绣之文，将以追两汉之余，而渐复三代之故。士大夫不深明天子之心，用意过当，求深者或至于迂，务奇者怪僻而不可读，余风未珍，新弊复作。大者镂之金石，以传久远；小者转相摹写，号称古文。纷纷肆行，莫之或禁。盖唐之古文，自韩愈始。其后学韩而不至者为皇甫湜。学皇甫湜而不至者为孙樵。自樵以降，无足观矣。

伏惟内翰执事，天之所付以收拾先王之遗文，天下之所待以觉悟学者。恭承王命，亲执文柄，意其必得天下之奇士以塞明诏。轼也远方之鄙人，家居碌碌，无所称道，及来京师，久不知名，将治行西归，不意执事擢在第二。惟其素所蓄积，无以慰士大夫之心，是以群嘲而聚骂者，动满千百。亦惟恃有执事之知，与众君子之议论，故恬然不以动其心。犹幸御试不为有司之所排，使得搢笏跪起，谢恩于门下。闻之古人，士无贤愚，惟其所遇。盖乐毅去燕，不复一战，而范蠡去越，亦终不能有所为。轼愿长在下风，与宾客之末，使其区区之心，长有所发。夫岂惟轼之幸，亦执事将有取一二焉。不宣。

苏轼在这篇短简中，将五代及有宋以来的文学演变，作了极为精要的剖析："自昔五代之余，文教衰落，风俗靡靡，日以涂地。"有宋以来，已改革此风："招来雄俊魁伟敦厚朴直之士，罢去浮巧轻媚丛错采绣之文，将以追两汉之余，而渐复三代之故。"而当时一些学子，在扭转浮华文风之时，却"用意过当，求深者或至于迂，务奇者怪僻而不可读，余风未殄，新弊复作。大者镂之金石，以传久远；小者转相摹写，号称古文。纷纷肆行，莫之或禁。"

苏轼认为，五代至宋初的西昆体，以浮华为尚，学李商隐又仅学其皮毛。而到了仁宗之后，范仲淹、欧阳修等人力倡诗文革新，但又有些人用意过当，矫枉过正，求深务奇以险怪为时尚，走入了另一个极端。

苏轼的这篇文章，以高屋建瓴的气势和眼光，指出五代至宋初文学演变的历程，论证精确而恰当。欧阳修读后赞不绝口，便在《与梅圣俞书》中说："读轼书，不觉汗出。快哉！快哉！老夫当避此人，放出一头地也。可喜！可喜！"欧阳修甚至预言：未来的文坛，必将属于苏轼！

自古文人相轻，欧阳修给予苏轼如此高的评价，甚至认为后来文章当如此。他以敏锐的眼光，发现了以苏轼为代表的新一代文学家的价值，并且给予全力的扶持。他宽广的胸怀、对人才的识辨能力，以及提携后进的热忱，令千古文人为之感动和敬佩。

苏轼呈上《谢欧阳内翰书》之后，苏轼和苏辙在苏洵的带领下，前往欧阳修府上拜见恩师。可以想象，两个慕名已久的人，一个是早已尊对方为自己的老师的后起之秀，一个是爱才心切的文学泰斗，两个人在精神层面上的高度契合，使得他们的会面必然是非常快乐的。

谈话间，欧阳修提起了《刑赏忠厚之至论》中的一段内容，上古尧帝的时代，皋陶为司法官，曾经有三次要杀一个罪犯，结果三次都被尧帝赦免了。他觉得这个典故有点陌生，于是，他问苏轼这个典故的出处。苏轼回答说："老师，我是在《三国志·孔融传》的注释中引用过来的。"

苏氏父子离开以后，欧阳修把《三国志·孔融传》仔仔细细地重读了一遍，也没有找到这个典故。再次见到苏轼的时候，欧阳修迫不及待地又问，苏轼回答道："曹操灭掉袁绍以后，将袁绍之子袁熙的妻子送给自己的儿子曹丕。这时候，孔融对曹操说：'从前周武王曾经将妲己送给周公。'曹操不解，忙问孔融：'这件事出自于哪一本书呢？'孔融回答说：'并没有什么根据，只不过用现在的事实看来，应该就是这个样子的。'所以，关于尧和皋陶的事情，我个人也是这样推测的。"

欧阳修听后，不由得抚掌大笑："善哉！善哉！你这样善读书善用书，他日文章必将独步天下。"

苏轼初出茅庐，就开了一个不大不小的玩笑，敢于在考场上杜撰典故。在当时，这是要冒很大的风险的，幸亏主考官是能慧眼识才的欧阳修。欧阳修同样具有创新精神，一贯主张读书要读活，要做到活学活用。而苏轼的这一点又正好切合了恩师的主张，所以得到了欧阳修的大力奖掖。从此，苏轼的名声大震于京师，而他的新作每一落笔，就立刻被人传诵。而欧阳修更是时刻关注着苏轼的新作。每篇作品，他都是先睹为快；每篇作品，都使他感到审美的愉悦。

苏轼与欧阳修一生的友谊牢不可破，除了他们的自身条件外，还有周边环境的深刻影响。从君主到文人对知识的空前重视，对读书人的空前重用，对科举制度的空前完善，使得一向重实用、重技艺的华夏民族，在思想境界上产生了一定飞跃。有了深刻的理性，就可能获得广阔的眼界与心胸，就能理智地处理世事人情，包括人与人之间的关系或友谊。欧阳修大力褒奖素昧平生的小字辈苏轼，是深刻觉察到了苏轼对中华文化的价值。欧阳修如此看重苏轼的才，苏轼也毫不吝啬地把所有的赞誉都给了恩师："论大道似韩愈，论事似陆贽，记事似司马迁，诗赋似李白。"

在欧阳修的引荐下，苏轼又先后拜见了宰相文彦博、富弼以及枢密使韩琦。这些让苏轼从小就心识神交的杰出人物，如今都将苏轼奉为上宾。只可惜另一位文学泰斗范仲淹已于宋仁宗皇祐四年（1052 年）去世，无缘相见，给苏轼留下了终身的遗憾。但是，范仲淹"先天下之忧而忧，后天下之乐而乐"

的名士气节，一直震撼着苏轼，对他日后造福于民，起到了深远的影响。

正当苏氏父子名动京师、春风得意之时，一个噩耗传来：苏轼的母亲程夫人已于四月初八病故。

对于苏轼来说，这无异于晴天霹雳！在苏轼的眼里，母亲是世界上最伟大的人。她不仅作为母亲，给了他最宝贵的生命，更像老师一样传授给他启蒙的知识和做人的道理。

来不及与亲友作别，甚至来不及告知恩师欧阳修，苏轼与父亲和弟弟即刻离京，日夜兼程赶回家中。父亲苏洵刚刚还沉浸在儿子们初战告捷的喜悦之中，却突然遭此变故，便从幸福的云端一下子跌入苦难的谷底。再加上一路上奔波劳苦，他仿佛一下子老了十几岁。49岁的人，一下子就变成了白发老翁。之后，他只活了9年就故去了。

苏洵将夫人程氏葬于武阳安镇山下的老翁泉边。传说，月夜里，在老翁泉经常可以看到一个白发老翁出没在泉边，但人一走近，他就会消失在水中，因此而得名。苏洵在夫人的墓边，预留下了自己的位置。9年后，这里也成为他永远的归宿。他的字号也就以"老泉"命名。他在《祭亡妻文》中写道："呜呼！与子相好，相期百年。不知中道，弃我而先……惟轼与辙……既冠既昏，教以学问……孰知子勤……亦既荐名，试于南宫。文字炜炜，惊叹群公……归来空堂，哭不见人。伤心故物，感涕殷勤。嗟予老兮，四海一身。"其情之深，其哀之切，令天地为之动容。

根据儒家传统的孝道观念，朝廷官员在位期间，如若父母去世，则无论此人任何官何职，从得知丧事的那一天起，必须辞官回到祖籍，为父母守制二十七个月，这叫丁忧。从宋仁宗嘉祐二年（1057年）六月开始，苏轼、苏辙两兄弟在家中守丁忧，为母亲守孝。在这期间，兄弟俩正好从大考的紧张疲惫中抽出身来，得以调整和休息。闲暇之时，苏轼经常到青神的岳父母家里做客。当时，王弗年仅十岁的堂妹王润之，对苏轼这个风流倜傥、才华横溢的姐夫异常崇拜。这也为苏轼后来的一段姻缘埋下了伏笔。

在这两年多的时间里，苏洵叫人塑了六座菩萨像，置放于木刻镶金的圣龛里，安放在极乐院的如来厅内。六菩萨是：观音娘娘、势至菩萨、天藏王、地藏王、解冤王者和引路王者。苏洵在自己所作的《六菩萨记》中说，少时父母俱存，不知有死生之悲，以后，他先后经历了母亲、长兄、父亲、女儿之死别，现在49岁时又丧妻，骨肉之亲，零落无几。因此，自己要"逝将南去，由荆楚，走大梁"，以"徜徉于四方，以忘其老将去"。苏洵似乎已决意离开故乡，在与亡妻作别。

06 丁忧期满，举家迁京

宋仁宗嘉祐四年（1059 年）秋天，苏轼、苏辙兄弟丁忧期满。此时。苏洵父因子贵，两年间里先后两次接到朝廷的诏命，召他进京为官。父子三人经过商讨，决定举家迁往京城。

于是，父子三人带着家眷迁京，包括苏轼的乳娘任采莲。采莲这个不识字的善良女人显得很快活，因为她的主人也要带她进京，一直不把她当外人看待。现在，她正在伺候苏轼的长子苏迈。

苏轼一家在嘉州登船，沿岷江而下，过嘉州，入长江，出三峡，船停江陵再弃舟北上。水路七百里，陆路五百里，他们整整走了 3 个月。对此，苏轼在《初发嘉州》中写道：

朝发鼓阗阗，西风猎画旂。故乡飘已远，往意浩无边。

锦水细不见，蛮江清可怜。奔腾过佛脚，旷荡造平川。

野市有禅客，钓台寻暮烟。相期定先到，久立水潺潺。

这首诗的意思是，鼓声喧阗，画旗在西风中猎猎招展，美丽可爱的故乡已经远去，渐渐消逝在视线外。此一去，天高水阔，不知何日是归期，苏轼心中不免有几分依恋。但是，崭新宽广的道路已展现在眼前，建功立业的时机已经到来，对未来的期待与向往，很快代替了苏轼心中的一丝伤感。

船经过涪州（今重庆市涪陵区）时，他们得到一只名叫"山胡"的鸟，于是，苏轼和苏辙分别作了一首诗。苏辙在《山胡》中写道："山胡拥苍矗，两耳白茸茸。野树啼终日，黔山深几重。啄溪探细石，噪虎上孤峰。被执应多恨，筠笼仅不容。"东坡则次韵相酬，写了一首《涪州得山胡次子由韵》：

> 终日锁筠笼，回头惜翠茸。谁知声哗哗，亦自意重重。
> 夜宿烟生浦，朝明日上峰。故巢何足恋，鹰隼岂能容。

苏轼借物言志，言说眉山已不足以施展自己的抱负，要到更广阔的天地中展翅高飞、自由翱翔。而另一首《江上看山》，更体现了苏轼此时此刻愉快的心情：

> 船上看山如走马，倏忽过去数百群。
> 前山槎牙忽变态，后岭杂沓如惊奔。
> 仰看微径斜缭绕，上有行人高缥缈。
> 舟中举手欲与言，孤帆南去如飞鸟。

这首诗所表达的是，在船上看山犹如骑马疾走，数百座群峰顷刻间就从眼前过去了。错落不齐的前山瞬间变化万千，纷杂繁多的后岭犹如惊骇而奔跑。仰看山上的小路歪斜回环盘旋，高远隐约地看见有人行走在上面。在舟中高高地举起手想和山上行人打招呼，无奈孤单的船只已如飞鸟往南驰逐而去。全诗用形象生动的比喻，描绘出了苏轼此次出行轻松愉快的心境，以及舟行旅途的惬意享受。全诗一气呵成，气势雄豪，景物变幻，动静之间，颇富妙意。尤其是结句"孤帆南去如飞鸟"，与李白的"轻舟已过万重山"有着异曲同工之妙。

　　苏轼一行一路诗酒唱和，尽赏沿途风光。一天，他们来到忠州，听说这个跟屈原毫无关系的地方，竟建有一座屈原塔，便专程前往吊祭。站在塔前，苏轼思绪万千，挥笔写下了一首《屈原塔》：

　　　　楚人悲屈原，千载意未歇。精魂飘何处，父老空哽咽。
　　　　至今沧江上，投饭救饥渴。遗风成竞渡，哀叫楚山裂。
　　　　屈原古壮士，就死意甚烈。世俗安得知，眷眷不忍决。
　　　　南宾旧属楚，山上有遗塔。应是奉佛人，恐子就沦灭。
　　　　此事虽无凭，此意固已切。古人谁不死，何必较考折。
　　　　名声实无穷，富贵亦暂热。大夫知此理，所以持死节。

　　屈原，这位为了坚持自己的理想和节操，而不惜慷慨赴死的伟大爱国诗人，千百年来都是人们心中一座永恒的丰碑。尽管屈原并不曾来过忠州，但是，在忠州这片古老的土地上，却建有纪念屈原的碑塔，人们用立碑建塔的方式，怀念这位心中永恒的英雄。这份敬仰和怀念，完全跨越了时空。苏轼用反衬的笔法，来强调屈原高洁的灵魂和自己对英雄无限的景仰。从某种意义上说，这首诗也宣示了苏轼未来的志节和对人生道路的选择，也昭示了他坚持真理以及乐观豁达的人生态度。

　　离开忠州，继续沿江直下，两岸延绵的群山，不时冒出秀奇险峻的山峰，再加上江上连日无晴，水雾蒙蒙，犹如缥缈的仙境一般。在路过重庆奉节境内的八卦阵遗址时，苏轼想起当年运筹帷幄之中、决胜千里之外的西蜀丞相诸葛亮。当时，诸葛亮独创了一种阵法：御敌时以乱石堆成石阵，按遁甲分成生、伤、休、杜、景、死、惊、开八门，变化万端，可挡十万精兵。这个由天、地、风、云、龙、虎、鸟、蛇八种阵势所组成的军事操练和作战的阵图，即为八阵图。苏轼望着当年让东吴大将陆逊差点魂飞魄散的八阵图遗迹，一首《八阵碛》当即咏出：

平沙何茫茫，仿佛见石苁。纵横满江上，岁岁沙水啮。

孔明死已久，谁复辨行列。神兵非学到，自古不留诀。

至人已心悟，后世徒妄说。自从汉道衰，蜂起尽奸杰。

英雄不相下，祸难久连结。驱民市无烟，战野江流血。

万人赌一掷，杀尽如沃雪。不为久远计，草草常无法。

孔明最后起，意欲扫群孽。崎岖事节制，隐忍久不决。

志大遂成迂，岁月去如瞥。六师纷未整，一旦英气折。

惟余八阵图，千古壮夔峡。

在这首诗中，苏轼首先感叹八卦阵绝技的失传，继而又把画面拉回到东汉末年群雄并起、逐鹿中原，致使战火纷飞、民生离散的悲惨场景。苏轼慨叹诸葛亮英雄出世、横扫千军，却因为隐忍不决的个性，错失了大好时机。历史的车轮已滚滚而逝，当年曾叱咤风云的八阵图，如今也只能在夔峡的山间默默伫立。夔峡是瞿塘峡的别称。

过了八阵图遗址，就来到了白帝城。白帝城原名子阳城。西汉末年王莽篡位时，他手下大将公孙述割据了四川，自称蜀王，并在此屯兵积粮。公孙述在天府之国里势力渐渐膨胀，野心勃勃，有僭越称帝之心。一天，他骑着马来到瞿塘峡口，见地势险要，易守难攻，便扩城修垒，屯兵严防。后来，公孙述听说城中有口白鹤井，井中常冒出一股白色的雾气，其形状宛如一条白龙，直冲九霄。他便故弄玄虚，说这是"白龙出井"，是他日后必然登基成龙的征兆。于是，他于公元25年自称白帝，并于此建都，将子阳城改名"白帝城"。

东汉建武十二年（36年），刘秀入川，公孙述战死，白帝城毁于战火。在公孙述称帝的12年间，各地战乱频繁，而白帝城一带却比较安宁。后人为怀念他，在白帝山上建庙对他进行祭祀，故称"白帝庙"。白帝庙坐落在瞿塘峡口的白帝山上。远远望去，红墙显影，树木葱郁，楼台亭阁点缀其间。朝霞如锦、彩云缭绕之时，更有仙山琼阁之美。望着这些历史遗迹，苏轼作了一首咏史诗《白帝庙》：

朔风催入峡，惨惨去何之。共指苍山路，来朝白帝祠。

荒城秋草满，古树野藤垂。浩荡荆江远，凄凉蜀客悲。

迟回问风俗，涕泗悯兴衰。故国依然在，遗民岂复知。

一方称警跸，万乘拥旌旗。远略初吞汉，雄心岂在夔。

崎岖来野庙，闵默愧常时。破甑蒸山麦，长歌唱竹枝。

荆邯真壮士，吴柱本经师。失计虽无及，图王固已奇。

犹余帝王号，皎皎在门楣。

以雄伟险峻著称的长江三峡，有着说不尽的秀美景色和历史人文：瞿塘之雄、巫峡之秀、西陵之险，一行悬壁上的古栈道，一曲悬崖边的川江号子，一个巫山远雨的传奇……苏轼一行在荆州离船登岸，一路北上，途经襄阳、南阳到达许州（今河南省许昌市）。

许州有一湖面，分为东、西两部分，中间有一横堤。北宋初年，宋庠为许州太守时，征发了疏浚黄河的役夫，将东西两边疏通，成为一片广大的湖面，被称为西湖。苏轼旅行至此，适值西湖雨后初晴，波光粼粼，颇为赏心悦目。于是，他作了一首《许州西湖》，不仅赞美西湖美景，更加称赞了太守宋庠的疏浚之功：

西湖小雨晴，滟滟春渠长。来从古城角，夜半转新响。

使君欲春游，浚沼役千掌。纷纭具畚锸，闹若蚁运壤。

夭桃弄春色，生意寒犹怯。惟有落残梅，标格若矜爽。

游人坌已集，挈榼三且两。醉客卧道旁，扶起尚偃仰。

池台信宏丽，贵与民同赏。但恐城市欢，不知田野怆。

颍川七不登，野气长苍莽。谁知万里客，湖上独长想。

诗的大意是：小雨后的西湖分外晴朗，湖水满满，春堤狭长。湖水来自古城边，夜深之时能够听到流水的回声。太守宋庠为了游玩，动用了成百上千的民夫挖通西湖。堤上满是铁锹、畚箕，民夫们往来忙着搬运泥土，好似蚂蚁劳作一般。艳丽的桃花虽然生机盎然，却因春寒料峭而不快，唯有几株残梅精神抖擞，依然坚毅挺立，清爽宜人。游人聚集湖边，三三两两提着酒壶来游玩，喝醉了就睡在路旁。湖中亭台宏伟华丽，好在可以让普通的游人欣赏游乐。可惜人们只沉浸在城市的欢乐中，不了解农村的痛苦。颍川一带庄稼连年不收，田野满目荒凉。不会有人想到，此时还有一个游人自远方到来，独自在湖上沉思这些事情。

这首诗，堪称苏轼这次南行途中的经典之作。

为了纪念这次水陆颠簸的行程，苏轼父子三人把舟行途中所作诗文总计一百多首编辑整理成集，并命名为《南行前集》，也作《江行唱和集》。此集收录苏轼诗 42 首，这是现存的苏轼最早期的作品。此后，他们又把登岸后沿陆路前往汴京途中所作诗文，合编为《南行后集》。

第二章

人有悲欢离合
月有阴晴圆缺

01 步入仕途，兄弟惜别

宋仁宗嘉祐五年（1060年）三月，苏轼被任命为河南省福昌县主簿，苏辙也被任命为河南省渑池县主簿。当时，主簿是办理文书等事务的九品官。两兄弟听说明年将举行制科考试，都辞不赴任，准备应试。

制科考试是宋朝的一种特殊的考试制度。它不同于每三年一次的科举考试，制科考试是不定期举行的，程序比科举考试要繁琐。应试人员要通过朝中大臣的举荐，才能参加预试，预试通过后，由皇帝亲自出考题考试。制科考试的选拔非常严格。在宋朝三百多年的历史中，科举考试共选拔了4万多名进士，而制科考试只选拔了41人。制科考试成绩分第一等、第二等、第三等、第三次等、第四等、第四次等、第五等。其中第一等、第二等是虚设的，第五等最差，基本就被淘汰出局了。

宋仁宗嘉祐六年（1061年），苏轼、苏辙两兄弟在恩师欧阳修的推荐下，参加了制科考试。此前，两兄弟为了专心备考，特意从家里搬出来移居到怀远驿站，以排除一切可能的干扰。这次考试的科目是"贤良方正能直言极谏"，是朝廷中最有发言权的一类官员的备选。当时，曾有很多士子前来应试，但听说"二苏"在此，十之八九都自动放弃了考试的机会。最终，苏轼取得了第三等的好成绩，苏辙为第四等。据《宋史·选举志》中记载："自今制科入第三等，与进士第一，除大理评事、签书两使幕职官；代还，升通判；再任满，试馆职。制科入第四等，与进士第二、第三，除两使幕职官；代还，改次等京官。制科入第五等，与进士第四、第五，除试衔知县；代还，迁两使职官。"有宋一代，得制科第三等的只有4人，分别是吴育、苏轼、范百禄和孔文仲。其中，苏轼分别于宋仁宗嘉祐六年（1061年）和治平二年（1065年），两次参加制科考试，成绩均为最高第三等。

通过制科考试后，苏轼被授予大理评事，签书凤翔府判官。苏辙也被任命为商州军事推官。因老父苏洵独自在京奉命修礼书，兄弟俩担心老父独自一人孤单寂寥，无人照顾，于是，苏辙奏请留京侍奉老父。

朝命既下，离别在即。苏轼、苏辙两兄弟从小就在一起。少年游玩之时，凡有山可登，有水可戏，苏轼未尝不急急撩起衣裳，率先而行；而苏辙却要察看一番后，才不紧不慢地跟上。苏轼如果得到一幅书画佳作，立刻欢呼雀跃；而苏辙却总是淡漠地看着，不太在意。但苏辙跟在哥哥身后读书习字，一刻都不曾离开。苏辙说哥哥"扶我则兄，诲我则师"，苏轼认为弟弟"岂是吾兄弟，更是贤友生"。苏轼这一走，不知何时才能相见，心中不免难过，苏辙也是一样的心情。眼看离别的日子一天一天迫近，兄弟俩的心情无比沉重。

离别的日子还是到了。这一天，苏轼跟妻子王弗带着长子苏迈踏上了征途。苏辙骑马跟随数十里，为哥嫂送行。一路上，兄弟两人互相叮嘱对方，要照顾好身体，说话办事要谨慎小心……千言万语，万语千言，难以言尽兄弟情深，难舍难分。然而，送君千里终须一别，已经到了郑州西门外了，苏辙才不得不犹犹豫豫地打马回返。苏轼望着弟弟回转的背影，直到在旷野里消失得无影无踪，才继续启程赶路。那一刻，他泪眼模糊，怅然若失，于是，他给弟弟写了一首《辛丑十一月十九日既与子由别于郑州西门之外马上赋诗一篇寄之》：

不饮胡为醉兀兀，此心已逐归鞍发。
归人犹自念庭闱，今我何以慰寂寞。
登高回首坡垅隔，但见乌帽出复没。

苦寒念尔衣裘薄，独骑瘦马踏残月。

路人行歌居人乐，僮仆怪我苦凄恻。

亦知人生要有别，但恐岁月去飘忽。

寒灯相对记畴昔，夜雨何时听萧瑟。

君知此意不可忘，慎勿苦爱高官职。

　　诗的大意是：没有饮酒，头却晕乎乎的。不是我喝醉了，而是我的心早已随着你远去。寂寞的归途，你尚且可以一心系念家中的老父，而我，行走在异乡的旷野，用什么来安慰心中的孤独？你的身影已消失在远方，我只有爬到更高一点的地方，希望能再看一眼你远去的背影，却只看到你的乌帽随着坡路的起伏在丘垅间时隐时现。一想到你衣衫单薄，在这样一个苦寒的日子里，只身骑一匹瘦马踏着月色走在归途，不由得引起难言的苦闷，惹得身旁的僮仆，都疑惑地瞪大眼睛问我，路上的行人都是快快乐乐地边走边唱，您为什么总是闷闷不乐？其实，我不是不知道，人生终有一别，我只是担心岁月飘忽，不知何时能跟你再次夜雨听萧瑟。记得当日怀远驿中，夜晚风雨骤至，雨打窗棂，长夜寂静，你我孤灯之下，共赏唐代诗人韦应物的"宁知风雨夜，复此对床眠"的诗句，当时的场景与诗中的意境何其相似。你我在萧萧风雨中，彼此对床畅谈，当时何等惬意。以后还不知道哪一天能够重享那样的快乐时光。还记得我们当时的约定吗？日后功成名就彼此完成对江山社稷的责任和义务之后，一定及早隐退，同回故乡，纵情山水，共叙手足之情，共享闲居之欢。一定不要忘了我们的盟约，一定不要因为贪恋高官厚禄、荣华富贵而忘了相知相惜、相亲相爱的兄弟情缘。

　　作别弟弟，苏轼与妻子一行人策马行至渑池（今河南省渑池县）。渑池在洛阳之西，崤山之东。当年，兄弟俩随父亲首次进京赴考，就曾路过这里。苏轼记得，当时他们留宿在一座寺庙里，寺庙里的住持老和尚法号奉贤，待他们极为热情。临别之时，兄弟二人在奉贤老和尚居室的墙壁上各自题诗一首，以作纪念。如今旧地重游，奉贤和尚已圆寂，题诗的墙壁也早已斑驳得无法辨认。想想自己漂泊不定的行踪，苏轼不禁感慨万千。

　　苏辙返回京师后，追忆五年前与兄由眉州往京师经渑池时访僧题壁旧事，遥想苏轼此番独行寂寞，思念为结，给哥哥写了一首《怀渑池寄子瞻兄》："相携话别郑原上，共道长途怕雪泥。归骑还寻大梁陌，行人已度古崤西。曾为县吏民知否？旧宿僧房壁共题。遥想独游佳味少，无方骓马但鸣嘶。"

苏辙在该诗的自注中写道："昔与子瞻应举，过宿县中寺舍题其老僧奉闲之壁。"因为他曾被任命为渑池县的主簿（由于参加制科考试，未到任），此前经过这里，有访僧留题之事，所以在诗里写道"曾为县吏民知否？旧宿僧房壁共题。"这些经历是偶然还是必然？他充满了疑惑，也是表达心中的感慨。同时在首联中抒发了他与兄长依依惜别的难舍之情。"相携话别郑原上，共道长途怕雪泥。"这句诗中的"怕"字，含有双关含义，一是人生道路艰难，二是一种无可奈何。苏辙的这首诗，主题是怀旧，是回忆，是惜别。回忆当年"曾为县吏"，回忆"共题僧房"，数年光景恍如昨日，不免令人感叹，又惜别哥哥"独游"，想必这趟旅程是"佳味少"了，不过有什么办法呢？一旦踏入仕途，就像棋盘上的棋子，只能身不由己，任人摆布。骓马走累了，可以"鸣嘶"，但人却无法摆脱命运的安排。由此，这首诗体现一种人生的感叹。

看到弟弟的诗作，苏轼立刻步韵和诗一首《和子由渑池怀旧》：

> 人生到处知何似？应似飞鸿踏雪泥。
> 泥上偶然留爪印，鸿毛那复计东西。
> 老僧已死成新塔，坏壁无由见旧题。
> 往日崎岖君记否，路长人困蹇驴嘶。

在这首诗中，苏轼对弟弟进行了一番真诚的诉说：人生在世，到这里、又到那里，偶然留下一些痕迹，你知道这像什么吗？我看真像随处乱飞的鸿鹄，偶然在某处的雪地上落一落脚一样。它在这块雪地上留下一些爪印，正是偶然的事，因为鸿鹄的飞东飞西根本就没有一定。老和尚奉闲已经去世，他留下的只有一座藏骨灰的新塔，墙壁已破损，我们也没有机会再看到当年题过的字了。你还记得当时前往渑池的路程是多么崎岖吗？路远人又疲劳，驴子也累得直叫。

在忧伤时，两个人互相慰藉，在患难时，彼此扶助，在人生漫长的风风雨雨里，两人互相扶持，相互鼓励。即便是离别之后，彼此还会相会于梦寐之间，写诗互相寄赠以表达彼此的思念之情。即便是在中国这样的伦理之邦，像苏轼兄弟之间如此的友爱之美，也是绝不寻常的。

　　古往今来，兄弟之间相亲相爱相知相念之情，未见超过"二苏"的。特别是比起曹丕与曹植的手足相残，鲁迅与周作人的兄弟反目来，"二苏"之间的手足亲情，显得弥足珍贵。

02 修筑东湖，闲建小园

宋仁宗嘉祐六年（1061年）腊月十四，苏轼经过长途跋涉终于抵达凤翔任所。这位笑傲官场的千古英雄，终于在凤翔这片黄土地上，开始了他入仕的第一步。

凤翔古称雍州，因传说"凤凰鸣于岐、翔于雍"而得名。凤翔距离京都1170余里，地处宋与西夏国交界之处。早年西夏国的连年入侵，烧杀抢掠无恶不作，使得当地百姓民不聊生。后来，宋朝以每年向西夏输入大量金银布帛为代价，才换来凤翔暂时的安宁与和平。然而，沉重的赋税压得百姓难以喘息。苏轼看到民生凋敝，一派破落衰败的景象，不由得心生痛楚，深感肩上担子的沉重。

在凤翔任上，苏轼除了"签署一局，兼掌五曹文书"外，还负责着"编木筏竹，东下河渭"供应皇家用木，以及集运粮米、草料供给西部边防两大要务。当时，此二要务均由服衙前役的百姓来义务完成，政府虽有优轻酬奖之名，其实不及所费百分之一。在运送途中，官物如有丢失，服役的百姓还要负责赔偿，许多人因此破产，而无力赔偿者则被投入牢狱。走投无路之下，便有人选择远走他乡，甚至沦为盗贼。

苏轼上任伊始，就注意到了木筏水运带给百姓的沉重负担和灾难。他经过广泛调查寻访，了解到若在黄河渭河未涨水时，放筏操运，时间掌握好了，损失就可以减轻不少。于是，苏轼立即上书朝廷，力求更改衙规，使衙前可自择水工，按时令编木筏竹，从此衙前之害减半。改革衙前役可以说是苏轼步入仕途后，为民所做的第一件大事。

在凤翔县城东南方向，有一泓池水，古称饮凤池。相传周文王元年，瑞鸟凤凰飞鸣过雍，在此饮水，故取其名。苏轼来凤翔就任后，偶有闲暇，常到饮凤池边闲游。他发现，饮凤池池面很小，池底厚积淤泥，池岸周围环境也遭到破坏。因此，苏轼经过勘察，决定在公事之余组织民众把这里重新加以修葺改建。他决定将城西北的凤凰泉的水引到饮凤池，解决活水水源的问题。引入活水后，他又开始组织民众扩展池面。很快，原来的饮凤池变成一方清澈见底、水平如镜的湖面。他又组织人力在岸边栽植垂柳，于水底种植莲藕，并依地势修筑曲桥勾栏、亭台阁榭，一座美丽清幽的园林景观就这样建成了。因其位于凤翔城的东面，他将其改名为"东湖"。东湖建成后，苏轼即赋《东湖》诗一首：

吾家蜀江上，江水绿如蓝。尔来走尘土，意思殊不堪。
况当岐山下，风物尤可惭。有山秃如赭，有水浊如泔。
不谓郡城东，数步见湖潭。入门便清奥，恍如梦西南。
泉源从高来，随流走涵涵。东去触重阜，尽为湖所贪。
但见苍石螭，开口吐清甘。借汝腹中过，胡为目眈眈。
新荷弄晚凉，轻棹极幽探。飘摇忘远近，偃息遗佩篸。
深有龟与鱼，浅有螺与蚶。曝晴复戏雨，戢戢多于蚕。
浮沉无停饵，倏忽遽满篮。丝缗虽强致，琐细安足戡。
闻昔周道兴，翠凤栖孤岚。飞鸣饮此水，照影弄毵毵。
至今多梧桐，合抱如彭聃。彩羽无复见，上有鹳搏鹌。
嗟予生虽晚，考古意所妉。图书已漫漶，犹复访侨郯。
《卷阿》诗可继，此意久已含。扶风古三辅，政事岂汝谙。
聊为湖上饮，一纵醉后谈。门前远行客，劫劫无留骖。
问胡不回首，毋乃趁朝参。予今正疏懒，官长幸见函。

不辞日游再，行恐岁满三。暮归还倒载，钟鼓已鼚鼚。

    凤翔古城因历史悠久，故而文化遗迹、人文景观留存较多。这些名胜古迹激起了苏轼浓厚的兴趣，只要稍有闲暇，他就去寻访。

    这一天，苏轼去孔庙拜谒圣人，令他意想不到的是，他在这里见到了闻名已久的石鼓。那古拙的形态、飞动的文字，恰如传闻所描述的那样，这大大激发了苏轼与生俱来的好奇心。他知道，这些是我国现存最古老的石刻文字，经历了将近两千年的沧桑，为历代文人所景仰。历史的兴衰更替，无论富贵或者贫贱，都不过是过眼烟云，唯有这岿然不动的石鼓，是永恒的存在。苏轼抚今追昔，不禁发出深深的感慨，作《石鼓歌》以记之：

> 冬十二月岁辛丑，我初从政见鲁叟。
>
> 旧闻石鼓今见之，文学郁律蛟蛇走。
>
> 细观初以指画肚，欲读嗟如钳在口。
>
> 韩公好古生已迟，我今况又百年后。
>
> 强寻偏旁推点画，时得一二遗八九。
>
> 吾车既工马亦同，其鱼惟鲔贯之柳。
>
> 古器纵横犹识鼎，众星错落仅名斗。
>
> 模糊半已似瘢胝，诘屈犹能辨跟肘。
>
> 娟娟缺月隐云雾，濯濯嘉禾秀莨莠。
>
> 漂流百战偶然存，独立千载与谁友。
>
> 上追轩颉相唯诺，下揖冰斯同鷇鷇。
>
> 忆昔周宣歌鸿雁，当时籀史变蝌蚪。
>
> 厌乱人方思圣贤，中兴天为生者耇。
>
> 东征徐虏阚虓虎，北伐犬戎随指嗾。
>
> 象胥杂沓贡狼鹿，方召联翩赐圭卣。
>
> 遂因鼓鼙思将帅，岂为考击烦朦瞍。
>
> 何人作颂比嵩高，万古斯文齐岣嵝。
>
> 勋劳至大不矜伐，文武未远犹忠厚。
>
> 欲寻年岁无甲乙，岂有名字记谁某。
>
> 自从周衰更七国，竟使秦人有九有。

扫除诗书诵法律，投弃俎豆陈鞭杻。

当年何人佐祖龙，上蔡公子牵黄狗。

登山刻石颂功烈，后者无继前无偶。

皆云皇帝巡四国，烹灭强暴救黔首。

六经既已委灰尘，此鼓亦当遭击掊。

传闻九鼎沦泗上，欲使万夫沉水取。

暴君纵欲穷人力，神物义不污秦垢。

是时石鼓何处避，无乃天公令鬼守。

兴亡百变物自闲，富贵一朝名不朽。

细思物理坐叹息，人生安得如汝寿。

全诗共六十句，在诗中，苏轼感叹世间之兴亡百变，人生之苦短。咏物叙事与抒情融为一体，大气磅礴，意境深远。与韩愈所作的《石鼓歌》旗鼓相当，堪称名作。

苏轼游开元寺的时候，意外地发现了一座石碑，经过仔细辨认，发现石碑上刻的是秦国诅咒楚国灭亡的文章。苏轼把这座石碑移到知府的便厅内，仔细研究，并热情地赋诗说明石碑的来历。这就是《诅楚文》：

峥嵘开元寺，仿佛祈年观。旧筑扫成空，古碑埋不烂。

诅书虽可读，字法嗟久换。词云秦嗣王，敢使祝用瓒。

先君穆公世，与楚约相捍。质之于巫咸，万叶期不叛。

今其后嗣王，乃敢构多难。刳胎杀无罪，亲族遭围绊。

计其所称诉，何啻桀纣乱。吾闻古秦俗，面诈背不汗。

岂惟公子邛，社鬼亦遭谩。辽哉千载后，发我一笑粲。

后来，这座石碑得到了欧阳修的整理和注释，引来众多文人士子为之题咏考证，成为文化界的一大热点话题。

在普门寺和开元寺，苏轼还参观了绘有王维、吴道子画作的壁画。苏轼自幼喜欢绘画，尤其酷爱这两位画家的作品。王维，字摩诘，唐代著名诗人，长于绘画，他的山水画为南宗画派之祖，素以"诗中有画、画中有诗"著称。吴道子，又名道玄，唐代著名画家，尤其擅长画佛像，曾为唐玄宗的宫廷画师，被誉为"画圣"。苏轼有幸看到这两位著名画家的真迹，立即被深深地吸引，当即题诗《王维吴道子画》：

何处访吴画，普门与开元。

开元有东塔，摩诘留手痕。

吾观画品中，莫如二子尊。

道子实雄放，浩如海波翻。

当其下手风雨快，笔所未到气已吞。

亭亭双林间，彩晕扶桑暾。

中有至人谈寂灭，悟者悲涕迷者手自扪。

蛮君鬼伯千万万，相排竞进头如鼋。

摩诘本诗老，佩芷袭芳荪。

今观此壁画，亦若其诗清且敦。

祇园弟子尽鹤骨，心如死灰不复温。

门前两丛竹，雪节贯霜根。

交柯乱叶动无数，一一皆可寻其源。

吴生虽妙绝，犹以画工论。

摩诘得之于象外，有如仙翮谢笼樊。

吾观二子皆神俊，又于维也敛衽无间言。

诗的大意是：到哪儿去寻访吴道子的画？普门和开元两座寺院的墙壁上都有。开元寺内有一座东塔，上面留存着王维绘画的手迹。我看古往今来的画家，谁也比不上这两位先生尊贵的品级。吴道子的画风实在是雄奇而奔放，那浩浩荡荡的气势，如同海浪一样波涛汹涌。当他灵感骤现时，往往画笔未到，气势就已先声夺人。在那高高的两棵娑罗树间，灿烂的朝阳从扶桑冉冉升起。画中间是至高无上的佛祖，正在宣讲寂灭的真相与超脱轮回之法。觉悟的信徒全都在悲哀哭泣，也有人手扪胸膛表示理解不深。天竺的众多君长和千千万万鬼王，互相拥挤着争听佛法，像鼋一样拼命把头伸得老长。摩诘本是一位可敬的诗人，诗风秀美芳荪如同佩戴了香草一般。现在观看他的壁画，也像诗品一样意境优美、芬芳清淳。画中的祇园弟子个个清瘦如仙鹤，内心枯寂宛若死灰一般不会泛起任何波澜。门前的两丛竹子，如霜雪般清劲，竹节贯连着竹根。枝干交错，繁乱的叶子像在摇动，仿佛每一片叶子都能找到根源和经脉。吴先生的画虽然绝妙，但还只能看作是杰出的画工，拥有超凡的记忆。而摩诘得到了物象内在的精神，他的画作就如仙鸟飞离樊笼一般，超脱于形迹以外。苏轼认为，两人的画全都气势飞扬寓于神采，对于王维，苏轼尤其崇敬得说不出一句异议。

此外，苏轼又游览了天柱寺，参观了杨惠之塑维摩诘像，登真兴阁，游李氏园，吊秦穆公墓。每到一处，苏轼皆作诗寄情，汇为《凤翔八观》。在《凤翔八观》的诗序中，苏轼写道：

《凤翔八观》诗，记可观者八也。昔司马子长登会稽，探禹穴，不远千里；而李太白亦以七泽之观至荆州。二子盖悲世悼俗，自伤不见古人，而欲一观其遗迹，故其勤如此。凤翔当秦、蜀之交，士大夫之所朝夕往来此八观者，又皆跬步可至，而好事者有不能遍观焉，故作诗以告欲观而不知者。

闲来无事之时，苏轼还在自己的住所附近建了一座小园，园内有竹有花，有假山有石桥，俨然一个小小的世外桃源，成为苏轼修养身心的最佳场所，常常让他流连其间，乐而忘返。为此，苏轼写了《新葺小园二首》，其中的第一首是：

短竹萧萧倚北墙，斩茅披棘见幽芳。
使君尚许分池绿，邻舍何妨借树凉。
亦有杏花充窈窕，更烦莺舌奏铿锵。
身闲酒美谁来劝，坐看花光照水光。

这首诗，不难看出小园风景的清幽秀美，以及苏轼流连其中的惬意。

03 虔诚祈雨，护佑百姓

　　苏轼到凤翔没多久，就遇上了一场大旱。好几个月滴雨未下，刚刚返青的小麦眼看着就要枯死，老百姓忧心如焚。苏轼觉得，身为父母官，管的就是老百姓的衣食住行，保他们安居乐业。在那个科技极不发达的年代，人们面对自然灾害，只有祈求神灵的护佑。于是，苏轼就向太守宋选请求带领一干人，代表官府前去太白山祈雨。在古代，官员带领老百姓祈求神灵保佑，是一种公务活动，求雨，当然也是地方官办理的正事。太守宋选很赞同苏轼的想法，委托他全权代理。

　　凤翔城南的太白峰是秦岭的最高峰，也是凤翔周边最有名的景观胜地。李白曾登临过太白峰，并且留下了《登太白峰》一诗，其中有"举手可近月，前行若无山"这一绝句。山上有座祭祀太白山神的神庙，庙前有个小塘，无论天怎么旱也不会干，当地人都把这个池塘里的水叫做"龙水"。传说龙王爷就是住在这小塘里面，化身为小鱼。当地有一种风俗，每当有旱灾，就要到太白山神庙来祈祷，并取"龙水"回城，希望龙王和山神能够降下喜雨。据说，太白山的神仙很是灵验：军队在此行军，不能打鼓吹号，否则一旦惊动了神灵，就会风云突变、飞沙走石，引来雷霆之怒。过去，苏轼只是听说太白山的神奇，现在，他马上就要体验这处神奇的地方。苏轼不是无神论者，他信佛敬神，经常烧香拜菩萨。得知三月初七是太白山神的生日，苏轼就提前斋戒三天，然后带着准备好的丰厚礼物，到太白山祈祷求雨。他认为，祈雨就是要请求神灵护佑，既是求神，就应该体现在一个"诚"字上，才能取得心诚则灵的效果。于是，在出发前，苏轼写了一篇情真意挚的祈雨祝文，以此表达自己的诚意。香案设好，祭品上桌，礼数尽悉，苏轼就开始诵读他所写的《凤翔太白山祈雨祝文》：

维西方挺特英伟之气，结而为此山。惟山之阴威润泽之气，又聚而为湫潭。瓶罂罐勺，可以雨天下，而况于一方乎？乃者自冬徂春，雨雪不至，西民之所恃以为生者，麦禾而已。今旬不雨，即为凶岁，民食不继，盗贼且起。岂惟守土之臣所任以为忧，亦非神之所当安坐而熟视也。圣天子在上，凡所以怀柔之礼，莫不备至。下至于愚夫小民，奔走畏事者，亦岂有他哉！凡皆以为今日也。神其盍亦鉴之。上以无负圣天子之意，下以无失愚夫小民之望。尚飨。

这段祈雨祝文的大意是：万能的山神啊，至高无上的龙王啊，你们只要施舍一小瓶水就可以滋润天下，更何况凤翔这个小地方！但是从去年冬天到现在滴雨未下，百姓就依靠种点粮食为生，这个春天如果还不下雨今年就是凶年，百姓今后没有粮食吃，就会出现盗贼四起的现象。作为地方官不能不管百姓的疾苦，两位英明的神灵也不会坐视不管吧？当今皇帝都关怀百姓而准备厚礼求雨，更不用说担心旱灾发生的百姓，他们把希望都寄托在今日求雨了！神应该有所了解吧？还是应上不负皇帝爱民之意，下不使百姓失望。

第一次祈雨，他们翻山越岭，长途跋涉，历经艰难险阻。结果，只下了一场小雨，对于久旱待霖的禾苗来说，只是解了解渴，润了润喉。要说从根本上解除旱象，这雨远远不够。苏轼初来乍到，年轻气盛，一股决不服输的精神，迫使着他，一定要找到失败的原因。他查找资料，分析原因，走访经验丰富的农民，寻求新的办法。

后来，有经验丰富的老农提醒他，这次祈雨并没有什么不周。而是本朝有一皇上封太白山为侯爵，从此祈雨就不再灵验了。苏轼在《唐书》上一查，发现太白山神在唐朝时，曾被封为公爵。按爵位高低来说，太白山神地位实际上是降低了。他想原因可能就出在这里。于是，他立刻向皇上草拟了一个奏本《乞封太白山神状》，请求恢复太白山神以前的爵位。乞状写好后，立即派人送往朝廷。然后，他与太守宋选斋戒沐浴，派特使敬告神灵，说他们已为神灵求得更高的封号，又派人从庙前的池塘里取回一盆"龙水"。苏轼和宋选又沐浴更衣来到城中的真兴寺，举行一次祈雨仪式，并作了一首《真兴寺阁祷雨》：

> 太守亲从千骑祷，神翁远借一杯清。
> 云阴黯黯将嘘遍，雨意昏昏欲酝成。
> 已觉微风吹袂冷，不堪残日傍山明。
> 今年秋熟君知否，应向江南饱食粳。

在去往真兴寺的路上，苏轼看见一团乌云在地面低低飘过，犹如一群野马，奔腾而来。他从农夫手中借了个篮子，用手抓了几把乌云，藏在篮子之中。在祷雨回来的路上，大雨果然应声而降。于是，苏轼又即兴赋诗一首《攓云篇》：

余自城中还道中，云气自山中来，如群马奔突，以手攓开，笼收其中。归家，云盈笼，开而放之，作《攓云篇》：

> 物役会有时，星言从高驾。道逢南山云，欻吸如电过。
> 竟谁使令之，袞袞从空下。龙移相排拶，凤舞或颉亚。
> 散为东郊雾，冻作枯树稼。或飞入吾车，偪仄人肘胯。
> 搏取置笥中，提携返茅舍。开缄乃放之，掣去仍变化。
> 云兮汝归山，无使达官怕。

这是一首非常有趣的诗。苏轼在完整的诗题中，简要叙述了攓云的过程，其动作是"手攓""抟取"。所攓之云，是大雨将至时山中涌出的云气，在奔突浪荡中迎面而来。攓云之后携归山中茅舍，开笼放云，云气仍然保持变化万端的状态。苏轼的想象力可谓奇特，他的行为举动，也带着与生俱来的天真与洒脱。

这次大雨一直持续了三天三夜，大地、庄稼喝足了雨水，一切变得生机勃勃。全城的百姓欢喜欲狂，举行了规模盛大的庆祝活动。苏轼更是欣喜万分，把自家院子里刚刚落成的亭子命名为"喜雨亭"，并因此作了碑记《喜雨亭记》：

> 亭以雨名，志喜也。古者有喜，则以名物，示不忘也。周公得禾，以名其书；汉武得鼎，以名其年；叔孙胜狄，以名其子。其喜之大小不齐，其示不忘，一也。

> 予至扶风之明年，始治官舍。为亭于堂之北，而凿池其南，引流种木，以为休息之所。是岁之春，雨麦于岐山之阳，其占为有年。既而弥月不雨，民方以为忧。越三月，乙卯乃雨，甲子又雨，民以为未足。丁卯大雨，三日乃止。官吏相与庆于庭，商贾相与歌于市，农夫相与忭于野，忧者以乐，病者以愈，而吾亭适成。

> 于是举酒于亭上，以属客而告之，曰："五日不雨可乎？"曰："五日不雨则无麦。""十日不雨可乎？"曰："十日不雨则无禾。""无麦无禾，岁且荐饥，狱讼繁兴，而盗贼滋炽。则吾与二三子，虽欲优游以乐于此亭，其可得耶？今天不遗斯民，始旱而赐之以雨。使吾与二三子得相与优游而乐于此亭者，皆雨之赐也。其又可忘耶？"

> 既以名亭，又从而歌之，曰："使天而雨珠，寒者不得以为襦；使天而雨玉，饥者不得以为粟。一雨三日，伊谁之力？民曰太守。太守不有，归之天子。天子曰不然，归之造物。造物不自以为功，归之太空。太空冥冥，不可得而名。吾以名吾亭。"

苏轼从喜雨亭命名的缘由写起，记述了建亭的经过，表达了人们久旱逢甘露的喜悦心情，反映了作者重农、重民的儒家仁政思想。文章句法灵活，笔调活泼，在风趣的对话中，轻松含蓄地发表见解。文章从一开始即点明了用"雨"命名的缘由，与"喜"字紧密联系在一起。苏轼一共援引了历史上的三件事作铺垫，说明古人有了喜事，常常会用这件喜事来命名，以纪念喜事，或者也有预示将来喜事连连的意思。这三件事都很有趣。第一件事，相传周成王的同母弟堂叔得一异禾，献给了成王。成王将禾转送了周公。周公于是作了《嘉禾》一篇。第二件事，汉武帝刘彻于公元前116年在汾水上得一宝鼎，于是改年号为元鼎。第三件事，鲁文公十一年，北狄鄋瞒国伐鲁，鲁文公派叔孙得臣抗敌，获胜，并俘获了国君侨如，于是，特将自己的儿子命名为侨如。

这是作者为要以雨志亭所作的铺垫，有了这一铺垫，使作者的论述得以娓娓展开。

这篇文章，无论就其使用的散文形式，还是就其表现的内容和给人的艺术感受来看，都是一篇值得后人品读的艺术精品。

04 太守严苛，终解其心

嘉祐八年（1063年）三月，仁宗皇帝驾崩，英宗即位。继而，宋选被罢凤翔知府。不久，凤翔府来了位新知府，此人名叫陈希亮，字公弼，眉州青神县人，与苏轼的妻子王弗是同乡。

据苏轼为陈希亮所著的传记记载，此人身材不高，又黑又瘦，然而语言犀利，目光冰冷如霜。他办事严谨，嫉恶如仇，从不考虑个人的祸福进退。尤其对于贪官污吏，他更加严惩，绝不留情。在长沙担任知府期间，他曾捕获一恶僧，这个恶僧与当地的权贵交往密切。但是，他仍对这个恶僧依法严惩，让全境之人无不震惊。又一次，他捕获七十余男巫，这些男巫平素鱼肉乡民，他将这些男巫悉数强行遣返故乡，耕田务家，不得乱走。哪些寺庙暗中干一些邪污败德之事，他就拆庙。他执政虽然不避权要，铁面无私，但对于那些贫寒人家，却又轻财好施，有恩多义。

然而，就是这样一位受百姓敬仰爱戴的好官，在初来凤翔时，跟苏轼相处得却并不和谐。苏轼一向以才华自负，受不得别人的轻视，也不喜欢在长官面前俯首帖耳、卑躬屈膝。可是，这位新来的长官，却偏要挫挫这位青年下属的锐气。于是，两个人之间便产生了许多摩擦。

由于苏轼在制科考试中，是以贤良方正能直言极谏科的科目被皇帝点为最上等，再加上在任的这段时间为百姓办了不少实事，谋了不少福利，所以府衙里的小吏都尊称苏轼为"苏贤良"。有一次，陈希亮听到一个小吏当着他的面喊苏轼为"苏贤良"，就非常生气，当即下令责打那个小吏，令苏轼很没有面子。

不仅如此，这位陈希亮对苏轼起草的公文圈圈点点，反复修改，直改到面目全非才肯罢休，这令苏轼敢怒不敢言，内心非常郁闷。忽然有一天，他在极度郁闷的情况下，想找陈知府谈一谈，看看自己究竟是哪里做得不够好，让他对自己产生了这么大的成见。结果，当苏轼硬着头皮来到知府大人家里的时候，这位长官却迟迟不肯露面，让苏轼一个人在客厅里如坐针毡，走也不是，留也不是，难堪极了。后来，苏轼专门写了一首诗《客位假寐》，来记述当时的尴尬场景：

> 谒入不得去，兀坐如枯株。岂惟主忘客，今我亦忘吾。
> 同僚不解事，愠色见髯须。虽无性命忧，且复忍须臾。

苏轼由于心里相当恼火，便开始消极对待本职工作。这一天，正赶上农历七月十五中元节。按照以往旧制，这一天，官府要开展大型聚会活动，苏轼因为在赌气怠工，所以故意不出席，不给这位新任长官面子。结果，这件事情被这位陈知府上报到了朝廷，并且处以八斤铜的罚金。苏轼这次名利都丢了，甚至还丢到了朝廷里去，他的心里越发窝火，甚至恨得咬牙切齿。

其实，苏轼哪里知道，这位论年龄论辈分都足可以做他爷爷的新任知府，并不是真的不喜欢苏轼，也不是不肯承认他的工作能力。他之所以一而再、再而三地打击苏轼，是因为他认为苏轼太有才华，可苏轼终究太年轻，如果一再助长他的傲气，将来必会承受不了任何挫折，所以趁他年轻，要杀一杀他的锐气。

为官一任，总要为当地百姓留下点什么，以示纪念。陈知府当然也不例外。他在官府后园建了一座高台，取名凌虚台，并请苏轼为其作文以记之。苏轼欣然应允，心中却窃喜：终于有机会反唇相讥了！于是，一篇《凌虚台记》洋洋洒洒，把苏轼压抑在心里很久的怨气都发泄了出来：

国于南山之下，宜若起居饮食与山接也。四方之山，莫高于终南；而都邑之丽山者，莫近于扶风。以至近求最高，其势必得。而太守之居，未尝知有山焉。虽非事之所以损益，而物理有不当然者。此凌虚之所为筑也。

方其未筑也，太守陈公杖履逍遥于其下。见山之出于林木之上者，累累如人之旅行于墙外而见其髻也。曰："是必有异。"使工凿其前为方池，以其土筑台，高出于屋之檐而止。然后人之至于其上者，恍然不知台之高，而以为山之踊跃奋迅而出也。公曰："是宜名凌虚。"以告其从事苏轼，而求文以为记。

轼复于公曰："物之废兴成毁，不可得而知也。昔者荒草野田，霜露之所蒙翳，狐虺之所窜伏。方是时，岂知有凌虚台耶？废兴成毁，相寻于无穷，则台之复为荒草野田，皆不可知也。尝试与公登台而望，其东则秦穆之祈年、橐泉也，其南则汉武之长扬、五柞，而其北则隋之仁寿，唐之九成也。计其一时之盛，宏杰诡丽，坚固而不可动者，岂特百倍于台而已哉？然而数世之后，欲求其仿佛，而破瓦颓垣，无复存者，既已化为禾黍荆丘墟陇亩矣，而况于此台欤！夫台犹不足恃以长久，而况于人事之得丧，忽往而忽来者欤！而或者欲以夸世而自足，则过矣。盖世有足恃者，而不在乎台之存亡也。"既以言于公，退而为之记。

这篇文字的意思是：在南山脚下建城居住，自然饮食起居都与山接近。四面的山，没有比终南山更高的。而城市当中的，没有比扶风城离山更近的了。在离山最近的地方，要看到终南山这座最高的山，必定应该是很容易做到的事情。但是，太守居住的地方，开始还不知道附近有山。虽然这对事情的好坏没有什么影响，但按事物的常理却不该这样的，这就是凌虚台修筑的原因——用以观山。

在凌虚台还没有修建之前，陈太守曾经杵着拐杖、穿着布鞋在山下闲游，看见远处的树林遮挡不住远处的山，而山峰重重叠叠的样子，正如墙内的人看到墙外的行人头顶那高高的发髻一样。陈太守说："这必然有不同之处。"于是，他就派工匠，在山前开凿出一个方池，然后用挖出的土建造一个高台，台子一直修到高出屋檐。这之后，有到了台上的人，都恍恍惚惚不知道台的高度，而以为是山突然活动起伏冒出来的一座高台。陈公说："这台叫凌虚台很合适。"他把这件事告诉了他的下属苏轼，让我写篇文章来记叙这件事。

苏轼回复陈公说："事物的兴盛和衰败，是无法预料的。从前，这里是长满荒草的野地，被霜露覆盖的地方，狐狸和毒蛇经常出没。那时，哪里知道这里会有今天的凌虚台呢？兴盛和衰败交替无穷无尽，那么高台会不会又变成长满荒草的野地，都是不能预料的。我曾试着和陈公一起登台而望，看到其东面就是当年秦穆公的祈年、橐泉两座宫殿遗址，其南面就是汉武帝的长杨、五柞两座宫殿遗址，其北面就是隋朝的仁寿宫也就是唐朝的九成宫遗址。回想它们一时的兴盛，宏伟奇丽，坚固而不可动摇，何止百倍于区区一座高台而已呢？然而几百年之后，想要寻找它们的样子，却连残垣断壁都不复存在，已经变成了种庄稼的田亩和长满荆棘的废墟了。相比之下这座高台又怎样呢？一座高台尚且不足以长久依靠，更何况人世的得失，本就来去匆匆，岂不更难持久？如果有人想要以高台夸耀于世而自我满足，那就错了。世上确实有足以依凭的东西，但是与台的存在与否是没有关系的。"

我将这些话告诉陈公后，下来为他写了这篇记。

整篇文字，语含讥讽，极尽挖苦之能事。苏轼本来以为会把陈希亮激怒，可让他没想到的是，陈希亮看完后，竟然哈哈大笑。他觉得是时候该让这个恃才傲物、不可一世的狂妄小子明白自己的苦心了。他非常诚恳地对苏轼说："你我是同乡，我跟你父亲苏洵又是故交，论辈分，我还是你父亲的长辈。今天看你年纪轻轻就名声大振，担心你有些飘飘然从而把握不住自己，所以，我有意要挫挫你的锐气，让你重新认识一下自己。没想到，你居然对我有这么大的成见。孩子，我可都是为你好啊！"说完，命手下将文章一字不落地刻于凌虚台上面的石头上。陈希亮的胸怀坦荡，让苏轼有些愕然。原来，是自己一直错怪了陈太守，不禁羞愧难当，便重新写了一首《凌虚台》诗送与陈太守，以此表达自己的懊悔之意和对陈希亮豁达气度的褒扬之意，从而化解了两人之间的恩怨：

才高多感激，道直无往还。不如此台上，举酒邀青山。
青山虽云远，似亦识公颜。崩腾赴幽赏，披豁露天悭。
落日衔翠壁，暮云点烟鬟。浩歌清兴发，放意末礼删。
是时岁云暮，微雪洒袍斑。吏退迹如扫，宾来勇跻攀。
台前飞雁过，台上雕弓弯。联翩向空坠，一笑惊尘寰。

18 年后，苏轼又在《陈公弼传》中写道："轼官于凤翔，实从公二年。方是时，年少气盛，愚不更事，屡与公争议，至形于颜色，已而悔之。"后人便将《凌虚台》诗加刻于凌虚台之北，一记一诗，南北呼应，为这二人的故事做了一个最好的注解。

后来，苏轼慢慢地感受到，实际上陈太守心地不坏，便努力捐弃前嫌。二人分手后，苏轼更加回味陈太守为人之正直，心中产生了更高的敬意。苏轼对古人"谄媚死者"的墓志铭很反感，故不轻易给别人写墓志铭，他的一生中，只写过 7 篇墓志铭，每一篇都有充分与特殊的理由。几年后，陈太守因操劳过度逝世，苏轼就为陈太守写了墓志铭，而且除了司马光的墓志铭，这是最长的一篇，可见苏轼是不记"仇"的人。后来，苏轼还与陈太守的儿子陈慥成了终生好友。

05 任职期满，痛失亲人

宋英宗治平元年（1064 年）腊月，苏轼在凤翔任职三年期满。凤翔三年，苏轼为百姓做了很多实事好事，诸如改革衙前之役、查决囚犯、赈济自然灾害、修筑东湖等。可以说，凤翔是苏轼政治生涯的起点。在这里，让这位从小抱有致君尧舜理想的书生，完成了从纸上谈兵到实战演练的蜕变。仕途的历练，让苏轼的政治主张开始走向成熟。他的亲民爱民、关注民生的思想与作为，深得凤翔百姓的尊敬与爱戴。

三年的时光，说长不长，说短也不短，却足以让苏轼对凤翔这个地方淳朴的民风、悠久的历史文化产生深厚的感情。尤其那个自己在住所附近精心设计建造的小园子，更让他舍不得放下。

临别的前夜，家人们都在忙着收拾行李，而苏轼却一个人来到园子里独坐饮酒。酒罢微醺，他开始挥毫泼墨，《新葺小园二首》便跃然纸上，其中之二是：

三年辄去岂无乡，种树穿池亦漫忙。

暂赏不须心汲汲，再来惟恐鬓苍苍。

应成庚信吟枯柳，谁记山公醉夕阳。

去后莫忧人剪伐，西邻幸许庇甘棠。

诗中说，三年的时间里，又是种树又是凿池，辛辛苦苦建造了这座小园，现在马上就要离它而去了，也不知道什么时候还能再回来。再来的时候，或许已经是鬓发苍苍的老翁了。离开后，再也不用担忧有人会伤害园子里的花草树木，因为好心的邻居，已经答应替我照管它们了。这首诗，足以看出苏轼对这座倾注了心血的小园子的留恋与不舍。

腊月二十七，苏轼告别了同事和朋友，便带着家人回京了。经过长安时，一家人游历了骊山，并在华阴的驿馆里过了春节。不久，一家人回到了京城。

苏轼回到京城后，便接替弟弟苏辙照顾老父亲苏洵。于是，苏辙就应朝廷征召，出任大名府推官。兄弟之间好不容易小聚，又不得不依依惜别。

英宗皇帝久闻苏轼大名。得知苏轼还京，他非常高兴，想破格提拔苏轼为翰林院学士，委以知制诰（起草皇帝诏书）。这是一个非常重要的职位，在皇帝身边素有"内相"之称，相当于皇家的顾问兼秘书长。

年轻的英宗皇帝把这个想法告诉了宰相韩琦，征求他的意见。没想到的是，这个计划遭到了韩琦的强烈反对。韩琦心里暗想：这皇帝陛下是有意要让苏轼这毛头小儿一步登天，这还了得？照这样下去，过不了多久，我这个老臣就会被取而代之了。于是，韩琦心里表示坚决反对。可是，既要反对，还不能让皇帝一眼看出自己的私心，得想个万全之策。想到这里，韩琦这老头捻捻胡须，眉头一皱，计上心来。便说道："启奏陛下，依老臣之见，像苏轼这样的顶尖人才，需要全方位的打造和培养，要从多方面培养他的能力，就像打造一口宝剑，需要火候，需要时间，需要千锤百炼，陛下，您不能操之过急啊！"

英宗皇帝说："韩爱卿言之有理，那就叫苏轼修起居注吧！"英宗皇帝的意思，就是想把苏轼拉到身边。修起居注，就是记录皇帝的起居百事，主要工作是跟在皇帝屁股后面，记录吃喝拉撒等大小事宜。为了不影响皇帝的胃口，这职位必须是皇帝看得上眼的人来担任。这个职位看似无聊，其实升迁是旦夕之间的事。

韩琦一听，眼珠子骨碌一转，又生一计："启奏陛下，依老臣之见，还是让苏轼在基层先历练一下吧，用人要得法，升迁要走相应的程序啊！"

英宗皇帝看出宰相明显是在阻挠，很不耐烦，可是念在当初自己登上皇帝宝座的时候，这老家伙没少出力，所以也不好太驳他的面子，只得强压怒火说："这也不行那也不行，那你说怎么办？"

韩琦一看反对生效，心中窃喜，便说："陛下，苏轼文才了得，不如让他进直史馆（编修国史的机关）先历练一下，这样才能更有效地发挥他的特长！"英宗皇帝见此情形，不耐烦地说："行行行，就照你说的办吧！"

没想到，韩琦这老伙计看到皇帝让步，又变本加厉起来："陛下，苏轼进直史馆，需要走正常的程序，通过考试公开录取，这样才能服众！"英宗皇帝把怒火压了又压，摆摆手说："算了算了，你看着办吧！"

就这样，苏轼不得已又参加了一次选拔考试。当然，这些根本难不倒苏轼，他再次以最高"三等"的优异成绩入选，名正言顺地进入了直史馆。馆阁之职，最重文才，一经入选便成为大学士，跻身社会名流之列。虽然没有实权重任，却是一般文人最为向往的清要之职。苏轼在这个职位上，得以饱览宫中收藏的各种珍本典籍、名玩字画，好不惬意。

可是，没等苏轼把直史馆的板凳坐热，不幸的事情发生了。宋英宗治平二年（1065 年）五月二十八，苏轼的结发妻子王弗因病不幸去世，年仅 27 岁，扔下了才刚刚 6 岁的小儿子苏迈，更留下了不知所措的苏轼。苏轼不到而立之年就痛失爱妻，想到上有年迈的老父，下有不谙世事的小儿，这个堂堂七尺男儿，不禁感慨万千，悲从中来。

王弗虽然是个普通女子，没有做过官，没有流传的诗文，在她身上也没有发生过惊天地泣鬼神的故事。然而，她的名字，却如夏日里的一缕清风，沁人心脾。这样一位冰清玉洁的女子，在青春年少时期，就让自己出落得绝美，用诗书礼义、琴棋书画，将自己熏染得知性优雅、人情练达。这样的如水般清澈温婉的女子，在二八年华嫁做人妇，在人生最美的时光里，嫁入的虽不是豪门，但却是世间多少女子梦寐以求的归宿。

王弗有着与丈夫同吟唤鱼池的心灵默契，有着幕后听言的精明贤惠，有着红袖添香的温婉柔情……从 16 岁到 27 岁，她将一个女子一生中最美好的青春年华，都默默奉献给了她最敬爱的丈夫，伴他宦海沉浮，为他营造了一个温馨的家庭港湾。然而，就是这样一个聪颖贤惠的女子，却偏偏红颜薄命，年仅 27 岁，就凋落于红尘，留给丈夫的只有绵绵的思念与悲痛。

也许，这样完美的女子，本不属于凡俗尘世。上天早早将她召回，早早地剥夺了属于她的一切幸福。从这个角度说，她是苦命的，也是悲哀的。但是，从另一个角度说，她又是最幸福的。她没有婆婆的刁难，没有丈夫拈花惹草移情别恋的烦恼，也没有无后的心理压力，更不用为衣食生计发愁。有的，只是跟丈夫情投意合、伉俪情深的美满姻缘。她把自己最美好的时光、最美丽的形象，定格在了丈夫的记忆里，让他永生难忘。人们提起她，永远不会像提起唐婉那样，心痛惋惜，更不会像提起李清照那样，倍觉凄惨。

王弗，这个女子到底拥有怎样的智慧，怎样的温婉与柔情，才能永远占据了丈夫的心，成为丈夫内心深处永远的温情的港湾？在以后的宦海沉浮中，苏轼无论走到哪里，即便是身边有娇妻美妾，都取代不了王弗在他心中的位置。以至十年后的一个夜晚，妻子美丽端庄的形象，依旧款款走入苏轼的梦境，让他悲不自胜，提笔写下了千古绝唱《江城子·记梦》：

十年生死两茫茫，不思量，自难忘。千里孤坟，无处话凄凉。纵使相逢应不识，尘满面，鬓如霜。

夜来幽梦忽还乡，小轩窗，正梳妆。相顾无言，惟有泪千行。料得年年肠断处，明月夜，短松冈。

这首词，情意绵绵，含悲带泪。苏轼将长久郁结于心中的悲叹，以及满腔的思念化作一个个字符，从心底喷薄而出，创造出缠绵悱恻、浓挚悲凉的感人意境。任岁月流逝，生活变迁，都无法冲淡词人对亡妻的一片深情。他不仅无时无刻不在思念，而且随着时间的推移，这思念之情变得愈来愈深，愈来愈浓，盘结于心解不开，亦拂不去。

上阕写词人对亡妻的深沉的思念，下阕记述梦中和亡妻一起生活的场景，抒写了词人对亡妻执着不舍的深情。上阕记实，下阕记梦，虚实结合，衬托出对亡妻的思念，情调凄凉哀婉。

在这首小词中，读不到一句令人感觉矫情之语，词语的运用简练凝重。每一个音节的连接都有冷涩凝绝之感，犹如声声咽泣，压抑沉重的气氛就在这"幽咽泉流"中弥散开来，让人艰于呼吸，又难以逃避。唐圭璋在《唐宋词简释》中说："此首为公悼亡之作。真情郁勃，句句沉痛，而音响凄厉，陈后山所谓'有声当彻天，有泪当彻泉'也。"

王弗死后，灵柩暂时停放在京城西郊，准备日后有时间再扶柩还乡，安葬在苏轼的母亲程夫人的墓旁。

因为王弗素以仁义孝道、温婉贤淑而深得苏氏父子的认可与赏识，现在她英年早逝，突然离去，不仅苏轼大受打击，就连苏洵也心中大悲，不久便一病不起。

当时，苏洵参与编写的《礼记》刚好完成，共一百卷。参知政事欧阳修上奏英宗，皇上下诏赐名《太常因革礼》。而苏洵独自编撰的《易传》却还没有完成。苏洵自知自己大限已到，谆谆嘱咐儿子苏轼帮他续写成书，完成遗愿，苏轼含泪接受遗命。

苏轼一边努力为父亲求医问药，一边派家人快马加鞭催回了居官在外的苏辙。宋英宗治平三年（1066 年）四月二十五，苏辙快马冲入苏府，急奔老父榻前。此时，苏洵已音容大变，呼吸非常微弱。他艰难地嘱咐两个儿子几句，就咽下了最后一口气，享年 58 岁。

苏洵逝世的消息奏闻朝廷后，英宗皇帝立即下诏赐银一百两，绢两百匹，并准许以国丧之礼葬之。苏轼婉拒了朝廷的赏赐，并奏请陛下为父亲赠官进爵。英宗皇帝追封苏洵为光禄寺卿，从六品以上的官职。同时，英宗皇帝还命官府派船专程护送苏洵的灵柩回四川老家安葬。

06 为父丁忧，完婚续娶

宋英宗治平三年（1066 年）六月，苏轼、苏辙兄弟俩由汴水入淮河，溯江而上，经江陵入蜀。次年四月，终于抵达眉山老宅。八月，在眉山安镇乡可龙里老翁泉边，苏轼、苏辙兄弟俩将父亲与母亲合葬在一起，将王弗葬在距苏洵夫妇墓西北大约八步远的地方。

为了告慰父母的在天之灵，苏轼请求朝廷重臣司马光为其母程夫人作墓志铭，而父亲苏洵的墓志铭则由恩师欧阳修亲自撰写。至于夫人王弗的墓志铭，苏轼当然责无旁贷，亲自为爱妻撰写了《亡妻王氏墓志铭》：

治平二年五月丁亥，赵郡苏轼之妻王氏卒于京师。六月甲午，殡于京城之西。其明年六月壬午，葬于眉之东北彭山县安镇乡可龙里，先君、先夫人墓之西北八步。轼铭其墓曰：

君讳弗，眉之青神人，乡贡进士方之女。生十有六年而归于轼，有子迈。君之未嫁，事父母；既嫁，事吾先君先夫人，皆以谨肃闻。其始，未尝自言其知书也。见轼读书，则终日不去，亦不知其能通也。其后，轼有所忘，君辄能记之。问其他书，则皆略知之，由是始知其敏而静也。

从轼官于凤翔。轼有所为于外，君未尝不问知其详。曰："子去亲远，不可以不慎。"日以先君之所以戒轼者相语也。轼与客言于外，君立屏间听之，退必反复其言，曰："某人也，言辄持两端，惟子意之所向，子何用与是人言。"有来求与轼亲厚甚者，君曰："恐不能久，其与人锐，其去人必速。"已而果然。将死之岁，其言多可听，类有识者。其死也，盖年二十有七而已。始死，先君命轼曰："妇从汝于艰难，不可忘也。他日，汝必葬诸其姑之侧。"未期年而先君没，轼谨以遗令葬之，铭曰：

君得从先夫人于九泉，余不能。呜呼哀哉！余永无所依怙。君虽没，其有与为妇何伤乎。呜呼哀哉！

这篇墓志铭的译文为：北宋治平三年五月二十八，赵郡苏轼的妻子王氏在京城去世。六月停丧在京城西面。第二年的六月初九下葬在眉州东北的彭山县安镇乡可龙里，距离已故父母坟墓西北面八步远的地方。苏轼为之作墓志铭：王氏的名讳为弗，眉州青神县人，乡贡进士王方之女。十六岁嫁给苏轼。有一个儿子苏迈。未嫁时，侍奉父母，出嫁后，侍奉公婆，都谨慎恭敬。刚嫁给苏轼时，未曾说自己读过书。每当苏轼读书时，她就陪伴在侧，终日不去，也不知道她懂书。后来苏轼偶有遗忘，她便从旁提醒。苏轼问她其他书，她都略有所知。由此才知道她贤敏沉静。自从苏轼在凤翔做官，苏轼在外面做的每一件事，她没有一样不详细知晓。她说："你离开父亲很远，不可以不小心谨慎。"每天按老父亲教导苏轼的话来告诫苏轼。苏轼与客人在客厅谈话，她就站在屏风中间听他们对话，回房后一定重复刚才的谈话并告诫苏轼："那个人，采取模棱两可的骑墙态度，一味迎合你的心意所在，你何必和这样的人说话？"又有来要求与苏轼建立亲密关系的十分过分的人，她说："恐怕不能维持多久。那个人结交人很迫切，他以后不理睬人也一定很迅速。"后来果然是这样。快要死的时候，她的话大多正确，像个未卜先知的人。死的时候，只有 27 岁。刚死不久的时候，父亲对我说："她跟你一同患难，不能忘恩。以后就葬在你母亲的边上吧。"不满一年，我父亲也故去了，我谨慎地按照父亲的遗愿安葬了她。墓志铭说："你能在九泉下陪伴母亲，而我不能。悲伤啊！我永远没有依靠。你虽然离世了，但能与我母亲葬在一起，仍然做我苏家的媳妇，应该没有遗憾了吧？悲伤啊！"

这篇墓志铭，苏轼精心选择了几则日常生活中的言谈，突出了妻子王弗的贤敏睿智，及其对于生性真率的丈夫的忠告、帮助。她提出，在人际关系中对两类人尤应保持警觉：一类是见风使舵、投人所好者；一类是对结交过于轻率者？从而表现出这位深闺妇女观察生活的精细和见识卓然过人。作者在记事中，倾注了自己的情思，记事虽简练但感情深厚。所记的事，只有寥寥两三件，却刻画了一个贤德的妻子形象。

苏轼安葬完父亲和妻子，又遵照父亲的遗愿在墓旁建了一座庙，庙内悬挂有父亲苏洵的遗像。苏洵、苏轼父子都酷爱书画收藏。苏洵虽为布衣，但他肯不惜一切代价收藏书画，所得书画"与公卿等"。苏轼在凤翔任上，曾以"钱十万"购得吴道子的"阳为菩萨，阴为天王"的四块门板，献给他的父亲。在苏洵收集的一百多幅画中，他唯独钟爱此画，因此，苏轼便把这极为宝贵的吴道子画的四幅佛像悬挂于庙中，以告慰父亲的在天之灵。

在为父亲守丁忧期间，由于无事可做，苏轼、苏辙就上山种树。在父母双亲及爱妻的墓旁，苏轼、苏辙带领孩子们每天躬身栽树培土，仰看蓝天白云。短短几个月的时间，竟然栽植了三万棵松树。这三万棵松树，凝聚着苏氏兄弟对父母双亲的怀念，凝聚着苏轼对亡妻深情无限的思念。

丁忧期间的苏轼，免不了常去青神岳父家里走动。岳父母看着年纪轻轻的女婿带着不谙世事的幼儿，饮食起居没人照顾，非常心疼。恰巧王弗的堂妹王润之刚好二十一岁，待字闺中。这个小堂妹从小就崇拜姐夫的博学多才，又看到姐夫对姐姐一往情深，是个重情重义之人，所以，早已对姐夫芳心暗许。苏轼对温婉沉静的王润之也颇有好感，更考虑到王润之一定会代替姐姐照顾儿子苏迈，所以，当王家的长辈一提起这桩婚事时，便像捅破一层窗户纸一样，一切水到渠成。

苏轼与王润之举行婚礼后，兄弟俩又抽空拜访了一些老友和旧识，服丧就结束了。身为朝廷命官，兄弟俩很快就要重回京城接受朝廷的再次任命。苏轼带着新婚的妻子王润之，跟弟弟苏辙一起第三次前往京城。临行前，家乡的父老乡亲纷纷前来送行，大家举杯祝愿兄弟俩一路平安。乡亲们在苏家老屋的庭院里，种下了一棵荔枝树苗，希望这棵树苗长大开花硕果累累之时，兄弟俩功成名就衣锦还乡。可是谁也没想到，这一别，就成为苏氏兄弟与乡亲们的永别。苏轼此生，再也没能踏上生他养他的故土。

其实，在苏轼、苏辙扶柩归乡的途中，朝廷就已经传来消息：年轻的英宗去世，年仅20岁的赵顼登上帝位，是为神宗皇帝。所以，此次进京，苏轼已不复当年进京赶考时的喜悦，而是带着一些不安。他似乎预感到，朝廷将要发生惊天动地的大事。

第三章

一蓑烟雨任平生

也无风雨也无晴

01 荆公变法，强势反对

宋神宗熙宁二年（1069年）二月初，苏轼、苏辙到达京师。与此同时，刚刚即位不久的神宗皇帝力排众议，任用王安石为参知政事，即通常所说的宰相，开始大刀阔斧地进行改革变法。

王安石，字介甫，晚号半山，出生在一个小官吏家庭。他少时酷爱读书，记忆力超强，从小受到了良好的教育。王安石新法的具体内容，可分为理财和整军两类。属于理财的有青苗法、免役法、均输法、市易法、方田均税法、农田水利法等；属于整军的有减兵并营法、将兵法、保马法、保甲法等。理财是为了"富国"，整军是为了"强兵"。最终目的是为了缓解社会危机，巩固赵宋王朝的统治。

新法一出台，便在朝中引起了激烈的争论，尤以翰林侍读学士司马光的政见最为犀利。司马光和王安石在变法之前有着深厚亲密的友情，他们之间常常诗词歌赋酬唱往来，无论从品德还是学识，他们都并称一流。然而，由于两个人的学术背景和政治见解的不同，很快由于变法而形成了尖锐的对立。

王安石主张祖宗之法可变；司马光则认为治天下譬如居室，弊则修之，非大坏不更造也，对于祖宗之法，应存其善而革其弊。王安石主张制定一整套新法，以增加国家税赋收入，富国强兵；司马光则主张在基本维持成法的前提下，节俭用度，减省冗费，挽救国家财政危机，以安定民心。

王安石作为变法派的领袖，司马光作为反变法派的代表，双方几次对立交锋，仍无法驳倒对方。尽管韩琦、富弼、文彦博、欧阳修等一大批元老重臣都认同司马光的观点，但是，神宗皇帝始终站在变法派的一边，支持王安石的变法主张。于是，这批元老重臣或称病，或引退，或请求外任，以消极的方式表示他们的不满。神宗皇帝尽管感到心酸，感到不舍，但为了他的变法大业，仍然含泪批准了他们的申请。于是，司马光于宋神宗熙宁三年（1070年）离朝退居洛阳，十五年绝口不谈国事，闭门著述，完成史学名著《资治通鉴》。

苏轼、苏辙还朝后，苏轼被恢复殿中丞、直史馆判官诰院，兼判尚书祠部。苏辙则被任命为制置三司条例司检详文字。面对朝政的巨变，苏轼一时有些困惑。作为一位关心民生疾苦有志于匡时济世的士大夫，早在仁宗时期，他的思想就一直与当时的革新思潮步调一致。他希望朝廷奋发有为，革新弊政。但是，面对王安石的激进措施，他又采取了批判与抵制的态度。

宋神宗熙宁二年（1069年）五月，王安石准备改革科举法，罢去诗赋明经诸科，以经义论策考试进士，并计划兴办学校，逐步实现以学校代科举。神宗皇帝诏令馆阁学士参与讨论这一改革方案。此时，苏轼很快就上了一道《议学校贡举状》的奏折，对王安石的计划表示坚决反对。他深入的分析，犀利的雄辩，令神宗赞叹不已。于是，神宗皇帝立即传旨，召见苏轼，征询意见。苏轼坦率地说："臣以为，以陛下生而知之的禀赋，不患不明，不患不勤，不患不断，但患求治太急，听言太广，进入太锐，愿陛下安静以待物之来，然后应之。"

听了苏轼的话，神宗兴奋地说："卿三言，朕当详思之。"然而，由于王安石早在变法之初就已经对旧党的反应有所准备，便对神宗说："天变不足畏，祖宗不足法，人言不足恤。"意思是说：自然界的灾异不必畏惧；前人制定的法制法规若不适应当前的需要甚至阻碍社会进步，就要修改废除，不能继续效法；对流言蜚语也无需顾忌。这三句话几乎涵盖了变法过程中所能遭遇的所有阻碍，甚至连天生异象的怪论都想到了，可见王安石的筹划是多么充分。所以，神宗皇帝虽然爱惜欣赏苏轼的才情，却没有因此而改变自己的初衷，只是在具体操作的一些细节上，适当吸取了苏轼的意见。

不过，苏轼毕竟已在神宗皇帝心中留下了极好的印象，神宗皇帝几次想要重用他，都被王安石百般阻挠下来。对于他，神宗皇帝常常有"才难"之叹。一次，神宗皇帝提出要任用苏轼修《起居注》，又一次被王安石坚决阻止。不仅如此，王安石还想方设法把苏轼调离关键岗位。不久，苏轼就被任命为开封府判官。这个职位大有深意：一方面可使苏轼远离皇帝的视线，另一方面地方上繁杂的政务可以牢牢缠住苏轼，让他无暇顾及朝政上的变化。可是，王安石还是低估了苏轼的能力，苏轼不仅出色地完成了作为开封府推官的一切政务，而且还以高度的责任感，关注着朝廷的每一项举措。

这一年的上元佳节，神宗皇帝想在宫中举行一场大型灯会，让皇祖母和母后高兴一下。因为民间艺人手工制作的花灯以浙灯最为著名，浙灯生产量有限，宫中需求量又大，于是，神宗皇帝下诏令普通百姓不准购买浙灯，优先满足皇宫的需求。不仅如此，神宗皇帝还下令压价收购浙灯。一时间，弄得商户和百姓全都怨声载道。苏轼见此情形，连忙写了一篇《谏买浙灯状》上奏神宗皇帝，文中说：

······

臣伏见中使传宣下府市司买浙灯四千余盏，有司具实直以闻，陛下又令减价收买，见已尽数拘收，禁止私买，以须上令。臣始闻之，惊愕不信，咨嗟累日。何者？窃为陛下惜此举动也。臣虽至愚，亦知陛下游心经术，动法尧舜，穷天下之嗜欲，不足以易其乐；尽天下之玩好，不足以解其忧，而岂以灯为悦者哉。此不过以奉二宫之欢，而极天下之养耳。然大孝在乎养志，百姓不可户晓，皆谓陛下以耳目不急之玩，而夺其口体必用之资。卖灯之民，例非豪户，举债出息，畜之弥年。衣食之计，望此旬日。陛下为民父母，唯可添价贵买，岂可减价贱酬？此事至小，体则甚大。凡陛下所以减价者，非欲以与此小民争此豪末，岂以其无用而厚费也？如知其无用，何必更索？恶其厚费，则如勿买。且内庭故事，每遇放灯，不过令内东门杂物务临时收买，数目既少，又无拘收督迫之严，费用不多，民亦无憾。故臣愿追还前命，凡悉如旧。

······

　　这篇奏章呈上之后，神宗皇帝非但没有恼火，反而虚心接受苏轼的奉劝，立即收回成命。

　　其实，神宗皇帝是一位求贤若渴的君主。他每天夜以继日地在宫殿里处理政务，招纳贤才，希望有朝一日也能像战国时代的燕昭王、齐宣王一样，高筑黄金台，礼贤下士，求得像乐毅、田忌那样的旷世奇才。于是，大批钻营取巧之人趁机混入朝堂，而真正的贤能之士，则坚守道义，自甘隐退，纷纷离朝外任。新法既行，重赋苛税，百姓难以承受，地方郡守便不免用鞭槌催督，普天之下再难找到一片清静之地。

　　宋神宗熙宁二年（1069 年），苏辙曾被任命为制置三司条例司之职，因与王安石的助手、变法派的另一重要人物吕惠卿政见不合，很快自请调任他职。又因上书批评新法，几乎被治罪，熙宁三年外放出任陈州学官，和司马光一样，从此绝口不谈政事。有道是好汉不吃眼前亏，这种善于保护自己的能力，苏轼无论如何也学不来。

　　面对神宗皇帝与王安石推行新法的强硬态度，置身于新党鱼龙混杂、排斥异己、借题发挥的漩涡之中，苏轼无论如何也无法保持沉默。眼看着自己的弟弟以及自己敬佩的前辈、最亲近的朋友和同僚们，因为反对新法一个个失意离朝，苏轼心中不由升起一种空前的寂寞与哀伤。他给弟弟写了《次韵子由初到陈州二首》，其二为：

　　　　旧隐三年别，杉松好在不？我今尚眷眷，此意恐悠悠。
　　　　闭户时寻梦，无人可说愁。还来送别处，双泪寄南州。

　　他甚至后悔自己不该读书，不该踏上仕途，免得给自己招来无穷无尽的烦恼。他在《送安惇秀才失解西归》中自嘲道：

　　　　旧书不厌百回读，熟读深思子自知。
　　　　他年名宦恐不免，今日栖迟那可追。
　　　　我昔家居断还往，著书不复窥园葵。
　　　　揭来东游慕人爵，弃去旧学从儿嬉。
　　　　狂谋谬算百不遂，惟有霜鬓来如期。
　　　　故山松柏皆手种，行且拱矣归何时。

> 万事早知皆有命，十年浪走宁非痴。
> 与君未可较得失，临别惟有长嗟咨。

　　当道者心胸狭窄，独断专行，一种强烈的忧国忧民的情绪在苏轼的心头燃烧。他按捺不住内心的冲动，写下了洋洋数千言的《上神宗皇帝书》，对新法发起了全面的攻击。

　　苏轼的这篇饱含着对国计民生深深忧虑的言事书，字字句句都透着忠爱之心，让神宗皇帝不由悚然动容。可是，新法刚刚推行，虽然举步维艰，但成绩非常显著，以富国强兵为目标而又求治心切的神宗，又怎么甘心就此止步呢？他以惯有的坚定，抑制住了这一瞬间浮上心头的困惑，苏轼这篇质直剀切的文章，便如划过神宗皇帝心头的一道电光，很快就无踪无影了。

　　宋神宗熙宁三年（1070 年）二月，苏轼又写了言辞更为激烈的《再上皇帝书》，依旧如石沉大海。这年三月，又值三年一度的礼部考试，吕惠卿任主考官，苏轼任编排官。苏轼主要负责主管编排举人试卷字号和合格举人名次。应试中，有个叫叶祖洽的考生为了迎合考官意旨，大肆鼓吹新法，赞美新政，令苏轼非常反感，但却正中吕惠卿心意。为此，两人意见相左，产生分歧，吕惠卿将其列入甲科第一。苏轼则认为此人谄媚时君，不应重用。令他意想不到的是，神宗皇帝亲临集英殿，策试进士最后竟也点叶祖洽为第一。苏轼气愤不已，便模拟一篇题为《拟进士对御试策》的试卷献上，这篇语含讥讽、抨击时政的文章，使苏轼与变法派之间的矛盾越来越大了。

　　苏轼一而再再而三地抨击新法，令神宗皇帝也非常不高兴，王安石更是恼羞成怒。王安石为了打击苏轼，便指使他的心腹谢景温上疏罗列苏轼的罪名，诬告他于治平三年扶柩回乡时，利用官船贩运私盐、木材、瓷器等，进行违法运输。神宗皇帝一听，勃然大怒，立即下令查实。谢景温等人立即拘捕当时为苏轼掌船的篙工水师，严加盘问，又向苏轼回乡途经的各个州县发出查询公文。一时间，搞得沸沸扬扬，满城风雨，仿佛将兴大狱。

　　苏轼早知道与当政者唱反调会给自己招来厄运，却没想到对手会用这种手段来对付自己。反正是没做过的事情，苏轼自然心中坦荡，结果查来查去，证明苏轼确实是清白的。虽然是这样，苏轼也知道神宗皇帝已不再信任他，感到心灰意冷。他想起自己的恩师欧阳修以及很多其他德高望重的前辈，都因为反对变法而遭恶意中伤，一个个失意离去，或引退或外任。这些防不胜防的暗枪冷箭，让一向性情坦荡、光明磊落的苏轼感到悲哀与绝望，不由得一阵寒凉沁入心底。他再也不愿在这是非之地继续待下去了。于是，他上疏请求外任。

面对苏轼的申请，神宗皇帝既是哀叹又是惋惜。现在朝廷正是用人之际，他多么希望这么一个难得的人才，能够为朝廷所重用。可是，他不能不与变法派保持步调一致，从大局考虑，还是批复了他的请求："与知州差遣。"

但王安石还是提出了反对意见。他认为，按照苏轼的资历，应该任命为颍州通判。实际上，苏轼从签判凤翔开始到现在，已经十年的时间，无论资历还是政绩，都已足够胜任知州的职位。面对王安石明显的打压，神宗皇帝也不好直接反驳，只好又改批为："通判杭州。"

神宗皇帝对苏轼有一种特殊的情结，或许是因为怜才惜才，想最大程度地让苏轼到一个条件好一点的地方任职。于是，把苏轼派到了人人向往的人间天堂。实际上，通判与知州是同一级别。

02 上疏请调，赴任杭州

宋神宗熙宁四年（1071 年）七月，苏轼带领继室夫人王润之、长子苏迈和不满周岁的次子苏迨起身离京，赴杭州上任。

苏轼一家人先到陈州（今河南省淮阳市），与苏辙一家相聚。在陈州的日子里，苏轼与苏辙一起游柳湖，写下了借景言情的《次韵子由柳湖感物》：

忆昔子美在东屯，数间茅屋苍山根。

嘲吟草木调蛮獠，欲与猿鸟争啾喧。

子今憔悴众所弃，驱马独出无往还。

惟有柳湖万株柳，清阴与子供朝昏。

胡为讥评不少借，生意凌挫难为繁。

柳虽无言不解愠，世俗乍见应忧然。

娇姿共爱春濯濯，岂问空腹修蛇蟠。

朝看浓翠傲炎赫，夜爱疏影摇清圆。

风翻雪阵春絮乱，蠹响啄木秋声坚。

四时盛衰各有态，摇落凄怆惊寒温。

南山孤松积雪底，抱冻不死谁复贤。

柳湖风景秀美，让人心旷神怡。但是，就算再美的风景，也难以拂去苏轼心中的那抹惆怅。

苏轼在陈州逗留了 70 多天后，眼见天气见凉，迎来初秋时节，一家人必须南下杭州。苏辙一直送哥哥到颍州（今安徽省阜阳市）。因为已告老隐退的恩师欧阳修就定居在这里，一到颍州城，兄弟俩就一同前去拜望。此时的欧阳修虽然看起来有些老态龙钟，可是日子过得非常悠闲。他每日抚琴下棋，饮酒作诗，时而收藏名玩字画，自号"六一居士"。

兄弟俩的到来，让欧阳修非常高兴。他们一起兴致勃勃地游览了颍州西湖，一边欣赏西湖美景，一边饮酒赋诗。苏轼的一首《陪欧阳公燕西湖》，就是在这时即兴完成的：

谓公方壮须似雪，谓公已老光浮颊。

揭来湖上饮美酒，醉后剧谈犹激烈。

湖边草木新着霜，芙蓉晚菊争煌煌。

插花起舞为公寿，公言百岁如风狂。

赤松共游也不恶，谁能忍饥啖仙药。

已将寿夭付天公，彼徒辛苦吾差乐。

城上乌栖暮霭生，银缸画烛照湖明。

不辞歌诗劝公饮，坐无桓伊能抚筝。

欧阳修虽然年事已高，可是他早已看淡了生死，超然豁达。以苏轼的豪放，自然能够体会欧阳修的心境。二人开怀畅饮，有着聊不完的话题。

欧阳修有一座藏品石屏风，是宋仁宗庆历八年（1048 年）友人所赠，他将它视为古所未有的奇物。不久，他又请画工在石上加工刻画怪松图案。他还写了一首《月石砚屏歌》寄苏子美，苏子美作诗唱和。24 年后，苏轼应恩师欧阳修之命，以同样题材写了一首《欧阳少师令赋所蓄石屏》，堪称别具一格，颇有新意：

何人遗公石屏风，上有水墨希微踪。

不画长林与巨植，独画峨眉山西雪岭上万岁不老之孤松。

崖崩涧绝可望不可到，孤烟落日相溟濛。

含风偃蹇得真态，刻画始信有天工。

我恐毕宏韦偃死葬虢山下，骨可朽烂心难穷。

神机巧思无所发，化为烟霏沦石中。

古来画师非俗士，摹写物象略与诗人同。

愿公作诗慰不遇，无使二子含愤泣幽宫。

这首诗是说，紫石上的天然纹理，犹如一幅水墨画，欧阳修视之如枝叶老劲的月下怪松。而苏轼联想到家乡的峨眉山，他仿佛看到：一棵苍老而遒劲的孤松倔强地在悬崖上凌空而立，它俯视万物，在孤烟落日之中与苍茫的天宇融为一片……因石屏产自虢州，苏轼甚至突发奇想，说唐代擅长画松的高手画家毕宏和韦偃死后葬于虢山下，其骨可朽烂而画未已，故其心难穷，灵感触发了神机妙思，遂在石屏上展现出烟云霏微、雪岭怪松的奇妙景象。苏轼驰骋想象，借事生波，然而又合情合理、不觉突兀。欧阳修读后，不禁击节称叹！

陪恩师度过了二十多天的快乐时光，苏轼不得不启程赴任了。这是两位文学泰斗的最后一次相见。第二年，欧阳修就因病去世了。因为公务在身，苏轼没能前往奔丧，他满怀悲痛写下了《祭欧阳文忠公文》以寄托哀思，并且终其一生对恩师念念不忘。他不仅坚持欧阳修开辟的诗文革新运动，并且继承了恩师奖掖提拔后进的精神，培养了一大批文学家，为北宋文学的发展做出了重要的贡献。

离开颍州，兄弟俩也不得不依依惜别了。离愁别绪化作涓涓流淌的诗行，《颍州初别子由二首》在苏轼的笔下款款而出，其一是：

征帆挂西风，别泪滴清颍。留连知无益，惜此须臾景。

我生三度别，此别尤酸冷。念子似先君，木讷刚且静。

寡词真吉人，介石乃机警。至今天下士，去莫如子猛。

嗟我久病狂，意行无坎井。有如醉且坠，幸未伤辄醒。

从今得闲暇，默坐消日永。作诗解子忧，持用日三省。

近别不改容，远别涕沾胸。咫尺不相见，实与千里同。
人生无离别，谁知恩爱重。始我来宛丘，牵衣舞儿童。
便知有此恨，留我过秋风。秋风亦已过，别恨终无穷。
问我何年归，我言岁在东。离合既循环，忧喜迭相攻。
悟此长太息，我生如飞蓬。多忧发早白，不见六一翁。

苏轼水陆兼程，一路上遭遇了暴风骤雨，还偶遇冰雹，使他的行程颇显狼狈。这阴晴不定的天气，犹如前途未卜的人生，让苏轼颇为感慨。他在《十月十六日记所见》中写道：

风高月暗水云黄，淮阴夜发朝山阳。
山阳晓雾如细雨，炯炯初日寒无光。
云收雾卷已亭午，有风北来寒欲僵。
忽惊飞雹穿户牖，迅驶不复容遮防。
市人颠沛百贾乱，疾雷一声如颓墙。
使君来呼晚置酒，坐定已复日照廊。
怳疑所见皆梦寐，百种变怪旋消亡。
共言蛟龙厌旧穴，鱼鳖随徙空陂塘。
愚儒无知守章句，论说黑白推何祥。
惟有主人言可用，天寒欲雪饮此觞。

苏轼怀着沉重的心情，一路上都沉浸在对人生意义的思考之中。他在《出颍口初见淮山是日至寿州》中写道：

我行日夜向江海，枫叶芦花秋兴长。
长淮忽迷天远近，青山久与船低昂。
寿州已见白石塔，短棹未转黄茅冈。
波平风软望不到，故人久立烟苍茫。

在诗的开头，看似苏轼写自己的航程，实际却表达了一种忧愤抑郁之情。一天天离开汴都越来越远，暗示了他对朝廷的依恋，对政治的失意以及无端遭小人排挤、诬陷的愤懑。苏轼曾经踌躇满志，如今却被迫离京。心情的郁闷致使满眼所见都是枫叶芦花的瑟瑟秋意。面对水天相接的广阔的长淮，顿觉耳目一新，精神为之一振。两岸青山连绵不断，隐隐约约像无尽的波澜时起时伏。此时，苏轼如扁舟一叶，容与中流，他的心和江山胜迹已融合在一起。究竟是山在低昂，水在低昂，还是船在低昂，他说不清楚。他只觉得一切都在徐徐地流动，人生之路，似远实近，似近却远，就像他即将抵达的寿州，城中的白石塔已经遥遥可见，但是淮水弯曲，一座长满黄茅的山冈又横陈而出，隔断了苏轼的视线。在平静的水面上，寿州城已经近在咫尺了，苏轼情不自禁地望向那暮色中伫立等候的故人。

宋神宗熙宁四年（1071 年）冬月下旬，苏轼一家抵达杭州。一到杭州，苏轼就被这里的湖光山色和富庶繁华迷住了。徜徉在美丽的西湖湖畔，一种许久不曾有过的宁静、清新和愉悦的感受，让他暂时忘掉了那些难以自遣的烦闷。

苏轼首先来到杭州府，见到了时任杭州太守的沈立，开始正式接任通判工作。有了凤翔府的工作经验，苏轼对这项工作并不陌生，完全驾轻就熟。但是，此杭州府跟彼凤翔府有所不同。当时，新法正在全国推行，杭州作为一个令全国瞩目的大都市，新法的推行自然走在全国的最前沿。然而，新法诸如青苗法、免役法的种种弊端，推行起来非常困难，也让刚刚到任不久的苏轼深感自己能力的不足。

苏轼并不希望王安石的变法继续下去。他之所以感到能力不胜，并不是真正的能力不足，而是他不想为官职所逼去做自己不愿意做的事情。所以，他写下《初到杭州寄子由二绝》：

> 眼看时事力难胜，贪恋君恩退未能。
> 迟钝终须投劾去，使君何日换聋丞。
> 圣明宽大许全身，衰病摧颓自畏人。
> 莫上冈头苦相望，吾方祭灶请比邻。

为了排遣烦闷，苏轼在政务不十分繁忙时，就外出游玩。初来乍到，他还没有可以一同游玩的朋友。似乎恩师欧阳修预先估算到了这一点，提前给他介绍了两位志同道合的朋友，就是杭州的两位高僧惠勤和惠思。惠勤和尚有很深的文学修养，且长于写诗，曾与欧阳修相唱和，现正在西湖之上的孤山寺担任住持。惠思也是一位颇具文学修养的得道高僧，现也在孤山寺里修行。

　　腊月里的一天，苏轼来到西湖边，漫步于孤山曲折迂回的小径，小径的尽头，孤山寺已在眼前。这是一个清幽古朴的寺院，纸窗竹屋，隔住隆冬的寒意，两位高僧正在蒲团上打坐修行，若不是修行高深的僧人，如何耐得住这一份远离尘寰的寂寞？宾主相见，十分欢愉，畅谈无忌，如遇知音，大有相见恨晚之意。无奈天寒路又远，在仆从再三催促下，苏轼没有坐得太久就匆匆踏上归程。山下回望，山中云雾缭绕，一只野鹘在山顶佛塔边久久盘旋。

　　回到家里，苏轼迫不及待地取来纸笔，将今天所见所感记录下来，成为《腊日游孤山访惠勤惠思二僧》：

　　　　　天欲雪，云满湖，楼台明灭山有无。
　　　　　水清出石鱼可数，林深无人鸟相呼。
　　　　　腊日不归对妻孥，名寻道人实自娱。
　　　　　道人之居在何许？宝云山前路盘纡。
　　　　　孤山孤绝谁肯庐？道人有道山不孤。
　　　　　纸窗竹屋深自暖，拥褐坐睡依团蒲。
　　　　　天寒路远愁仆夫，整驾催归及未晡。
　　　　　出山回望云木合，但见野鹘盘浮图。
　　　　　兹游淡薄欢有余，到家悦如梦遽遽。
　　　　　作诗火急追亡逋，清景一失后难摹。

　　苏轼在标题中，就点出时间、地点、事件：腊日寻访两位结庐孤山的高僧，孤山在西湖边上。于是，诗篇正文即从西湖展开，写天气，写沿途风景，由远及近。接下来写访僧，通过对僧人居所的描写，写出景物的幽旷与僧人淡泊的生活，揭示了两位高僧人格的高尚与修行的高深。苏轼又用僮仆的催促，来表现与高僧相谈甚欢然后天色将晚，自己不愿离去、依依不舍的心情。苏轼描写回程所见，更体现了高僧所居之处的幽深静谧。到家后，火急作诗的心情更加深了苏轼此行的欢快感受。

03 西子湖畔，畅游赏景

　　西湖美丽的自然风景，热闹繁华的商业氛围，把苏轼天性中开朗、活泼、好动的一面重新激发出来，更重新点燃了他作为诗人的激情与灵感。他迫不及待地投入到杭州如诗如画的美丽山水之中，创作了不计其数的名篇佳作。

　　宋神宗熙宁五年（1072 年）六月二十七，苏轼乘船游览西湖。在船上，他看到奇妙的湖光山色，顿觉心旷神怡。随后，他到望湖楼饮酒，写下了五首绝句，《六月二十七日望湖楼醉书五绝》就是其一：

> 黑云翻墨未遮山，白雨跳珠乱入船。
>
> 卷地风来忽吹散，望湖楼下水如天。

　　那时，苏轼坐在船上，船正好划到望湖楼下。忽见远处天上涌起来一片黑云，就像泼翻了一盆墨汁，半边天空霎时昏暗。这片黑云不偏不倚，直向湖上奔来，一眨眼间，便泼下一场倾盆大雨。只见湖面上溅起无数水花，那雨点足有黄豆大小，纷纷打到船上来，就像天老爷把千万颗珍珠一齐撒下，船篷船板处一片乒乒乓乓的声响。船上有人吓慌了，嚷着要靠岸。可是，苏轼朝远处一看，却知道转眼就要收场了。远处的群山依然映着阳光，全无半点雨意。苏轼把一场忽来又忽去的骤雨，写得如此鲜明生动，富于情趣，足以看出他写诗功夫的高深不凡。

有一天，苏轼与几位文友同游西湖。此时的西湖，天气晴朗，丽日普照，波光潋滟的湖光山色犹如仙境一般，美不胜收。此时此景，怎能无酒？于是苏轼在西湖边上摆下酒宴。为了助兴，苏轼命手下招来了歌舞班，悠扬的丝竹声中，数名舞女长袖飘飘，轻歌曼舞，仿若仙女下凡一般。中间的一位舞女无论姿色还是舞技，都更加曼妙动人、引人注目。一曲歌舞结束，众舞女纷纷入座侍酒。而坐在苏轼身边的，恰好是中间那位舞女。此时的她，早已换了一身装束：浓妆洗净、黛眉轻扫、朱唇微点，一身素净衣裙，清丽淡雅，楚楚可人。仿若空谷幽兰一般，浑身上下散发着一缕淡淡的馨香。而此时，天气突变，一时间阴云蔽日，山水迷蒙，相映成趣。此情此景，面对如此佳人，苏轼灵感顿发，挥毫写下了《饮湖上初晴后雨》这首千古名作：

> 水光潋滟晴方好，山色空蒙雨亦奇。
> 欲把西湖比西子，淡妆浓抹总相宜。

这个女子名叫王朝云，当时只有 12 岁。因美丽聪慧，又特别崇拜苏轼，后来被苏轼及夫人收入府中，成为苏轼一生中重要的女人之一。

这首小诗，写晴天的水、雨天的山，从两种地貌、两种天气表现西湖风光之美和晴雨多变的特征，具体而又传神。明是写景，实际上寄寓了苏轼初见王朝云时为之心动的心情。

在苏轼的眼里，西湖像一位善变的美女。每次湖边游玩，苏轼总是情不自禁，流连忘返，常常到深夜才恋恋不舍地踏上归途。有时候，苏轼会夜宿望湖楼观看新月初升的西湖夜景。他在《宿望湖楼再和》中写道：

> 新月如佳人，出海初弄色。娟娟到湖上，潋潋摇空碧。
> 夜凉人未寝，山静闻响屐。骚人故多感，悲秋更惆悴。
> 君胡不相就，朱墨纷勘赤。我行得所嗜，十日忘家宅。
> 但恨无友生，诗病莫诃诘。君来试吟咏，定作鹤头侧。

改罢心愈疑，满纸蛟蛇黑。

苏轼把新月比作佳人，用以衬托西湖夜色的美丽撩人。夜深人静，苏轼独自一人欣赏夜色中的西湖，心中悲伤寂寥，颇多感慨……

在杭州，每年都有两个大型的节日盛会：一个是春天赏牡丹，另一个是八月十五钱塘江观潮。这两个一年一度的盛大集会，对于像苏轼这样喜欢热闹的人来说，是断然不会缺席的。就像他在《吉祥寺赏牡丹》一诗中所描绘的场景一样：

人老簪花不自羞，花应羞上老人头。

醉归扶路人应笑，十里珠帘半上钩。

苏轼作诗，常常从人们想象不到的地方入笔，这和苏轼潇洒不羁的个性有关，别人不敢写苏轼却敢写。前两句的意思是：我老了，但我还是喜欢把花插在头上，我一点也不害羞，倒是花儿害羞了。后两句转到醉归上：苏轼喝得酩酊大醉，一路上东倒西歪，瞧，头上还插着牡丹花。十里长街的珠帘一半都挑起来了，人们探着头，捂着嘴，争相看着醉归的通判大人。

八月十五日观潮，对苏轼来说是另一件激动人心的大事。在观潮现场，苏轼心中感叹，挥毫泼墨，作一组诗《八月十五看潮五绝》：

其一

定知玉兔十分圆，化作霜风九月寒。

寄语重门休上钥，夜潮流向月中看。

其二

万人鼓噪慑吴侬，犹似浮江老阿童。

欲识潮头高几许？越山浑在浪花中。

其三

江边身世两悠悠，久与沧波共白头。

造物亦知人易老，故叫江水向西流。

其四

吴儿生长狎涛渊，冒利轻生不自怜。

东海若知明主意，应教斥卤变桑田。

其五

江神河伯两醯鸡，海若东来气吐霓。

安得夫差水犀手，三千强弩射潮低。

这组看潮绝句，波澜壮阔，气象万千，有意到笔随之妙。在运笔方面，有实写，有虚写；有感慨，有议论；有想象，有愿望。淋漓恣肆，不落常轨，体现出苏轼诗英爽豪迈的风格特色。

苏轼在杭州任上的生活，可谓丰富多彩，游湖，观潮，赏月，看花……每一次游玩观赏，都离不开诗酒歌舞的助兴。其间，苏轼留下大量优美的诗篇，同时，也留下了无数浪漫的奇遇故事。其中《贺新郎·乳燕飞华屋》这首词，就讲述了一个美丽浪漫的故事：

乳燕飞华屋，悄无人、桐阴转午，晚凉新浴。手弄生绡白团扇，扇手一时似玉。渐困倚、孤眠清熟。帘外谁来推绣户？枉教人梦断瑶台曲。又却是、风敲竹。

石榴半吐红巾蹙，待浮花浪蕊都尽，伴君幽独。艳一枝细看取，芳心千重似束。又恐被、西风惊绿。若待得君来向此，花前对酒不忍触。共粉泪、两簌簌。

这首词讲的是，一个暮春的午后，杨柳依依，微风拂面，苏轼和一些官员照例在望湖楼上饮宴，席间免不了歌舞助兴。所有才艺俱佳的歌妓都已到齐，唯独一个名叫秀兰的女子，迟迟不见。最终，她姗姗来迟。苏轼问其原因，秀兰羞答答地说："下午沐浴之后，忽觉有些困倦，就倚在床头打了个盹儿，朦胧间听到帘外有敲门之声，方才想起还有赴会，急忙梳妆换衣，所以来迟了。"

座中有位官员，暗慕秀兰已久，见她迟迟不到，心情相当烦躁。听完秀兰的解释，他非但不信，还断定秀兰另有私情。秀兰极力分辩，甚至急出了眼泪，可那位官员依然不依不饶。

苏轼匆忙解围，可那位官员依然喋喋不休。秀兰见楼前榴花满树，鲜艳欲滴，随手摘下一枝递与那位官员算是赔罪。谁知他反倒暴跳如雷，厉声斥责她行为轻佻，弄得秀兰进退两难，好不难堪，唯有低头垂泪。

苏轼见状，充满怜惜。他命手下取过文房四宝，略一沉吟，就写成了上面的这首词。待秀兰姑娘用悠扬婉转的声音把它唱出来，那位给秀兰难堪的官员顿时消了气，并且为自己刚才的失态而后悔。

又是一个雨后初晴的好天气，苏轼与友人张先在孤山竹阁前临湖亭上闲坐。不多时，只见远远地从湖心方向驶过来一条装饰得非常华丽的彩舟。彩舟越来越近，最后停靠在临湖亭前。船上几个妆容靓丽的女子，其中有一位尤其引人注目。这名女子大约30岁的年纪，她妆容精致，姿态娴雅，一袭白衣纤尘不染，仿若天外飘来的一位仙子一般。她坐在船中央，旁若无人地抚筝弹奏着一曲《高山流水》。那缥缈的筝音，幽幽咽咽，似空谷清泉，叮咚悦耳，又仿佛仙乐飘自遥远的天际，如梦似幻，萦绕耳边，经久不息。一曲完毕，筝音戛然而止。

苏轼尚沉醉在这美妙绝伦的仙乐里，那女子已飘然走到苏轼面前俯身下拜说："小女子自幼仰慕苏大人的才情与为人，凡是您的诗词文章，只要我能搜罗到的，无不展读数遍也不忍释卷。今闻您已来杭州任职，并且经常在西湖流连，所以小女子特意等候在此，只为能见上您一面并且为您献上一曲，以表数年来对您的崇拜之情。"

说罢，没等苏轼缓过神来，女子已返身上船离去，不一会儿就消失在湖山深处，只有那缥缈的筝音还萦绕在耳边，久久不绝。苏轼望着远去的彩舟一点点消失在视野里，想起刚才发生的一幕，仿如刚刚做了一个美丽的梦，醒来怅然若失。于是，一首《江城子·凤凰山下雨初晴》被苏轼一挥而就：

（湖上与张先同赋，时闻弹筝。）

凤凰山下雨初晴，水风清，晚霞明。一朵芙蕖，开过尚盈盈。何处飞来双白鹭，如有意，慕娉婷。

忽闻江上弄哀筝，苦含情，遣谁听！烟敛云收，依约是湘灵。欲待曲终寻问取，人不见，数峰青。

这年秋天，太守沈立罢任，由陈襄接任杭州太守。陈襄刚一上任，苏轼就奉转运司檄文，负责监督汤村盐官两地开凿运盐的人工运河。苏轼身为督官，每天目睹役民们在雨中劳作，感到非常痛心。他在《汤村开运盐河雨中督役》中写道：

> 居官不任事，萧散羡长卿。胡不归去来，滞留愧渊明。
> 盐事星火急，谁能恤农耕。薨薨晓鼓动，万指罗沟坑。
> 天雨助官政，泫然淋衣缨。人如鸭与猪，投泥相溅惊。
> 下马荒堤上，四顾但湖泓。线路不容足，又与牛羊争。
> 归田虽贱辱，岂识泥中行。寄语故山友，慎毋厌藜羹。

新法的实行，让苏轼内心无时无刻不感到忧虑和不安。这一年的除夕夜，苏轼独自一人在都厅值班，闲来无事时翻阅事务簿，发现监狱中囚徒已满，而且这些囚徒，大多数并非杀人放火无恶不作之徒，而是倒卖私盐的盐犯。自从朝廷把贩盐的权利收紧以后，私自制盐售盐就属违法。但是，朝廷贩盐有很大弊端，往往因为路途远、成本高而满足不了普通百姓的需求。因此就有些商贩不惜铤而走险，开始贩卖私盐，既满足了百姓的需求，又从中获取一些利润。可是，朝廷一再打压这种行为，致使监狱中的盐犯与日俱增。于是，苏轼不得不上书朝廷，称："轼在余杭时，见两浙之民以犯盐得罪者，一岁至万七千人而莫能止。"

宋神宗熙宁六年（1073 年）二月，苏轼视察杭州属县的春耕情况，自富阳经过新城（今浙江省杭州市富阳区新登镇），正欲往山里视察时，正赶上雨过天晴，于是心情大好，作诗《新城道中》以示纪念，诗中一首如下：

> 东风知我欲山行，吹断檐间积雨声。
> 岭上晴云披絮帽，树头初日挂铜钲。
> 野桃含笑竹篱短，溪柳自摇沙水清。
> 西崦人家应最乐，煮葵烧笋饷春耕。

这首诗描写的是在出巡时途中所见的美丽景色，以愉快的心情赞美了山村人家和平的劳动生活。

绵绵春雨多日不停，苏轼有事需要进山，只好准备冒雨前行。不料天快亮的时候，房檐下滴滴答答的雨声忽然止住了，天放晴了。苏轼兴奋至极，心想，这是东风知道我有进山的打算，特意把阴云吹散了吧。

雨后的早晨，山中景色焕然一新。峰峦叠翠，山峰顶着洁白的云朵，宛如戴上轻软的丝绵帽子；太阳刚刚升起，挂在高高的树梢，像一面黄橙橙的铜锣。

苏轼一路前行，路旁景色使人目不暇接。你看，矮矮的竹篱后面，盛开的山桃花探头探脑，红扑扑的脸儿满含笑意；清清的沙溪边上，柳树摆着轻盈的枝条，自由自在地翩翩起舞。一花一木都是这样春意盎然，这样殷勤好客啊。

苏轼正为满山花木左顾右盼，忽见西面山间几缕袅袅炊烟，那里的农妇，有的正在烧饭做菜，有的已经提着饭篮走下山来。山下平原上，早有人吆喝着牛儿，趁雨过天晴，忙着春耕了。优美的山野风光，无忧无虑的劳动生活，世间最快乐的，恐怕无过于此。苏轼在这次山行中，确实感受到了极大的乐趣。

苏轼继续在山中行走，路遇一位七旬老翁到山上割笋，鲜笋脆嫩，却略甜，想调味，却无处得盐，不知是老翁无处买盐还是买不起盐，反正没盐的日子已持续了三个月之久。苏轼目睹新法造成的诸多现状，却苦于无力改变，天性耿直的他按捺不住自己的愤懑，作组诗《山村五绝》，从新法运行的不同侧面展开，用以讥讽时政：

其一

竹篱茅屋趁溪斜，春入山村处处花。

无象太平还有象，孤烟起处是人家。

其二

烟雨蒙蒙鸡犬声，有生何处不安生。

但教黄犊无人佩，布谷何劳也劝耕。

其三

老翁七十自腰镰，惭愧春山笋蕨甜。

岂是闻韶解忘味，迩来三月食无盐。

其四

杖藜裹饭去匆匆，过眼青钱转手空。

赢得儿童语音好，一年强半在城中。

其五

窃禄忘归我自羞，丰年底事汝忧愁。

不须更待飞鸢坠，方念平生马少游。

这组诗，集中而尖锐地反映了朝廷实行新法后对农村造成的巨大危害，显示了苏轼高度的写实精神和深沉的爱民之情。

杭州本为钱塘江潮水冲积而成的一块陆地，水质苦涩难以下咽。唐朝名相李泌任杭州刺史时，曾建造六口大井，分布在城区各处，引西湖淡水供全城饮用。但因年代久远，六口井早已淤塞。

苏轼了解到这一情况后，立即上报太守陈襄，请求即刻处理此事。经过和太守两人一起计划、布置、实施，很快六口井经挖沟换砖，修补罅漏，又重新焕发生机，清流满溢。

第二年，一场百年不遇的旱灾席卷了江淮大地，杭州这六口重新整治过的水井，不仅为杭州居民提供了足够的饮用水，而且还有充足的水用来洗澡和喂养牲畜。因此，杭州百姓无不从心里感激他们的好长官。

04 赈济灾民，讥讽时政

在担任杭州通判期间，苏轼最大的心愿，莫过于看到百姓安居乐业。然而，尽管宋朝的经济社会较为富庶繁华，但那是上层社会。上层社会的生活越是灯红酒绿、歌舞升平，农民的赋税越重，生活越苦。宋代社会严重的贫富分化现象形成尖锐的社会矛盾，尤其是新法的一系列举措，更加剧了这种矛盾的激化。

苏轼就是因为反对新法才请求离京外任的。此时，他奔波在乡野之间，目睹了穷苦百姓在天灾与虐政的双重压力下，无以为生的惨状，心情十分悲愤。他极力奔走在各个乡野村镇，时而抗旱，时而防涝，时而赈济灾民。同时，他又情不自禁拿起手中的笔，来尖锐地抨击时政。《吴中田妇叹》这首诗，就是抨击时政之作：

今年粳稻熟苦迟，庶见霜风来几时。

霜风来时雨如泻，杷头出菌镰生衣。

眼枯泪尽雨不尽，忍见黄穗卧青泥！

茅苫一月垅上宿，天晴获稻随车归。

汗流肩赪载入市，价贱乞与如糠粞。

卖牛纳税拆屋炊，虑浅不及明年饥。

官今要钱不要米，西北万里招羌儿。

龚黄满朝人更苦，不如却作河伯妇！

这首讥讽新法的诗篇，并不是用政治图解的方式来表达思想倾向，而是选取典型的生活情景和人物的行动，通过叙事抒情，间用议论的方式，形象地反映社会现实生活，真实动人。全诗的结构布局紧紧扣住诗题的"叹"字，写得层次分明而又步步深入。首先叹息稻熟苦迟，其次哀叹秋雨成灾，复次喟叹谷贱伤农，末以嘲讽官吏，逼民投河作结，令人触目惊心。苏轼在整个诗篇的字里行间，充满了对劳动农民苦难遭遇的深切同情。

宋神宗熙宁六年（1073 年），严重的水旱灾害之后，东南大部分地区发生饥荒，朝廷调集数万石粮食赈济灾民，苏轼受命前往常州、润州发放灾粮。苏轼冬月启程，去完成这一次时间长、任务重的差事。在整整 7 个月的时间里，苏轼一直奔波在常州、润州之间，勤勉地处理着繁杂的赈灾事务，就连除夕夜都是在常州城外的荒野中度过的。他在《除夜野宿常州城外二首》写道：

其一

行歌野哭两堪悲，远火低星渐向微。

病眼不眠非守岁，乡音无伴苦思归。

重衾脚冷知霜重，新沐头轻感发稀。

多谢残灯不嫌客，孤舟一夜许相依。

其二

南来三见岁云徂，直恐终身走道途。

老去怕看新历日，退归拟学旧桃符。

烟花已作青春意，霜雪偏寻病客须。

但把穷愁博长健，不辞醉后饮屠苏。

第一首诗，苏轼以悲情起句，遣词造句处处含悲。在这个辞旧迎新的夜晚，本来应该在热闹喜庆中度过，可是，苏轼因为公务缠身，不得不独守孤舟，一灯如豆。四野苍茫，远处城郭的灯火和天边凄冷的孤星，都显得那么黯淡微弱。眼病折磨得苏轼彻夜难眠，并不是为了守岁。辗转反侧之中，苏轼更加苦苦思念远方的亲人。此时此刻，他最希望能听到那亲切的乡音。好几层棉被仍然无法遮挡深夜的寒意，才知道是船舱外霜露越来越重。刚洗过的头发感觉很轻松，才发觉鬓发早已稀疏。时光易逝，岁月如流，多谢残灯在孤独寂寞的长夜里将他陪伴。

第二首诗，苏轼主要写政治上的失意。寂静的长夜，苏轼回想起自熙宁四年来杭州，到现在已是三个年头，是不是这一生都要如此漂泊下去呢？年纪越大越怕翻看崭新的日历，那是岁月流逝的见证。辞官归乡准备学写旧的桃符。江南的岁暮已露出浓浓春意，可是他这病客的须发却已染霜。纵然是穷愁潦倒，如果能保持身体康健，他不怕在正月初一的酒宴上，最后一个饮尽屠苏美酒。

这两首诗，从不同的角度表达了苏轼的羁旅之愁，以及对人生和仕途的深刻思考。

春暖花开的时节，苏轼赈灾来到了向往已久的宜兴。宜兴古称阳羡，隶属常州府，是著名的江南鱼米之乡。苏轼还是一名新科进士时，在皇帝御赐的酒宴上，就与来自宜兴的同年蒋之奇相识。席间，蒋之奇对自己的家乡极尽赞美，让富于幻想的苏轼心驰神往，当即与蒋之奇相约，将来退休同住宜兴。如今，他终于来到宜兴这片梦中神游数次的土地。泛舟著名的罨画溪上，深觉当年蒋之奇对家乡的称颂恰到好处。优美的风景，丰饶的物产，淳朴的民风，正是苏轼理想中的退隐之所。虽然还远远没到可以告老的年龄，可是苏轼已然决定拿出自己多年的积蓄在这里购置田产。一首《菩萨蛮·阳羡作》反映了苏轼当时的喜悦心情：

买田阳羡吾将老，从来只为溪山好，来往一虚舟，聊随物外游。
有书仍懒著，水调歌归去。筋力不辞诗，要须风雨时。

另一首《浣溪沙·送叶淳老》也描述了当时的情形：

阳羡姑苏已买田，相逢谁信是前缘。莫教便唱水如天。

我作洞霄君作守，白头相对故依然。西湖知有几同年。

从此，苏轼便与宜兴结下了不解之缘。在此后漂泊沉浮的漫长人生岁月里，他就像惦念故乡眉山一样，惦念着宜兴这片美丽富饶的土地。

宋神宗熙宁七年（1074 年）六月，苏轼刚刚从常州、润州赈灾归来，杭州知州陈襄即将离任。苏轼突感失落，依依不舍。

陈襄，字述古，因居古灵，故号古灵先生，福州闽侯人，北宋理学家，宋仁宗、宋神宗时期名臣，"海滨四先生"之首。陈襄成为苏轼的顶头上司后，因为两人政见相近，互相尊重、互相欣赏而成为忘年之交。

面对好友的即将离去，在一次次告别与饯行的歌宴酒席上，苏轼满怀离情，写下了一首首惜别的词作，《虞美人·有美堂赠述古》就是其中一首：

湖山信是东南美，一望弥千里。使君能得几回来？便使樽前醉倒更徘徊。

沙河塘里灯初上，水调谁家唱？夜阑风静欲归时，惟有一江明月碧琉璃。

凤凰山上的有美堂，是一个风景优美的地方，苏轼和太守陈襄曾在这里留下过许多美好的回忆。今天重来，滋味却早已不同以往。苏轼凭栏远眺，但见湖山绵延，一泻千里，如此壮观的东南山水，风景的秀美首屈一指。人生中，难得有几个志趣相投、政见一致的朋友，面对即将离去的挚友，苏轼百般不舍，禁不住一遍一遍追问：你这一去，什么时候才能回来？可是世事难料，陈襄也是身不由己，无法作答，唯有默默地把所有的感情融入眼前的美酒里，一醉方休。离别的话千言万语说也说不尽，直到夜幕降临，白天热闹的沙河塘里已是华灯初上，歌台舞榭，管乐声声，是谁家的歌女在演唱《水调歌头》的曲子？如此悠扬哀婉，让人忍不住暗自垂泪。不知不觉间，已是夜阑人静之时了，他们不得不起身作别，离席散去。此时，夜阑人静的江面上水月交辉，碧光如镜，宛如一块晶莹剔透的碧色的琉璃。

这首词，在意象上给人以极高的艺术享受。那千里湖山，那一江明月，是词人心灵深处缕缕情思的闪现，给人留下无限的想象与回味。

陈襄终究还是启程了，苏轼一直送到杭州东北的临平。在这个令人伤感的时刻，所有的不舍，所有的依恋，又化作了含悲带泪的《南乡子·送述古》：

回首乱山横，不见居人只见城。谁似临平山上塔，亭亭。迎客西来送客行。
归路晚风清，一枕初寒梦不成。今夜残灯斜照处，荧荧。秋雨晴时泪不晴。

词的上阕写苏轼在船中与陈襄握手告别，心中无限怅惘。回望远处层层叠叠的群山，远处的杭州城隐约可见，可城中的人却已经走了，一种无法言喻的失落感充塞在苏轼的心头。在这个繁华热闹的城市里，他与太守一起商讨各项决策，一起处理公务，一起并肩作战。闲暇时，两个人一起游赏西湖美景，一起诗酒酬唱，曾经的一切都是无限美好的。可如今，这一切都已成为过去。作为一个普通人，谁又有能力超越命运的安排？谁又能像临平山上高高耸立的古塔，在迎来送往中漠视人间的离合与悲欢？

词的下阕写苏轼在归途中，因思念友人而夜不能眠。晚风凄清，枕上初寒，残灯斜照，微光闪烁。这些意象的组合，营造出清冷孤寂的氛围，烘托出苏轼那种凄凉孤寂的心情。末句连用两个"晴"字，把雨和泪形象地串联在一起，读来扣人心扉，令人感伤不已。

陈襄走后，新任太守杨绘也很快到来。而此时。恰逢蝗灾泛滥，苏轼见完新太守，就开始马不停蹄地奔波于视察捕蝗的路上。从临安到於潜县，连日的疲惫，让他不由得想念起弟弟苏辙。在《捕蝗至浮云岭，山行疲茶，有怀子由弟二首》中，苏轼这样写道：

其一
西来烟障塞空虚，洒遍秋田雨不如。
新法清平那有此，老身穷苦自招渠。
无人可诉乌衔肉，忆弟难凭犬附书
自笑迂疏皆此类，区区犹欲理蝗余。
其二
霜风渐欲作重阳，熠熠溪边野菊香。
久废山行疲荦确，尚能村醉舞淋浪。
独眠林下梦魂好，回首人间忧患长。
杀马毁车从此逝，子来何处问行藏。

第一首写捕蝗所感，第二首写山行疲苦之感。这两首诗写的是现实生活给苏轼思想感情上的一次巨大冲击，抑扬顿挫，感慨遥深，用事精切，写出了内心深处的难言之情，也是亲兄弟间推心置腹的肺腑之言，所以特别真切感人。

捕蝗回来，苏轼在杭州的任期已满。此时，苏辙早已经离开陈州在齐州（今山东省济南市）任职。兄弟俩阔别已久，思念心切，所以，苏轼上疏请求朝廷能调任靠近齐州的州县。宋神宗熙宁七年（1074）九月，朝命下达，苏轼被调往密州（今山东省诸城市）任知州。

苏轼携妻子王润之、长子苏迈、次子苏迨以及刚出生不久的小儿子苏过离杭赴任，新任太守杨绘以及一些杭州老友前来送行。杨绘与苏轼同为四川老乡，又同样因为反对新法而郁郁不得志，两人因此一见如故。虽然相处仅短短两个月，却早已成为知己。于是，在饯行的酒会上，苏轼将一首《醉落魄·席上呈杨元素》送给新任太守杨绘：

分携如昨，人生到处萍飘泊。偶然相聚还离索。多病多愁，须信从来错。

尊前一笑休辞却，天涯同是伤沦落。故山犹负平生约。西望峨眉，长羡归飞鹤。

苏轼在这首词中，不仅仅抒写了离愁别恨，更抒发了人生飘零、离合无常的深沉感慨。

05 赴任密州，解民饥荒

宋神宗熙宁七年（1074 年）秋天，苏轼一家离开美丽温暖的杭州，一路车马劳顿，前往位于齐鲁大地上的密州出任太守。苏轼看惯了杭州城雕梁画栋的精美建筑，浪漫迷人的西湖风景，而时至深秋的北方大地却是万木萧条，满目荒野，尤其是密州的木屋草房粗陋不堪，山川田野荒凉萧瑟，与风景如画的杭州相比简直是天壤之别，苏轼的心情开始变得沉郁落寞。想起当年与兄弟苏辙一起进京应试，一举成名，是何等的豪情万丈！可如今近二十年的仕途奔波，身似浮萍，竟无一个安身立命之处，苏轼的心情越发惆怅起来。他在《沁园春》（赴密州，早行，马上寄子由）中写道：

孤馆灯青，野店鸡号，旅枕梦残。渐月华收练。晨霜耿耿，云山摛锦，朝露团团。世路无穷，劳生有限，似此区区长鲜欢。微吟罢，凭征鞍无语，往事千端。

当时共客长安，似二陆初来俱少年。有笔头千字，胸中万卷，致君尧舜，此事何难。用舍由时，行藏在我，袖手何妨闲处看。身长健，但优游卒岁，且斗樽前。

首三句，苏轼点出了标题中的"早行"之意。苏轼在野店投宿，旅枕上的梦还没有做完，就被鸡鸣声吵醒了，睁开惺忪的睡眼，见孤馆中的青灯闪闪跳动着忽明忽暗的光焰，由此可以看出天色尚早。苏轼没有按照常规的描写顺序，而是以逆挽法，先写孤馆的灯光，以起到强调的作用。

接下来，苏轼用一个"渐"字引出月华、晨霜、朝露等景物描写，已完成时间和空间的推移。苏轼写这首词时，正值北方的十月，所以有晨霜、朝露，说明当时气温已很低了。

苏轼用"微吟罢，凭征鞍无语，往事千端"来承上，回应"世路无穷、劳生有限，似此区区长鲜欢"，说明自己从启程以来一直心绪翻腾，引出下文的回忆与议论，起到启下的作用。

苏轼在词的下阕中，回忆自己和弟弟当年初到京城应试时的境况。"当时"指宋仁宗嘉祐元年（1056年）。这一年，苏轼同弟弟一起出川赴京；第二年，兄弟中同榜进士。当时，苏轼21岁，弟弟19岁。兄弟联名中榜，名动京师，少年声望，与西晋时期的陆机、陆云两兄弟出入洛阳相似。

苏轼忆起当时兄弟联名高中，颇得欧阳修赏识，25篇《进策》又透露出苏轼的雄豪之气。兄弟二人，少年志大，不仅自信，而且蛮有把握地觉得此事何难，可谓成竹在胸，大有干成一番事业的勃勃雄心。

"用舍由时，行藏在我，袖手何妨闲处看"三句，苏轼由昔入今，在理想被压制之后，才悟出一个规律，就是一个人被社会重用，或是被社会舍弃，完全由客观时势决定。它不以个人的主观愿望为转移。既然如此，自己不应该被动地应付客观时势，而是由自己决定行和藏，不妨悠然闲处，当一个袖手旁观的人。

"身长健，但优游卒岁，且斗樽前"三句，苏轼在表明自己闲处的具体方式：他要远离是非之地，去过悠闲的日子。只要身体健康，姑且饮酒取乐。表面上，苏轼似乎很豁达超脱，但壮志难酬时无可奈何的心情还是可以从中体味出来的。

一进密州境内，苏轼不仅看到了密州的贫瘠与荒凉，而且注意到了一种奇怪的现象：虽然正值农闲时节，可是田间道左，有成群结队的农民在不停地忙碌，不分男女老幼，只要能出力的，都在田地里力所能及地忙碌着。苏轼下车才知道，原来他们在把含有蝗虫虫卵的土块，或者深埋，或者焚烧。看着这些忙碌的人群，苏轼想起自己在常州赈灾时，曾目睹铺天盖地的蝗虫像一片乌云直压过来，所到之处，草木叶子皆光秃秃一片。那情景，至今想起来还心有余悸。看来，密州的灾情也不比常州轻。

于是，苏轼刚一到任，就开始着手调查密州的灾情。他发现，连年的旱蝗相续，密州早已是饥民遍野、饿殍满地，大多数人只能依靠草根树皮艰难度日。面对如此困境，苏轼没有被吓倒。他制定了严密的计划，有步骤地组织民众捕蝗抗旱自救，处置天灾带来的种种后果。

在捕蝗的过程中，苏轼通过有经验的老农了解到，如果天降甘霖，旱情解决，蝗虫就会大批死亡。而且，只要过了桑蚕初眠的季节，蝗虫就不再生长。他们还告诉苏轼，出城十几里处有一座常山，那里祈雨最灵。苏轼把老农的话记在心上。等到第二年春季，蝗旱最为严峻的时候，苏轼开始沐浴焚香，素食斋戒，并认真起草了一篇言辞恳切的祈雨文，前往常山虔诚祈雨。或许是他的诚心真的感动了山神，在求雨回来的路上，天色大变，乌云翻滚，不一会儿，瓢泼大雨倾泻而下。苏轼欣喜若狂，自从来密州上任以来，总算有一件能让他舒展眉头的事情。

然而，密州的灾情还是持续得太久了，而且，到常山求雨也并不是每次都能灵验。一两次的雨水，也只能缓解眼前的燃眉之急，却解决不了根本问题。再加上当时生产技术水平的限制，在巨大的天灾面前，人力的抗击终究显得微不足道。连年的自然灾害，使得密州以及周边相邻的数十个县区，全部陷入了严重的饥荒。

在这种情形之下，苏轼的生活也变得异常艰难。而且新法施行以来，由朝廷拨付给地方官员的公使钱骤减。公使钱相当于官员宴请、馈赠因公出差或者官员调迁来往路过的招待费。苏轼本来是一个热情好客、广交朋友的人，每到一处任职，这部分的花销都是一笔不小的数字。如今被朝廷削减，只能节衣缩食，从自己的薪俸里匀出这部分的开销。于是，他便效仿陆龟蒙《杞菊赋》里所描述的那样，跟通守刘廷式一起，利用公余之暇沿城漫步，寻觅荒园废圃中野生的枸杞和菊花吃。这两种植物，都是具有滋颜明目、强身健体功效的中草药。苏轼向来对食品养生津津乐道，现在得此养生良方，自然乐此不疲。此时，他把自己的生活窘态写成了《后杞菊赋》：

天随生自言常食杞菊。及夏五月，枝叶老硬，气味苦涩，犹食不已。因作赋以自广。始余尝疑之，以为士不遇，穷约可也。至于饥饿嚼啮草木，则过矣。而予仕宦十有九年，家日益贫。衣食之奉，殆不如昔者。及移守胶西，意且一饱。而斋厨索然，不堪其忧。日与通守刘君廷式循古城废圃求杞菊食之，扪腹而笑。然后知天随生之言可信不谬。作《后杞菊赋》以自嘲，且解之云。

"吁嗟！先生，谁使汝坐堂上，称太守！前宾客之造请，后掾属之趋走。朝衙达午，夕坐过酉。曾杯酒之不设，揽草木以诳口。对案颦蹙，举箸喧呕。昔阴将军设麦饭与葱叶，井丹推去而不嗅。怪先生之眷眷，岂故山之无有？"

先生听然而笑曰："人生一世，如屈伸肘。何者为贫，何者为富？何者为美，何者为陋？或糠覈而瓠肥，或粱肉而墨瘦。何侯方丈，庾郎三九。较丰约于梦寐，卒同归于一朽。吾方以杞为粮，以菊为糗。春食苗，夏食叶，秋食花实而冬食根，庶几乎西河南阳之寿。"

这篇《后杞菊赋》，苏轼以诙谐风趣的笔法，阐述了一个人生活的贫富与生死的关系，记述真切。不幸的是，此文后来被诬陷为讥讽朝廷削减公使钱太甚，成为"乌台诗案"的罪证之一。

有一天，苏轼和刘廷式照例沿着城墙根悠然漫步，寻找野生的枸杞菊花吃。忽然，一阵婴儿的啼哭声传来。原来，是一个婴儿被遗弃在草丛里。苏轼拾起婴儿，立刻抱回家里交给夫人王润之暂时抚养。苏轼从附近的百姓那里了解到，因为连年的饥荒，百姓实在无力抚养孩子，只得把他们遗弃在荒郊野外，任其自生自灭。苏轼了解到这一情况后，常常怀着沉痛的心情，沿着城墙边寻找弃婴，又想方设法拨出数百担粮米，单独储存，用来收养这些弃婴。他还广贴告示，明文规定：每个愿意收养孩子的家庭，可享受由官府专项供给的补助，定额是每个月六斗米。有了这样的鼓励政策，那些幼小无辜的生命纷纷被领养，重新获得了家庭的温暖。就这样，苏轼以他的无私大爱，拯救了数千名挣扎在死亡线上的幼小无辜的生命。

这是苏轼身为太守，第一次主政一方。因此，他深感肩上担子的沉重。自从当年在京城遭谢景温等罗织罪名的诬陷，苏轼已经好几年不再上疏言事。但是，身为一郡之守，这次他决定挺身而出，为民请命。所以，到任一两个月内，苏轼接连上书，先有《上韩丞相论灾伤手实书》，然后又有《论河北京东盗贼状》，如实反映密州旱蝗的严重情况，请求朝廷豁免秋税。

苏轼认为，司农寺当下大力推行的手实法弊端太多。手实法规定：农民要自己向官府报告财产，并以此财产数量为标准，评定农户的等级，等级越高，所承担的赋税和杂役就越重。同时，司农寺为防止少报瞒报，规定他人可以举报，若举报属实，少报瞒报者就会遭到相应的惩罚，而告发者则会获得相应的奖励。苏轼对这种悬赏告密的做法相当反感，他认为这一新法乃司农寺擅造，对百姓有百害而无一利。苏轼建议，对新法中有利于农民的应大力推行，而对农民有害无益的诸如手实法就拒不执行。他还义正辞严地跟司农寺的使者理论，使得司农寺的使者也被他正义之言驳倒。手实法因为实在不得人心，在全国推行不久就被废除了。

当然，苏轼作为改革先驱，并不全盘否定新法，而是对一些新法试探性地提出一些改良意见，与执政者商榷，如免役法等。

这一年，宋神宗迫于反变法派的压力，以王安石罢相来平息众议，但没有改变变法的大方向。宋神宗随即任命韩绛为相，而王安石最倚重的变法派人士吕惠卿为参知政事。韩绛才具平平，而吕惠卿野心大，心机重，刚一上任就专横跋扈，排除异己，一意孤行，而且公开提拔心腹，打击异己，颇有小人得志的猖狂。变法派中出现越来越多的投机钻营者，使得这场变法运动越来越变得乌烟瘴气。

就在这时，苏轼在杭州三年的全部诗词作品结集刻印，一部《苏子瞻学士钱塘集》确立了他在全国诗词界举足轻重的地位。同时，这部诗词文集，也成为后来恶毒小人们用来击垮他的最有力的武器。

06 超然台上，把酒问天

　　上任密州知府后的连日操劳，加上生活的窘迫不堪，使苏轼的内心苦闷难言。有一天，小儿苏过蹒跚地来到苏轼身边，扯着父亲的衣角求父亲陪他玩耍，苏轼刚好烦闷无处发泄，便大声呵斥小儿，惹得小儿苏过号啕大哭。夫人王润之闻声走过来，抱起小儿子交与奶娘带出去玩耍。随后，王夫人亲自下厨做了两道小菜，然后端来一壶酒，劝慰苏轼说："小孩子不懂事，你怎么反倒不如一个小孩子？来，不如暂且喝杯酒开开心吧。"苏轼本来也在为刚才无故呵斥小儿心生愧欠，见夫人如此善解人意，心里觉得暖暖的，便顺从地坐下来跟妻子把酒言欢。后来，苏轼写了一首小诗《小儿》把这件事记录下来：

　　小儿不识愁，起坐牵我衣。我欲嗔小儿，老妻劝儿痴。

　　儿痴君更甚，不乐愁何为。还坐愧此言，洗盏当我前。

　　大胜刘伶妇，区区为酒钱。

宋神宗熙宁八年（1075 年）春夏之交，密州又出现了旱灾，苏轼再次率领官员们到常山去求雨。巧合的是，时过不久，密州一带就下了一场透雨。人们都很感激常山山神的灵验，便商议重修常山庙，以感激常山山神赐福百姓。

到了十月，常山庙已修整一新。苏轼带领属下官员，前往常山庙拜祭，祈求来年风调雨顺、五谷丰登。在回来的路上，苏轼看到附近的山岗上有飞禽走兽出没，就兴致勃勃地说："大家有谁愿意狩猎的，留下来跟我一起狩猎吧！"

一言既出，大家齐声响应。这时的苏轼，正穿着大皮袄，带着锦蒙帽，在队伍的前面指挥着一行人狩猎。只听他一声令下，骑着马儿的兵士们呼啦啦地奔驰向前，平冈上卷起烟尘漫漫。苏轼的黄毛狗在前面警觉地搜寻着猎物，一只苍鹰也虎视眈眈地听着四周的动静。不一会儿，苍鹰那一双锐利的眼睛发现了野兔，以迅雷不及掩耳的速度俯冲下去。

苏轼见此情形，再也按捺不住了。他顺手操起一支箭，搭在弦上，闭上一只眼朝着草丛里的兔子射过去，只见那兔子应声倒地，众兵士齐声欢呼。苏轼的兴致更浓了，随即吟出一首激昂澎湃的《江城子·密州出猎》：

老夫聊发少年狂，左牵黄，右擎苍，锦帽貂裘，
千骑卷平冈。为报倾城随太守，亲射虎，看孙郎。

酒酣胸胆尚开张，鬓微霜，又何妨？持节云中，
何日遣冯唐？会挽雕弓如满月，西北望，射天狼。

苏轼在上阕中，描写了狩猎的热闹场面，下阕首先写猎后开怀畅饮，然后开始忆古思今抒发议论。他想起了西北的辽国和西夏一直威胁着宋朝的边境，并以魏尚自比，希望能够承担起卫国守边的重任。结尾直抒胸臆，抒发了杀敌报国的豪情：总有一天，要把弓弦拉得像满月一样，射掉那贪残成性的天狼星，将西北边境上的敌人统统一扫而光。

这次围猎回家以后，苏轼心中激起的豪情万丈久久不能平静。他除了反复回味自己新作的这首词外，又写下了一首小诗《祭常山回小猎》：

乙卯冬，祭常山回，与同官习射放鹰作。

青盖前头点皂旗，黄茅冈下出长围。

弄风骄马跑空立，趁兔苍鹰掠地飞。

回望白云生翠巘，归来红叶满征衣。

圣明若用西凉簿，白羽犹能效一挥。

　　苏轼用不同的笔法，重现了狩猎的壮观场面。北宋早期词人的作品，多为描写缠绵的爱情的所谓"艳科小道"，一般登不了大雅之堂。苏轼用"以诗为词"的手段革新词风，开创了豪放词派，给北宋词坛带来全新的面貌。

　　在密州城的北面，有个旧台。台子高出于城墙，可远望观览。但台子由于年久失修，显得破败不堪。苏轼上任的第二年，就命人把此台修葺一新。在齐州任职节度掌书记的苏辙听到此事，写信将此台称为"超然"，提醒长兄要超然于现实，并作赋以记之。苏轼明白弟弟的一番苦心，暮春时节的烟雨中，他登超然台远眺，触动了乡思，便写下了一首《望江南·超然台作》：

　　春未老，风细柳斜斜。试上超然台上看，半壕春水一城花。烟雨暗千家。寒食后，酒醒却咨嗟。休对故人思故国，且将新火试新茶。诗酒趁年华。

　　这首词的上阕，写登台时所见暮春时节的郊外景色。苏轼以春柳、春水、春花、烟雨这些景物描写，将满城风光，尽收眼底。

　　他在下阕中触景生情，词情荡漾，曲折有致，寄寓了对故国、故人不绝如缕的思念之情。"休对故人思故国，且将新火试新茶"，写他为摆脱思乡之苦，借煮茶来作为对故国思念之情的自我排遣，既隐含着词人难以解脱的苦闷，又表达了试图解脱苦闷的自我心理调适。

　　"诗酒趁年华"一句表明：必须超然物外，忘却尘世间的一切，从而抓紧时机，借诗酒以自娱。全词紧紧围绕着"超然"二字，进入超然的最高境界。这一境界，恰恰是苏轼在密州时期心境与词境的具体体现。

　　这首豪迈与婉约相兼的词，通过春日景象和苏轼感情、神态的复杂变化，表达了他豁达超脱的襟怀和用之则行、舍之则藏的人生态度。

　　宋神宗熙宁九年（1076 年）中秋之夜，苏轼与众僚佐在超然台上饮酒言欢。此时，皓月当空，银光如水倾泻下来。望着天空的明月，苏轼不由自主想起了阔别七年的弟弟苏辙。因为政务繁忙，弟弟虽然在齐州（今山东省济南市）任节度掌书记，却始终也无法与他团聚。于是，他感慨万千，写下了著名的《水调歌头·明月几时有》：

（丙辰中秋，欢饮达旦，大醉，作此篇，兼怀子由。）

明月几时有，把酒问青天。不知天上宫阙，今夕是何年？我欲乘风归去，又恐琼楼玉宇。高处不胜寒，起舞弄清影，何似在人间？

转朱阁，低绮户，照无眠。不应有恨，何事长向别时圆。人有悲欢离合，月有阴晴圆缺，此事古难全。但愿人长久，千里共婵娟。

这是一首中秋望月怀人之作。苏轼在开篇的小序中，明确交代作这首词是为了表达对弟弟苏辙的无限怀念。苏轼运用形象描绘手法，勾勒出一种皓月当空、亲人千里、孤高旷远的境界氛围。

自古以来，月亮就被文人墨客赋予了神秘浪漫的色彩。当性格豪放、天性浪漫的苏轼在遥望中秋的明月时，他的思想感情犹如生上了翅膀，在人间天上自由翱翔。

"明月几时有"这个问题，像是在追溯明月的起源，宇宙的起源，又好像是在惊叹造化的神妙，读者可以感受到苏轼对明月的赞美与向往。接下来两句："不知天上宫阙，今夕是何年。"把对明月的赞美与向往之情更推进了一层。不知月宫里今晚是个什么日子，苏轼想象那一定是一个好日子，所以月亮才这样圆、这样亮。"我欲乘风归去，又恐琼楼玉宇，高处不胜寒"，苏轼设想自己前生是月中人，因而产生了"乘风归去"的想法。他想乘风飞向月宫，又怕那里的琼楼玉宇太高了，受不住那儿的寒冷。"琼楼玉宇"出自《大业拾遗记》："瞿乾祐于江岸玩月，或谓此中何有？瞿笑曰：'可随我观之。'俄见月规半天，琼楼玉宇烂然。""不胜寒"暗用《明皇杂录》中的典故：八月十五之夜，叶静能邀明皇去游月宫。临行之时，叶静能让明皇穿一件皮衣。他们到达月宫后，果然冷得难以支持。这几句，明写月宫的高寒，暗示月光的皎洁，把那种既向往天上又留恋人间的矛盾心理，十分含蓄地写了出来。苏轼从小受道家的影响较深，抱着超然物外的生活态度，又喜欢道教的养生之术，所以常有出世登仙的想法。然而，"又恐琼楼玉宇，高处不胜寒"这两句急转直下，天上的"琼楼玉宇"虽然富丽堂皇，美好非凡，但那里高寒难耐，不可久居。词人故意找出天上的美中不足，来坚定自己留在人间的决心。一正一反，更表露出词人对人间生活的热爱。同时，这里依然在写中秋月景，读者可以体会到月亮的美好，以及月光的寒气逼人。这一转折，写出词人既留恋人间又向往天上的矛盾心理。这种矛盾能够更深刻地说明词人留恋人世、热爱生活的思想感情，显示了词人开阔的心胸与超远的志向。

"起舞弄清影，何似在人间！"与其飞往高寒的月宫，还不如留在人间，在月光下起舞，最起码还可以与自己的清影为伴。这首词从幻想上天写起，写到这里又回到热爱人间的感情上来。从我欲到又恐至何似的心理转折开阖中，展示了苏轼情感的波澜起伏。他终于从幻觉回到现实，在出世与入世的矛盾纠葛中，入世思想最终占了上风。

下阕所表达的是怀人之情，也兼怀弟弟子由。苏轼由中秋的圆月联想到人间的离别，同时感念人生的离合无常。"转朱阁，低绮户，照无眠"中的转和低，都是指月亮的移动，暗示夜已深沉。月光转过朱红的楼阁，低低地穿过雕花的门窗，照到了房中迟迟未能入睡之人。这里既指自己怀念弟弟的深情，又可以泛指那些中秋佳节因不能与亲人团圆以致难以入眠的一切离人。月圆而人不能圆，这是多么遗憾的事啊！于是，苏轼便无理地埋怨明月说："不应有恨，何事长向别时圆？"明月您总不该有什么怨恨吧，为什么老是在人们离别的时候才圆呢？无理的语气进一步衬托出词人思念胞弟的手足深情，却又含蓄地表示了对于不幸的离人们的同情。

接着，词人笔锋一转："人有悲欢离合，月有阴晴圆缺，此事古难全。"人固然有悲欢离合，月亮也有阴晴圆缺。她有被乌云遮住的时候，有亏损残缺的时候，她也有她的遗憾，自古以来，世上就难有十全十美的事。既然如此，又何必为暂时的离别而感到忧伤呢？苏轼毕竟是旷达的，他随即想到月亮也是无辜的。既然如此，又何必为暂时的离别而忧伤呢？这三句从人到月、从古到今做了高度的概括。从语气上，好像是代明月回答前面的提问；从结构上，又是推开一层，从人、月对立过渡到人、月融合。为月亮开脱，实质上还是为了强调对人事的达观，同时寄托对未来的希望。因为，月有圆时，人也有相聚之时，很有哲理意味。

词的最后说："但愿人长久，千里共婵娟。"婵娟是美好的样子，这里指嫦娥，也就是代指明月。共婵娟就是共明月的意思，典故出自南朝谢庄的《月赋》："隔千里兮共明月。"既然人间的离别是难免的，那么只要亲人长久健在，即使远隔千里，也还可以通过普照的明月，把两地联系起来，把彼此的心沟通在一起。"但愿人长久"，是要突破时间的局限；"千里共婵娟"，是要打通空间的阻隔。让对于明月的共同的爱把彼此分离的人结合在一起。古人有神交的说法，要好的朋友天各一方，不能见面，却能以精神相通。千里共婵娟也可以说是一种神交了！正如词前小序所说，这首词表达了对弟弟子由的怀念之情。但也可以说，这首词是苏轼在中秋之夜，对一切经受着离别之苦的人表示的美好祝愿。

毫无疑问，从艺术成就上看，此篇是苏轼词的代表作之一。

宋神宗熙宁九年腊月，苏轼在密州的任期已满，便接到了就任河中（今山西省永济县蒲州镇）知府的诏书。不久，苏轼就与家人收拾行囊，启程奔赴下一个任所。

第四章

长恨此身非我有

此心安处是吾乡

01 徐州抗洪，黄楼落成

宋神宗熙宁十年（1077 年）正月，苏轼带领家人顶风冒雪赶往河中（今山西省永济县蒲州镇）就任知府。苏轼此次之行，专门绕道齐州（今山东省济南市），去看望弟弟苏辙一家。但此时，苏辙已经卸任齐州节度掌书记进京述职。时任齐州太守的李常作为苏轼的老友，得知苏轼已来齐州，马上派人远道相迎。苏轼的三个侄子，也在雪地里迎接大伯一家的到来。苏轼与苏辙两家人阔别多年得以团聚，都无限感慨。孩子们欢欣跳跃，迅速打成一片。

苏轼一家在齐州逗留了一个多月，不得不再次启程赶往河中。苏轼行至山东鄄城一带时，与专程从汴京赶回来的苏辙相遇。兄弟相遇，激动之情无以言表。自 6 年前兄弟俩颍州一别后，虽同在山东地界，却始终不得相见。如今兄弟俩在早春的料峭寒意中相聚，大为惊喜。苏辙陪同哥哥一路畅聊，同赴河中。不料，在赶路的途中，苏轼接到改任的诏书，被派往徐州任太守。于是，苏辙又陪同哥哥前往徐州。在徐州的日子里，兄弟俩或携手同游，或秉烛夜话，几乎是形影不离。苏辙性情平和稳重，言语谨慎，因此，他常常劝谕哥哥要谨言慎行，懂得防人之术。苏轼非常感激弟弟的提醒与劝勉。

苏辙在徐州逗留了 3 个多月，才前往南京应天府（今河南省商丘市）任判官。苏轼送走了弟弟后，怀着无限怅惘的心情写下了《初别子由》：

> 我少知子由，天资和而清。好学老益坚，表里渐融明。
> 岂独为吾弟，要是贤友生。不见六七年，微言谁与赓。
> 常恐坦率性，放纵不自程。会合亦何事，无言对空枰。
> 使人之意消，不善无由萌。森然有六女，包裹布与荆。
> 无忧赖贤妇，藜藿等大烹。使子得行意，青衫陋公卿。
> 明日无晨炊，倒床作雷鸣。秋眠我东阁，夜听风雨声。
> 悬知不久别，妙理重细评。昨日忽出门，孤舟转西城。
> 归来北堂上，古屋空峥嵘。退食悮相从，入门中自惊。
> 南都信繁会，人事水火争。念当闭阁坐，颓然寄聋盲。
> 妻子亦细事，文章固虚名。会须扫白发，不复用黄精。

在这首五言诗中，苏轼以一位兄长的身份，充分肯定了苏辙的才情与品格，也对苏辙去南京做官给予了一番忠告，更对兄弟二人才能不得施展怀有深深的遗憾。

苏辙走后不久，黄河就肆虐起来。先是决堤于离徐州不远的澶州（今河南省清丰县），决堤的黄河水毫不留情地摧毁了四十五个州县的三十万顷良田。而处于澶州下游的徐州，自然逃脱不了厄运。苏轼见此情形，早早地组织民众做好防洪准备。八月下旬，徐州忽降暴雨，一连持续数日，大水无处流泻，全部汇于城下，水位迅速涨高，随时可能漫过长堤淹没全城。

在这紧要关头，苏轼冷静应对。他立即调集五千民夫火速加固城墙，自己也身先士卒，奋战在加固城墙的队伍中。为了稳定民心，他在城墙上发表了一篇慷慨激昂的演说，誓言："城在我在，誓死护城！"

而后，苏轼又冒雨前往禁军营地，请求禁军首领出兵援助。禁军首领看到身为一城太守的苏轼身披蓑衣，脚穿草鞋，满身泥泞，深受感动，便慷然应允出兵救援。于是，军民共同奋战，终于在最大洪峰到来之前，修筑起了一道坚固的长堤。苏轼每天都在城墙上指挥抗洪抢险，哪里最危险他就出现在哪里，连续数周过家门而不入。在众人面前，他始终保持乐观自信的形象，鼓舞着人们不懈地与洪水作斗争。

这场洪水持续了两个多月，终于在宋神宗熙宁十年十月初慢慢退去，黄河回归故道向东入海，徐州城终于被保全。于是，徐州城载歌载舞，狂欢庆祝。苏轼心中的喜悦也是无以言表，当即写下了《河复（并叙）》：

熙宁十年秋，河决澶渊，注巨野，入淮泗。

自澶、魏以北皆绝流，而济、楚大被其害，彭门城下水二丈八尺，七十余日不退，吏民疲于守御。

十月十三日，澶州大风终日，既止，而河流一枝已复故道，闻之喜甚，庶几可塞乎。

乃作《河复》诗，歌之道路，以致民愿而迎神休，盖守土者之志也。

君不见西汉元光元封间，河决瓠子二十年。

巨野东倾淮泗满，楚人恣食黄河鳣。

万里沙回封禅罢，初遣越巫沉白马。

河公未许人力穷，薪刍万计随流下。

吾君盛德如唐尧，百神受职河神骄。

帝遣风师下约束，北流夜起澶州桥。

东风吹冻收微渌，神功不用淇园竹。

楚人种麦满河淤，仰看浮槎栖古木。

这次惊心动魄的抗洪战斗结束后，苏轼稍作休整，就开始筹划加固防水工程，以防明年洪水再来。经过一番精心的考察与预算，苏轼拟订了一份工程计划，上报朝廷，请求拨款。

苏轼将工程计划上报朝廷的第二年，也就是宋神宗元丰元年（1078 年），朝廷终于下诏，准予拨款两万四千贯，并准许动用地方财政六千贯，用工七千余人，修筑大堤。神宗皇帝还专门下诏，对苏轼在熙宁十年抗洪战斗中的卓越表现予以表彰。

元丰元年八月中旬，由苏轼亲自督建的徐州防洪大堤竣工，同时，一座十丈高的楼台也正式落成。苏轼依照传统观念中五行相生相克的理论，将此楼命名为黄楼，黄代表土，土能克水。

九月初九重阳佳节时，苏轼在黄楼举行了一场大型庆典。这一天，苏轼早早登上黄楼，悠闲适意地欣赏四野的风光。随后，他挥毫泼墨，写下了《九日黄楼作》：

> 去年重阳不可说，南城夜半千沤发。
> 水穿城下作雷鸣，泥满城头飞雨滑。
> 黄花白酒无人问，日暮归来洗靴袜。
> 岂知还复有今年，把盏对花容一呷。
> 莫嫌酒薄红粉陋，终胜泥中事锹锸。
> 黄楼新成壁未干，清河已落霜初杀。
> 朝来白露如细雨，南山不见千寻刹。
> 楼前便作海茫茫，楼下空闻橹鸦轧。
> 薄寒中人老可畏，热酒浇肠气先压。
> 烟消日出见渔村，远水鳞鳞山齾齾。
> 诗人猛士杂龙虎，楚舞吴歌乱鹅鸭。
> 一杯相属君勿辞，此境何殊泛清霅。

想起去年此时，正是抗洪的最艰苦的时刻，如今却已悠闲地端坐于楼上欣赏城中美景，苏轼心中充满无限的喜悦与自豪。

待宾客云集，看到苏轼的新作，大家纷纷赞不绝口，互相酬唱。远在南京的苏辙也寄来所作之《黄楼赋》，被苏轼隆重地刻石，立于黄楼之上。秦观也寄来自己所作的《黄楼赋》，苏轼看后，盛赞其文风格独特。一时间，黄楼之中文人雅士络绎不绝，关于黄楼的诗词唱赋也令人眼花缭乱。众多来访的宾客中，既有仰慕苏轼的才情之人，又有赞赏太守治理有方，想一睹其风采之人。

苏轼不仅了解民众疾苦，更善于发现问题解决问题，他最大的魅力不仅仅在于豪爽率真的性格，也不仅仅是他的才华横溢，而且还有他的实干精神。"穷则独善其身，达则兼济天下"，是苏轼一直坚守的人生信条。

宋神宗元丰元年（1078 年）秋天，徐州大地一派丰收的景象。在喜迎丰收的季节，苏轼无论走到哪里，都是前呼后拥。但是，苏轼没有陶醉于被热烈拥戴的场景，而是走进每家每户，观看农人们辛勤劳作的场景，耐心地坐下来与百姓亲切攀谈，关切地询问他们的生产生活的状况。

　　苏轼怀着愉悦的心情，奔走于乡村各地，满眼都是欢快的场面，丰收的景象。一天，苏轼奔波了大半天，感到又渴又累，就试着敲开了一户人家的大门，求一碗茶喝。

　　喝完茶，他骑马回城。回想一天的见闻，他特别开心。很多年来，他所见到的，都是农民的疲敝与困苦，而今却见到了如此繁荣热闹的场景。身为一郡太守的苏轼，内心有着说不出的兴奋与自豪。于是，他一口气写下了《浣溪沙》（徐门石潭谢雨道上作五首）这样一组词：

　　其一

　　照日深红暖见鱼，连溪绿暗晚藏乌。黄童白叟聚睢盱。

　　麋鹿逢人虽未惯，猿猱闻鼓不须呼。归家说与采桑姑。

　　其二

　　旋抹红妆看使君，三三五五棘篱门。相排踏破茜罗裙。

　　老幼扶携收麦社，乌鸢翔舞赛神村。道逢醉叟卧黄昏。

　　其三

　　麻叶层层苘叶光，谁家煮茧一村香。隔篱娇语络丝娘。

　　垂白杖藜抬醉眼，捋青捣䴰软饥肠。问言豆叶几时黄。

　　其四

　　簌簌衣巾落枣花，村南村北响缲车。牛衣古柳卖黄瓜。

　　酒困路长惟欲睡，日高人渴漫思茶。敲门试问野人家。

　　其五

　　软草平莎过雨新，轻沙走马路无尘。何时收拾耦耕身。

　　日暖桑麻光似泼，风来蒿艾气如薰。使君元是此中人。

　　这组词，宛如一幅幅生意盎然的风景画。苏轼用白描的手法，描写了农村的风光，表现农民丰富多彩的生产和生活的场景，几乎涉及农村的各色人物，散发着醇厚的泥土芳香。整组词，节奏明快，格调清新，色泽明丽，含蓄隽永，耐人寻味。苏轼这组词，开创了古代文人词中真实反映农村生活的先例，在词作题材、表现风格方面，无疑又是一个新的开拓。

02 远近鸿儒，争相靠拢

由于苏轼的名气一天比一天大，远近鸿儒都争相与他靠拢。就连司马光这样威重士林的大学者，每当有新作时，也总不忘寄赠给苏轼，以求互相唱和。司马光自宋神宗熙宁三年（1070 年）离京外任后，便在洛阳买地筑园，终日深居简出，不问政事。但他一直与苏轼保持密切的书信往来。

青年一代更是争先恐后纷纷要投在苏轼门下，拜他为师，并且以出入"苏门"为莫大的荣耀。

远在大名府（今河北省大名县）任国子监教授的黄庭坚，寄来书信和两首《古风》向苏轼求教，并表示愿意做苏轼的门生。他在诗中，坦诚地把苏轼比作高崖的青松，而把自己说成是深谷的小草。

其实，黄庭坚也是一位奇才，他在宋英宗治平四年（1067 年）即考中进士，当时年仅 22 岁。第二年，他又参加四京学官试。宋朝的"四京"是指：北京真定（今河北省保定市）、南京应天（今河南省商丘市）、西京洛阳（今河南省洛阳市）、东京开封（今河南省开封市）。四京学官试就是把四京的官员组织起来的一种考试，黄庭坚的应试文章被公认是最好的，所以后来就担任了国子监教授。

黄庭坚的舅父李常、岳父孙觉，都是苏轼多年的密友。苏轼早就在这两人口中，听过黄庭坚的名字，并且也读过他的诗文。当时，孙觉想请苏轼为黄庭坚扬名，苏轼曾大笑说："此人逃名而不可得，何须扬名？"

如今，苏轼收到了黄庭坚寄赠的书信和诗作，内心格外高兴，盛赞他的《古风》二首"托物引类，真得古诗人之风"，并且立即回赠了两首《古风》。从此，二人缔结了亲密无间的深厚友谊。

在来徐州之前，苏轼已经结识了张耒和晁补之。在徐州，他见到了秦观。秦观也是一位风流倜傥的才子。当时，他虽然还尚未参加科举考试，没有任何功名，但他的文采让苏轼非常赞赏。在民间，苏小妹三难新郎的故事广为流传，故事里的男主人公就是秦观。虽然这个故事属于虚构，但苏轼与秦观之间亲密无间的友谊却是千真万确的。秦观曾说："生不愿做万户侯，但愿一识苏徐州。"苏徐州就是苏轼。秦观甚至把苏轼比作天上麒麟，并说："不将俗物碍天真，北斗以南能几人？"

很快，黄庭坚、秦观、晁补之和张耒就被称为"苏门四学士"。后来，陈师道和李廌也先后拜于苏轼的门下，与前四人又合称为"苏门六君子"，成为北宋文坛上璀璨的明星。

诗僧参寥也在秦观的引荐下走进了苏轼的生活。这位闲云野鹤式的人物，不仅宁静淡泊，而且才思敏捷。他风尘仆仆地从杭州赶到徐州后，苏轼与他一见如故，两人结为终生挚友。

距离徐州城西二里，有一座山叫云龙山。苏轼在这座山上结识了一位隐居的道士，就是被称为"云龙山人"的张天翼。张天翼驯养了两只善飞的白鹤，还修建了一座亭子。每天早起，他都到亭中把白鹤放飞，因此将这个亭子取名为放鹤亭。亭前风景如画，美不胜收，苏轼因此写下了《放鹤亭记》这篇散文：

熙宁十年秋，彭城大水，云龙山人张君之草堂，水及其半扉。明年春，水落，迁于故居之东，东山之麓。升高而望，得异境焉，作亭其上。彭城之山，冈岭四合，隐然如大环，独缺其西一面，而山人之亭，适当其缺。春夏之交，草木际天，秋冬雪月，千里一色。风雨晦明之间，俯仰百变。

山人有二鹤，甚驯而善飞。旦则望西山之缺而放焉，纵其所如。或立于陂田，或翔于云表，暮则傃东山而归，故名之曰"放鹤亭"。

郡守苏轼，时从宾佐僚吏，往见山人，饮酒于斯亭而乐之。挹山人而告之曰："子知隐居之乐乎？虽南面之君，未可与易也。《易》曰：'鸣鹤在阴，其子和之。'《诗》曰：'鹤鸣于九皋，声闻于天。'盖其为物，清远闲放，超然于尘埃之外，故《易》《诗》人以比贤人君子、隐德之士。狎而玩之，宜若有益而无损者；然卫懿公好鹤则亡其国。周公作《酒诰》，卫武公作《抑》戒，以为荒惑败乱，无若酒者；而刘伶、阮籍之徒，以此全其真而名后世。嗟夫！南面之君，虽清远闲放如鹤者，犹不得好，好之则亡其国；而山林遁世之士，虽荒惑败乱如酒者，犹不能为害，而况于鹤乎？由此观之，其为乐未可以同日而语也。"

山人欣然而笑曰："有是哉！"乃作放鹤、招鹤之歌曰："鹤飞去兮西山之缺，高翔而下览兮择所适。翻然敛翼，宛将集兮，忽何所见，矫然而复击。独终日于涧谷之间兮，啄苍苔而履白石。鹤归来兮，东山之阴。其下有人兮，黄冠草履，葛衣而鼓琴。躬耕而食兮，其馀以汝饱。归来归来兮，西山不可以久留。"

这篇文章，描写的是隐士的情趣，妙在气势纵横，自然清畅，完全是苏轼性情的流露。放鹤亭并不算是名胜，却因这篇文章流传下来。此文，让苏轼的道家思想显露无遗。

苏轼经常与朋友一起登山临水，寻胜访幽，诗酒唱和，以他生花妙笔描绘了徐州的山山水水，并赋予神气与灵性。宋神宗元丰元年（1078 年）九月十七，苏轼与张山人、颜复、王巩游云龙山所写的《登云龙山》，就是其中的代表：

> 醉中走上黄茅冈，满山乱石如群羊。
> 冈头醉倒石作床，仰看白云天茫茫。
> 歌声落谷秋风长，路人举目东南望，拍手大笑使君狂。

这首诗，苏轼写自己醉中登山，醉眼朦胧，山上的石块就像羊群一样。苏轼身为使君，不摆架子，平易近人。老百姓见他醉卧在石床上，无所顾忌，拍手大笑。这不仅生动描绘了苏轼不拘一格的豪情，也体现了他一贯爱民如子的思想。这首诗，形式上是律诗，但仅有七句，全诗一韵到底，耐人寻味，艺术形式上是一次突破。

徐州本是文人荟萃之地，评诗品画的雅集长盛不衰。而苏轼每次都是聚会的中心，他幽默风趣、妙语连珠，常常语惊四座。频频雅聚，让苏轼有机会欣赏到许多稀世的古代绘画珍品，以及同时代画家的名作。与此同时，苏轼留下了与这些绘画珍品相得益彰的精美绝伦的题画诗。苏轼的题画诗，不仅能对画面作生动而形象的描写，而且能做到既不脱离画中景物，又能缘物寄情，给人以美好的启迪与享受。题画诗在北宋曾盛行一时，苏轼是其中的杰出代表。他的《李思训画长江绝岛图》，就是脍炙人口的一首：

> 山苍苍，水茫茫，大孤小孤江中央。
> 崖崩路绝猿鸟去，惟有乔木搀天长。
> 客舟何处来，棹歌中流声抑扬。
> 沙平风软望不到，孤山久与船低昂。
> 峨峨两烟鬟，晓镜开新妆。
> 舟中贾客莫漫狂，小姑前年嫁彭郎。

李思训是唐代著名画家，官至左武卫大将军。他的山水画多以青绿胜，明代画论家董其昌说他是山水画北宗的创始人。他的一幅《长江绝岛图》，让苏轼深深地沉醉其中。

这首诗构思缜密，章法严整，层次分明。开头五句描绘长江和绝岛，是对这幅画内容的总概括，是实写。"山苍苍，水茫茫"，展现山色苍苍，水光茫茫，点明这是一幅青绿色的平远山水，而且画面浩渺空阔。"崖崩"两句具体描写"绝岛"即大小孤山，这是画面的中心。这两座山四面环水，山势险峻，山上丛林茂密，一棵棵高大的乔木好像巨柱巍然耸立，直插云端。中间四句写画中小船。这不起眼的一叶小舟，在苏轼的笔下占据了诗的中心。接下来的两句，苏轼利用有关大小孤山的民间传说，挥毫落纸如云烟，开拓出一个奇丽浪漫、谐趣盎然的新境界。苏轼用女子发髻比喻二山之峰峦，以镜喻水面，又以女子晨起对镜梳妆形容江中二山。结尾两句，苏轼把比喻、拟人、谐音双关等表现手法熔于一炉，根据小姑嫁彭郎的民间故事戏为谐语，谐趣盎然，流露出对江山如画的无限赞美。

宋神宗元丰二年（1079年）三月，朝廷下诏，苏轼移任湖州知州。临行前，徐州父老纷纷从四面八方聚集而来，围聚在苏轼的马前。他们捧篮献花，洗盏呈酒，为这位使君祝福。为此，苏轼激动不已，挥泪写下了《江城子·别徐州》：

天涯流落思无穷，既相逢，却匆匆。携手佳人，和泪斩残红。为问东风余几许？春纵在，与谁同。

隋堤三月水溶溶，背归鸿，去吴中。回首彭城，清泗与淮通。欲寄相思千滴泪，流不到，楚江东。

03 乌台诗案，湖州遭难

　　宋神宗元丰二年（1079 年）四月，苏轼抵达湖州。湖州位于太湖南岸，是一座历史悠久的古城，也是典型的鱼米之乡。

　　卸下旅途的疲惫，苏轼即乘上软轿绕城漫游。此时，他在心里盘算着要为当地百姓办更多的实事，像当年在杭州、密州和徐州任上一样，尽最大努力为当地百姓造福。于是，苏轼作了一篇《湖州谢上表》，以表达自己对皇恩浩荡的谢意。然而，正是这一篇谢表，却授当政的小人以把柄，差点为自己引来了杀身之祸。

　　在这篇例行公事的谢表后面，苏轼无意说了几句牢骚话："陛下知其愚不适时，难以追陪新进；察其老不生事，或能牧养小民。"

　　没想到，元丰二年六月，监察御史里行何正臣摘引苏轼的"新进""生事"等语上奏，给他扣上了"愚弄朝廷，妄自尊大"的帽子。

　　苏轼是一个率性之人，只要他认为不合理的，便如鲠在喉，不吐不快。不论在杭州、密州，还是在徐州，他的诗文有很大一部分是对时事予以讥讽。他的弟弟苏辙以及表兄文与可，都多次告诫他祸从口出的简明道理。但是，苏轼总是控制不住自己，最终被落以口实，成为新党为其罗织罪名的最佳借口。

《湖州谢上表》让何正臣等人抓住把柄、借题生事。但单凭这篇谢恩表还不足以搞垮苏轼。于是，这些人又从苏轼的诗集《苏子瞻学士钱塘集》中，收集到了相关材料。

监察御史里行舒亶经过四个月的潜心钻研，找了几首苏轼的诗，然后上奏弹劾说："至于包藏祸心，怨望其上，讪渎谩骂，而无复人臣之节者，未有如轼也。盖陛下发钱以本业贫民，则曰'赢得儿童语音好，一年强半在城中'；陛下明法以课试郡吏，则曰'读书万卷不读律，致君尧舜知无术'；陛下兴水利，则曰'东海若知明主意，应教斥卤变桑田'；陛下谨盐禁，则曰'岂是闻韶解忘味，迩来三月食无盐'；其他触物即事，应口所言，无一不以讥谤为主。"

舒亶所举的例子，"赢得"两句及"岂是"两句出自《山村五绝》，"东海"两句出自《八月十五日看潮》，"读书"两句出自《戏子由》。但经舒亶断章取义后，句句上纲上线。

随后，国子博士李宜之、御史中丞李定也历数苏轼的罪行，声称必须因其无礼于朝廷而斩首。李定说："苏轼初无学术，滥得时名，偶中异科，遂叨儒馆。"接着，李定说苏轼急于获得高位，在心中不满之下，乃讥讽权要。李定又说，皇帝对他宽容已久，冀其改过自新，但是苏轼拒不从命。苏轼所写之诗虽然荒谬浅薄，但对全国影响甚大。李定最后说："臣叨预执法，职在纠察，罪有不容，岂敢苟止？伏望陛下断自天衷，特行典宪，非特沮乖慝之气，抑亦奋忠良之心，好恶既明，风俗自革。"

这位李定，正是当年因为隐瞒母丧而被司马光称为禽兽不如的家伙，苏轼也因此讥讽他不孝。虽然群小都要苏轼死，但神宗皇帝不愿杀害他，只同意拘捕他，而且不同意苏轼在进京途中关入监狱过夜。

此时，苏轼在京城的一个好友，身为驸马的王诜，在朝中听到要拘捕苏轼的消息，赶紧派人火速赶往南都（今河南省商丘市），去给苏辙送信。苏辙一听如五雷轰顶，立刻派人快马加鞭去告诉哥哥，意在朝廷人马到来之前，让苏轼有个思想准备。此时，朝廷派出的皇差皇甫遵也已出发，但苏辙的人先到一步。苏轼听到这个消息，有些不知所措，他只好暂时告假，由通判祖无颇代行太守之职。

皇甫遵带领手下官差赶到时，太守官衙的人们不知发生了什么事情，早已慌做一团。苏轼起初不敢出来，与通判商量。通判说，躲避朝廷使者无济于事，最好还是依礼迎接他，而且应当以正式官阶出现。于是，苏轼穿上官衣官靴，面见官差皇甫尊。皇甫尊板着面孔，一言不发，两名士兵手持兵器侍立两旁，神情威严肃穆，所有人都紧张得喘不过气来。

僵持之下，苏轼首先开口说："臣知多方开罪朝廷，必属死罪无疑。死不足惜，但请容臣归与家人一别。"

皇甫尊淡然地说："还没有这么严重。"于是，命士兵打开诏书，原来不过是一份令苏轼革职进京的普通公文而已，大家紧张的神经稍稍松弛下来，都长长地舒了一口气。不过，公文上说要苏轼立即启程。只听皇甫尊一声令下，两位士兵迅速上来，卸去苏轼的官服官帽，并用绳索把苏轼捆绑起来，连推带搡把他带出太守衙门。王夫人闻讯踉踉跄跄追赶出来，全家老少也都紧随其后。苏轼的长子苏迈不放心父亲一路无人照顾，便请求皇甫尊让其随行，获得准许。当地百姓听说他们尊敬爱戴的长官被带走，都挤在官道两旁哭着送行。

送走了苏轼，王夫人便打点行装，带领一家二十多口前往南都苏辙家寄住。

扬州码头上，苏轼的好友鲜于子骏早已伫立在那里，希望能与苏轼见上一面，可是却被押送的官差凛然回绝。透过船舱紧闭的窗棂，苏轼远远地看着好友怅然离去，不禁泪水盈眶，模糊了双眼。

此时，御史台已下令让所在州郡去搜查苏轼的家。州郡官吏奉命连夜追赶王夫人等家小至宿州，将所乘船只拦下。这些官吏上船后，翻箱倒柜，但没找到他们想要的东西，只得悻悻离去。

性情温和的王夫人望着他们的背影说："都是吟诗作文惹的祸，留着它们还有何用？只能招来更大的祸端！"于是，王夫人把家中所有残存的手稿，全部付之一炬。

宋神宗元丰二年（1079年）八月十八，苏轼被押解到汴京，投入到御史台的监狱里。御史台位于京城内东澄街北，四周遍植柏树，乌鸦数千栖居其上，所以，御史台又被称为"柏台"或"乌台"。八月二十，苏轼被正式提讯。

提讯中，苏轼对御史台说，自从为官开始，他曾有两次记过记录。一次是任凤祥通判时，因与上官不和而未出席秋季官方仪典，被罚红铜八斤。另一次是在杭州任内，因小吏挪用公款，他未报呈，也被罚红铜八斤。此外，别无不良记录。

当被问到那些讥讽的诗词时，苏轼说，他游杭州附近村庄所作的《山村五绝》，其中的"赢得儿童语音好，一年强半在城中"是讽刺青苗法的，"岂是闻韶解忘味，迩来三月食无盐"是讽刺盐法的。除此之外，其余文字均与时事无关。

元丰二年八月二十二，当御史台审问苏轼在《八月十五日看潮》中所写的"东海若知明主意，应教斥卤变桑田"两句的用意时，他拖了两天后才被逼说成是讽刺朝廷水利之难成。而对于《戏子由》违抗"朝廷新兴律"主旨的指控，苏轼六天后才被逼作了交代。

元丰二年九月，御史台已从四面八方抄获了苏轼的大量诗词。其中，有一百多首在审问时呈阅，有39人受到牵连，受牵连者官位最高的是司马光。王安石罢相的第二年（1077年），苏轼曾寄赠司马光一首《独乐园》：

青山在屋上，流水在屋下。

中有五亩园，花竹秀而野。

花香袭杖屦，竹色侵盏斝。

樽酒乐余春，棋局消长夏。

洛阳古多士，风俗犹尔雅。

先生卧不出，冠盖倾洛社。

虽云与众乐，中有独乐者。

才全德不形，所贵知我寡。

先生独何事，四海望陶冶。

儿童诵君实，走卒知司马。

持此欲安归，造物不我舍。

名声逐吾辈，此病天所赭。

抚掌笑先生，年来效喑哑。

这首诗，实为司马光重登相位大造舆论。当御史台说这诗是在讽刺新法时，苏轼直言不讳地说："此诗云四海苍生望司马光执政，陶冶天下，以讥讽见任执政不得其人。又言儿童走卒，皆知其姓字，终当进用……又言光却喑哑不言，意望依前上言攻击新法也。"

虽然"罪名成立"，但当时新法已废，凭此罪名不能判重刑。于是，御史台又搜罗了痛斥"新进"的《和韵答黄庭坚二首》：

> 嘉谷卧风雨，莨莠等我场。阵前漫方丈，玉食惨无光。

苏轼承认这四句是讥讽当今之重小人轻君子，如莨莠之夺嘉谷也。

还有抨击"生事"的《汤村开运河，雨中督役》：

> 居官不任事，萧散羡长卿。胡不归去来，留滞愧渊明。
> 盐事星火急，谁能恤农耕？薨薨晓鼓动，万指罗沟坑。
> 天雨助官政，泫然淋衣缨。人如鸭与猪，投泥相溅惊。
> 下马荒堤上，四顾但湖泓。线路不容足，又与牛羊争。
> 归田虽贱辱，岂失泥中行？寄语故山友，慎毋厌藜羹。

苏轼承认这首诗是表达自己对盐官在汤村一带开运盐河的不满。

在御史台的严刑逼供下，苏轼不得不承认他们所指控的大部分诗句都是批评讽刺新政的。漫长的审讯，让苏轼经历了什么叫做生不如死，尤其是在等待最后判决的漫长时日里，更是度日如年。

苏迈每天给父亲送饭。由于父子不能见面，他们事先约定，平日只送蔬菜和肉，如有不测，只送鱼，以便提前做好思想准备。一天，苏迈出城找朋友借银子，把给父亲送饭的事情委托给一位亲戚。由于临行匆忙，苏迈忘记交代他们父子间的约定。而这位亲戚，恰恰做了美味的熏鱼想给苏轼换换口味。苏轼一见，不禁大惊失色，知道自己死期临近，便用颤抖的手，写下了两首诀别诗《狱中寄子由二首》，交与一个比较可靠的狱卒，嘱托一定要在自己死后把这两首诗交给苏辙：

（予以事系御史台狱，狱吏稍见侵，自度不能堪，死狱中，不得一别子由，故和二诗授狱卒梁成，以遗子由。）

其一
圣主如天万物春，小臣愚暗自亡身。
百年未满先偿债，十口无归更累人。
是处青山可埋骨，他年夜雨独伤神。

与君世世为兄弟，更结来生未了因。

其二

柏台霜气夜凄凄，风动琅珰月向低。

梦绕云山心似鹿，魂飞汤火命如鸡。

眼中犀角真吾子，身后牛衣愧老妻。

百岁神游定何处，桐乡知葬浙江西。

诗作完成后，狱吏不得不按照规矩，将诗篇呈交给神宗皇帝。宋神宗本就欣赏苏轼的才华，并没有将其处死的意思。看到苏轼的诗如此凄惶、哀婉，感动之余，更加不忍。加上当朝多人为苏轼求情，苏辙甚至上书皇帝，请求皇帝收回自己的官职以赎回兄长苏轼之罪。王安石也劝神宗说："圣朝不宜诛名士。"宰相吴充也曾进言："陛下动以尧、舜为法，薄魏武固宜，然魏武猜忌如此，犹能容祢衡。而陛下不能容一苏轼，何也？"就连神宗祖母、病中的曹太后也替苏轼说话："想当年你的祖父仁宗皇帝初次见到苏轼、苏辙二人，回到后宫笑容满面，说我今日为子孙选了两个太平宰相，但可惜我来不及提拔他们了。"几日后，重病的曹太后即驾崩了。神宗悲痛之余，对祖母的话记忆犹新。杭州、徐州、密州的百姓听说苏轼遭难，自发组织起来公开为苏轼做解厄道场，以祈求神明保佑。

在多方舆论的推动下，神宗皇帝做出最后判决：对苏轼从轻发落，贬其为黄州团练副使。其余牵入本案的大小官吏，视其情节轻重，均受到不同程度的处分。王诜身为驸马，因为泄露机密，被削除一切官职爵位；苏辙代兄受过，贬官筠州；王巩因与苏轼关系密切也被远谪宾州；其他如张方平、司马光、黄庭坚、范镇、陈襄、李常、孙觉等与苏轼关系最密切的人，均受到不同程度的罚铜责罚。

至此，轰动一时的"乌台诗案"就此销结。在经历了一场人间炼狱之后，苏轼从御史台里走出来，只觉得身心俱疲。想起自己在最悲观绝望的时候做的那两首绝命诗，心中百感交集。于是，他步前两首诗之韵，又作了两首《出狱次前韵二首》：

（十二月二十八日蒙恩责授检校水部员外郎黄州团练副使复用前韵二首）

其一

百日归期恰及春，残生乐事最关身。

出门便旋风吹面，走马联翩鹊啅人。

却对酒杯浑是梦，试拈诗笔已如神。

此灾何必深追咎，窃禄从来岂有因。

其二

平生文字为吾累，此去声名不厌低。

塞上纵归他日马，城中不斗少年鸡。

休官彭泽贫无酒，隐几维摩病有妻。

堪笑睢阳老从事，为余投檄向江西。

子由闻余下狱，乞以官爵赎余罪，贬筠州监酒。

　　第一首诗是说，在御史台，苏轼整整被囚禁了 130 天，出来的时候，已是宋神宗元丰三年（1080 年）新春时节了。苏轼从百尺深井般的幽暗牢房里走出来，不由得深深地吸了一口自由的空气，微风缕缕，轻轻拂动着面颊，树上的鸟儿叽叽喳喳，仿佛在唱着欢快的歌，想到终于可以回家畅饮几杯了，苏轼不由得揽缰纵马，一路狂奔。酒过三巡，刚刚经历的所有磨难仿佛是一个噩梦，拿起毛笔，诗句缓缓流出，有如神助。过去的就让它过去吧，何必再去追究，那些想陷害你的人从来都不需要什么原因。

　　在第二首诗里，苏轼讲了一个少年斗鸡的典故：有个 98 岁的老头叫贾昌，从 7 岁起就被唐明皇召进宫，做专管斗鸡的官。后来，贾昌照总结自己的一生时说，从小就做这种供皇帝取乐的事，皇帝也不过把自己当作戏子娼妓看待而已。贾昌叹息，自己一旦入了斗鸡这一行，这一辈子就完了。"初唐四杰"之一的王勃少年时就才华横溢，被梁王看中召进府中做公子陪读，不料王勃竟勾引公子玩斗鸡，还做了一篇《斗鸡赋》。王勃是大手笔，《斗鸡赋》做得非常漂亮，京城里到处传抄。结果让梁王知道了，立刻把王勃赶出了王府。梁王不是因为他的赋作得糟糕，而是害怕他把自己的孩子带坏了。

　　苏轼用这个典故的意思是：自己因为写文章得罪了人，刚从监狱里放出来，声名越低越好。边疆立功的心没有了，但也不会以雕虫小技去讨好皇上。丢了官穷得没有酒喝，但可以和妻子互相照顾。只是可怜了苏辙，因为替我求情被贬为筠州监酒，到偏远的江西去任职。苏轼在诗的最后，特意表达了对弟弟的歉疚。

04 被贬黄州，悲伤寂寥

宋神宗元丰三年（1080 年）大年初一，苏轼走出了已经关押他 130 天的监狱。这刻骨铭心的 130 天，成为他人生的精神炼狱。此时，京城百姓庆祝新年的鞭炮声正震耳欲聋。苏轼在此起彼伏的鞭炮声中，顶着漫天风雪，踏上了去往黄州的路途。黄州是一片萧索之地，京城通往黄州的道路，是一条古老的驿道。

苏轼出了汴京，便觉寒风刺骨。正月初四，当苏轼行至陈州（今河南省淮阳市）时，便顺道去吊祭他亡故已一周年的表兄文同，就是那位以"成竹在胸"画竹闻名的大画家文与可。文同是苏轼的表兄，也是苏轼最好的朋友，同时还是苏辙的亲家翁。苏轼在文家祭拜了表兄后，暂时住下来，以等待苏辙的到来，想在这里和弟弟见上一面。

当时，苏轼一家二十多口人，都在应天府（今河南省商丘市）苏辙家里避难。苏辙得知兄长在陈州，立即起身，步行二百八十余里，于正月初十到达文家。兄弟俩一见面，都是悲喜交集。苏轼给弟弟写了一首《子由由南都来陈，三日而别》，说出了自己的肺腑之言：

夫子自逐客，尚能哀楚囚。奔驰二百里，径来宽我忧。

相逢知有得，道眼清不流。别来未一年，落尽骄气浮。

嗟我晚闻道，款启如孙休。至言虽久服，放心不自收。

悟彼善知识，妙药应所投。纳之忧患场，磨以百日愁。

冥顽虽难化，镌发亦已周。平时种种心，次第去莫留。

但余无所还，永与夫子游。此别何足道，大江东西州。

畏蛇不下榻，睡足吾无求。便为齐安民，何必归故丘。

　　"夫子"是苏轼对弟弟的称呼。苏辙因上疏自请用自己的官职为哥哥抵罪，被贬为筠州监酒，也成为一个遭流放的罪犯。他走了二百八十余里，来宽解哥哥的忧愁。这次相逢，苏轼发现弟弟各方面的能力都大有长进，以往身上的浮躁之气没有了，便自愧不如。经过"乌台诗案"这次劫难，苏轼终于体悟出一些为人处世的道理。此时，他只想义无反顾地与弟弟一起悠游岁月，相随到老。虽然在此处相别，但筠州与黄州只有一江之隔，相见并不难。黄州自然环境虽然恶劣，但苏轼只想在这里安心睡觉，环境好不好又有什么关系呢？他宽解弟弟说：你也在齐安安心居住吧，何必要回眉州故乡呢！

　　正月十四，兄弟俩共同告别文家。临行前，苏辙对长兄说，他先回南都，把嫂侄一家人送到黄州与兄长团聚，然后再携自己一家前往筠州赴任。苏轼对弟弟表示感谢后，继续赶路前往黄州。

　　当行至黄州辖区的麻城县时，苏轼一行在万松亭歇脚。万松亭建于宋神宗熙宁年间。当时，麻城县令张毅在名为七里岗的山上栽植成片的松树，号称"万松"，并在松间建一亭，名为"万松亭"，供过往行人歇脚。苏轼见树思人，写下了《万松亭（并叙）》这首诗：

　　（麻城县令张毅，植万松于道周以芘行者，且以名其亭。去未十年，而松之存者十不及三四。伤来者之不嗣其意也，故作是诗。）

十年栽种百年规，好德无人助我仪。

县令若同仓庾氏，亭松应长子孙枝。

天公不救斧斤厄，野火解怜冰雪姿。

为问几株能合抱，殷勤记取角弓诗。

苏轼看到万松林惨遭破坏，感慨好事无人相继，让当年县令的一番心意，在刀斧与野火的摧残下，无可挽回地消逝。

元丰三年二月初一，苏轼抵达黄州治所黄冈。黄冈是一个偏僻萧条的江边小镇。苏轼的正式官衔是责授检校尚书水部员外郎，充黄州团练副使，本州安置，不得签书公事。水部员外郎本是水部的副长官，但检校则是代理或寄衔的意思，并非正任之官。团练副使本是地方军事助理官，但因为不得签书公事，所以只是挂名而已，无权参与公事。事实上，苏轼的身份就是由当地州郡看管的犯官，性质近于流放。

因为是犯官，官府不给配备官舍，苏轼一时无处落脚，只得跟儿子苏迈一起，暂时借住在一座名为定惠院的寺庙里。苏轼在《初到黄州》这首诗中写道：

> 自笑平生为口忙，老来事业转荒唐。
> 长江绕郭知鱼美，好竹连山觉笋香。
> 逐客不妨员外置，诗人例作水曹郎。
> 只惭无补丝毫事，尚费官家压酒囊。

诗的前四句，苏轼以诙谐自嘲的口吻开头，用平实清浅的语言，表达了初到黄州的复杂矛盾心情。苏轼初到黄州，是正月刚过之时，因无官舍，只好寄居僧舍。黄州处于长江的三面环绕之中，苏轼总是想到有鲜美的鱼吃，加之黄州多竹，苏轼总觉得犹如闻到竹笋的香味，从而表达了对未来生活的憧憬，紧扣"初到"的题意，也体现了苏轼善于自得其乐、随缘自适的人生态度。

诗的后四句是苏轼的自嘲。颈联写自己以苦为乐，以祸为福，在扫兴的"员外置"前加了一个"不妨"，在倒霉的"水曹郎"前加了一个"例作"，安之若素，自我调侃。其心胸开阔、个性旷达便跃然纸上。尾联写自己对无功受禄的愧怍，质朴自然。身为员外，却没能为国家出力办事，而又要白白花费国家的钱银，实在是惭愧。"压酒囊"就是工钱，虽然钱不多，可对于一个"无补丝毫事"的人来说，还要费这工资，确实惭愧。这一联，再一次表现了苏轼超然豁达的思想境界。

在定惠院居住的日子里，苏轼白天把自己关在小屋子里，闭门不出，直到晚上才一个人悄悄地出门，在溶溶的月色中静静地漫步。《定慧院寓居月夜偶出》这首诗就是在这个时候完成的：

> 幽人无事不出门，偶逐东风转良夜。
> 参差玉宇飞木末，缭绕香烟来月下。
> 江云有态清自媚，竹露无声浩如泻。
> 已惊弱柳万丝垂，尚有残梅一枝亚。
> 清诗独吟还自和，白酒已尽谁能借。
> 不辞青春忽忽过，但恐欢意年年谢。
> 自知醉耳爱松风，会拣霜林结茅舍。
> 浮浮大甀长炊玉，溜溜小槽如压蔗。
> 饮中真味老更浓，醉里狂言醒可怕。
> 但当谢客对妻子，倒冠落佩从嘲骂。

在这首诗里，苏轼描绘了一个静谧的月夜景色：东风、明月、缭绕的香烟、江上的白云、竹叶上的露水，还有柳丝万条垂，外加残梅一枝。月光普照之下，这一切都是美好的。只有在这时候，苏轼才能够稍稍忘却内心的伤痛，回归到他本来的样子。

苏轼就这样爱上了夜色，爱上了月光，爱上了在月夜中孤独地漫步。一天夜里，一首《卜算子·**黄州**定惠院寓居作》在他的心里不自觉地咏出：

> 缺月挂疏桐，漏断人初静。谁见幽人独往来，缥缈孤鸿影。
> 惊起却回头，有恨无人省。拣尽寒枝不肯栖，寂寞沙洲冷。

词的上阕写的是月夜江边所见的景色。"缺月挂疏桐，漏断人初静"营造了一个夜深人静、月挂疏桐的孤寂氛围。苏轼自己也说"月有阴晴圆缺"，圆月与缺月给人的感觉是不一样的。他眼里看到的是缺月，而且是枝疏叶稀的桐树，整个意象萧条冷落，扑身一阵寒意。"谁见幽人独往来，缥缈孤鸿影"，那寒夜冷月下独往独来的幽人和若隐若现的孤鸿，写尽了词人此刻的孤独与凄凉。谪居黄州的苏轼，常言自己是"幽人"，独来独往。上阕写孤鸿见幽人，下阕写幽人见孤鸿，借物比兴，幽人寂寞如孤鸿，孤鸿惊惶如幽人，人与鸿凝为一体，语带双关，深刻地表现了苏轼当时心情的苦闷与凄凉。深夜萧条冷落的环境描写，正是苏轼险恶处境的艺术表现。

"惊起却回头，有恨无人省"一句写的是，孤独惊恐的时候，往往会回头寻觅，又有谁能理解自己孤独的心？

"拣尽寒枝不肯栖，寂寞沙洲冷"一句写的是，那只孤鸿从桐树上拍翅惊飞，却又频频回头不忍离去，但挑尽所有的枝桠，总觉"高处不胜寒"，都不是自己的栖身之地，它只好飞到卑湿清冷的沙洲，隐伏于苇丛之中，以便安度寒夜。苏轼此时正是他自己笔下的惊鸿。

随着对黄州的逐渐熟悉，苏轼渐渐改变了以前昼伏夜出的生活习惯。有一天，苏轼漫步在定惠院东面的小山坡上，在满山的杂花野树中，苏轼忽然眼前一亮，原来那是一株海棠。他简直不敢相信自己的眼睛，这种原产于故乡四川的名贵花木，怎么会出现在黄州这样偏僻荒凉的地方呢？他不禁触景生情，想到了自己如今的处境，以花自怜，写下了一首《寓居定惠院之东，杂花满山，有海棠一株，土人不知贵也》：

江城地瘴蕃草木，唯有名花苦幽独。

嫣然一笑竹篱间，桃李漫山恶粗俗。

也知造物有深意，故遣佳人在空谷。

自然富贵出天姿，不待金盘荐华屋。

朱唇得酒晕生脸，翠袖卷纱红映肉。

林深雾暗晓光迟，日暖风轻春睡足。

雨中有泪亦凄怆，月下无人更清淑。

先生食饱无一事，散步逍遥自扪腹。

不问人家与僧舍，拄杖倚门看修竹。

忽逢绝艳照衰朽，叹息无言揩病目。

陋邦何处得此花，无乃好事移西蜀。

寸根千里不易致，衔子飞来定鸿鹄。

天涯流落俱可念，为饮一樽歌此曲。

明朝酒醒还独来，雪落纷纷那忍触。

在众多的花木里，苏轼独独钟爱海棠。他认为，和繁盛的草木与粗俗的桃李相比，海棠自然富贵，高洁非凡，它的雍容华贵、卓尔不群不是靠华屋金盘来抬高身价，而是浑然天成。它宛如少女脸生红晕，又似美人春睡初醒，淡红是她的酒晕，绿叶是她的纱袖。

"日暖风轻春睡足"一句，引自《明皇杂录》："上皇尝登沉香亭，召妃子，妃子时卯酒未醒。高力士从侍儿扶掖而至。上皇笑曰：'岂是妃子醉耶？海棠睡未足耳'。"唐玄宗以花比人，这里反用其意，以人比花。苏轼把自己比作这隐没山谷的海棠，虽然色艳姿美，却无人欣赏，任其自开自落，自悲自怜。

"先生食饱无一事，散步逍遥自扪腹。"这两句是苏轼在黄州生活的真实写照。这样闲散的生活，对一般人来说，可能是一种逍遥的享受，可对苏轼这样心怀抱负的人来说，却是一种惩罚。

转眼到了五月初夏时节，苏辙按照兄弟俩在陈州时的约定，带领两家老小离开南都，乘船经汴水，过淮扬、金陵，最后到达九江。苏辙先把自己一家妻小暂且安置在九江，随后专程护送嫂侄等全家人前往黄州。苏轼在心里默默计算着弟弟的行程，日期越是临近，他心里越是感到不安。自己作为犯官，没有了正常的薪俸，只有一份微薄的实物配给，一家二十几口的生计问题，成了苏轼心中最大的忧虑。

宋神宗元丰四年（1081 年）五月二十，苏辙护送嫂嫂王夫人等一家人抵达黄州。一大早，苏轼便到离黄州最近的码头迎接，劫后余生，全家人见面悲喜交加。随后，在老友、鄂州知州朱寿昌的帮助下，苏轼一家人住进了临皋亭。临皋亭原是一座属于官府的水上驿站，房屋并不宽敞，二十几口人住下来显得十分拥挤。但对苏轼来说，这已经是相当不错的安排了。

接下来，苏轼便和夫人一起筹划家里的开销问题。苏轼跟夫人商定：每月初一从积蓄里取出四千五百钱，平均分成三十份，挂在屋梁上，每天早起用叉子挑取一份作为当天的花销用度，当天用不完的另外存在一个大竹筒里，用于接待宾客。

物质上有了粗略的安排，苏轼已无需担忧。但是精神上的痛楚一直困扰着他，虽然已远离京城是非之地，但他自知并未逃出政治漩涡，处境仍然十分险恶。他深知政敌一刻也没放松对他的监视，会想方设法寻找罪证，以达到彻底打垮他的目的。

05 新交故友，不离不弃

在黄州，苏轼结识了犍为王氏书楼的主人王齐愈、王齐万兄弟俩。王氏兄弟本是西蜀富家，又是皇亲，犍为王氏书楼就是王家人所建，书楼非常雄伟。

早在宋仁宗嘉祐四年（1059 年）十月，苏轼与父亲苏洵、弟弟苏辙同赴京城的途中，就曾见到了犍为王氏书楼，并写下《犍为王氏书楼》：

树林幽翠满山谷，楼观突兀起姜滨。

云是昔人藏书处，磊落万卷今生尘。

江边日出红雾散，绮窗书阁青氛氲。

山猿悲啸谷泉响，野鸟嘤戛岩花春。

借问主人今何在？被甲远戍长苦辛。

先登搏战事斩级，区区何者为三坟。

书生古亦有战阵，葛巾羽扇挥三军。

古人不见悲世俗，回首苍山空白云。

从此，苏轼就与犍为结下了不解之缘。后来不知何故，王家人带着书籍离开犍为，在湖北鄂州过上了隐居的生活。

这次在黄州相识后，由于苏轼跟王氏兄弟脾气相投，遂成为挚友，相互之间来往密切。苏轼住黄冈，王氏兄弟住鄂州，两家人隔河相望。苏轼经常乘一叶扁舟，独自去王家拜访。四年后，苏轼离开黄州，船过武昌，特意在王家停留。苏轼追忆初识的情景，便在《赠别王文甫》中无限深情地写道：

仆以元丰三年二月一日至黄州，时家在南都，独与儿子迈来郡中，无一人旧识者。时时策杖至江上，望云涛渺然，亦不知有文甫兄弟在江南也。居十余日，有长而髯者，惠然见过，乃文甫之弟子辩。留语半日，云："迫寒食，且归车湖。"仆送之江上，微风细雨，叶舟横江而去。仆登夏陕尾高丘以望之，仿佛见舟及武昌，乃还。尔后遂相往来。及今四周岁，相过殆百数，遂欲买田而老焉，然竟不遂。近忽量移临汝，念将复去此而后期不可必，感物凄然，有不胜怀者。浮屠不三宿桑下，有以也哉。七年三月九日。

当苏轼依依不舍地离开王家时，又写《再书赠王文甫》一文：

昨日大风，欲去而不可，今日无风，可去而我意欲留，文甫欲我去者，当使风水与我意会，如此便当作留客过岁准备也。

这两篇文章，生动地反映了苏轼与王氏两兄弟在其被贬黄州期间结下的深厚情谊，流露出他对过去几年友谊的美好回忆和对即将离去的依依不舍。

在苏轼作为犯官贬谪黄州期间，他是不幸而痛苦的。但是，黄州知州徐君猷性情通达，心地仁厚，一直对苏轼礼遇有加，随着交往的加深，两人之间的感情越来越亲近。徐君猷以知州的身份，暗中保护苏轼，给他提供最大的自由与方便。同时，又以朋友的身份，时时对苏轼给予力所能及的帮助。每逢佳节，徐君猷甚至在酒楼设宴，款待这位失意的朋友；或者亲自携酒上门，到苏轼家里与他开怀畅饮。

此外，还有鄂州知州朱寿昌、黄州监酒乐京、岐亭监酒胡定之等，都是与苏轼常来常往的朋友。

在黄州，苏轼还结交了很多平民朋友。众多平民朋友中，与他关系最为密切的是潘丙、郭遘和古耕道。潘丙是个屡试不第的书生，早已绝意功名，以卖酒为生；郭遘则是唐代名将郭子仪的后人，经营着一家药店，以卖药为生；古耕道是一个侠义之人，为人豪爽，苏轼常戏称他为唐代侠士古狎牙的子孙。

这些人，常常在苏轼最为困顿时施以援手，给予无私的帮助。苏轼常常跟他们一起喝酒、聊天，一起度过了无数快乐又难忘的时光。

在黄州岐亭的杏花村，苏轼的故友陈慥隐居在这里。陈慥是当年苏轼在凤翔府任通判时，知府陈希亮的儿子。苏轼曾与陈希亮之间多有摩擦，但后来苏轼明白了这位长辈对自己的苦心，两个人早已经冰释前嫌。

与严谨自律的父亲恰恰相反，陈慥性情豪爽。苏轼与陈慥性情相投，一见如故，互为知己，常常一起游玩，畅聊古今。后来苏轼从凤翔府离任，两人因为地域的差异便少了联系。在贬往黄州的途中，苏轼意外遇到陈慥。此时，陈慥早已没有了当初的放浪之气，反倒成为一位修身内敛的隐士。苏轼在人生处于最低谷的时候遇到故友，心情非常激动。

在陈慥的热情挽留下，苏轼在陈慥家里逗留了五日。此后，苏轼住在黄州的五年间，陈慥经常来陪伴他，苏轼也经常到陈家做客。

一日，苏轼到陈家拜访，与陈慥一起畅聊佛法，不知不觉至后半夜。突然，陈慥的妻子柳氏一声断喝："怎么还不睡觉啊！"平时，男子汉大丈夫谈玄谈佛，意气风发，突然深更半夜听到这一声暴喝，陈慥吓得拐杖都落到地上了，然后一脸茫然地看着他老婆，样子非常可笑。为此，苏轼在一首《寄吴德仁兼简陈季常》的长诗中写了这么几句：

> 龙丘居士亦可怜，谈空说有夜不眠。
> 忽闻河东狮子吼，拄杖落手心茫然。

陈慥信佛，自称龙邱先生。他妻子柳氏非常凶悍，陈慥宴请宾客时，如果有歌女在场，她便用拐杖敲打墙壁，直至把客人赶走，陈慥非常怕她。河东是古郡名，柳姓是河东望族，狮吼在佛家比喻威严。从此，河东狮吼就用来比喻凶悍的妇人，并成为成语。

宋神宗元丰四年（1081 年）正月二十，苏轼前往岐亭看望陈慥，潘丙、郭遘和古耕道三位朋友一路相送。他们席地而坐，一边喝酒，一边赏春。几杯暖酒过后，微醉的苏轼不由想起去年的这一天，自己落魄离京的寂寥情景。今昔对比，苏轼心中不禁无限感慨。他在《正月二十日，往岐亭，郡人潘、郭、古三人送余于女王城东禅庄院》中写道：

> 十日春寒不出门，不知江柳已摇村。
> 稍闻决决流冰谷，尽放青青没烧痕。
> 数亩荒园留我住，半瓶浊酒待君温。
> 去年今日关山路，细雨梅花正断魂。

凑巧的是，恰恰在第二年正月二十这一天，苏轼再次与潘、郭二人相约出城探春，这一年的春天来得比较晚，城里依旧是春寒料峭，一片萧索，三人又来到去年席地饮酒的东禅庄院，旧地重游，再一次勾起苏轼对往事的回忆。于是，苏轼步前韵又作了一首《正月二十日与潘、郭二生出郊寻春，忽记去年是日同至女王城作诗，乃和前韵》：

> 东风未肯入东门，走马还寻去岁村。
> 人似秋鸿来有信，事如春梦了无痕。
> 江城白酒三杯酽，野老苍颜一笑温。
> 已约年年为此会，故人不用赋《招魂》。

故地重游，苏轼感慨道：我们就像候鸟一样准时，年年到这里寻春，往事像梦境一般随风而去，了无痕迹。苏轼以春梦了无痕的虚无境地，来解脱失意中难以消除的痛苦。好在味道醇厚的江城白酒散发着浓浓的人情味道，使他时时感受到人间的温暖，驱除那些烦恼的往事，冲淡自己的凄凉与孤独。

苏轼在诗的最后说：已约年年为此会，故人不用赋《招魂》。赋《招魂》是指宋玉因为屈原忠诚而不被重用，作《招魂》讽谏楚怀王，希望他悔悟，召还屈原。在这里，苏轼借指老朋友为他的复出奔走。最后两句是在告慰故人：我在黄州过得很好，已和这里的朋友约定每年进行寻春之游，你们不必为我的处境担忧，也不必为朝廷召我还京多操心。

第三年的正月二十，他们果然又如约前往，苏轼再次追和前韵写了一首《六年正月二十日复出东门，仍用前韵》：

乱山环合水侵门，身在淮南尽处村。

五亩渐成终老计，九重新扫旧巢痕。

岂惟见惯沙鸥熟，已觉来多钓石温。

长与东风约今日，暗香先返玉梅魂。

此时，苏轼来到黄州已经是第四个年头了，这里的山，这里的水，以及这里的一草一木，他都已经非常熟悉。这些，足以让他产生把这里作为养老之地的打算。

这三首诗，不仅反映了苏轼出世与入世的思想矛盾，同时也表现了他与以三位市井朋友为代表的当地百姓之间融洽友好的关系。

在苏轼的生命中，友情从来都占据着重要的位置。无论走到哪里，无论何种境遇，苏轼的身边都会拥有许多朋友，这也是苏轼最伟大的人格魅力。正因为拥有这些朋友，再艰难的生活，苏轼也会过得有滋有味，精彩纷呈。

尽管很多朋友都因为乌台诗案受到不同程度的牵连，但这些老友从来都不责备他，依然写信对他关心问候，甚至有的老友专程来黄州探望他，让患难之中的苏轼倍感人间真情的温暖。

老友李常先后两次利用调任之便，绕道前往黄州探望苏轼。在"乌台诗案"中受到牵连的钱塘主簿陈师仲，依然主动给苏轼写信，并且平时所作诗文经常提及苏轼、苏辙兄弟，而且毫不畏惧地大量收集苏轼的诗文，并将苏轼在密州、徐州的作品分别编为《超然》《黄楼》两个集子。

杭州的一批故人，还一起凑钱雇请专人一年两次前往黄州探望苏轼，给他捎去杭州特产，让苏轼十分感动。他在《杭州故人信至齐安》一诗中写道：

昨夜风月清，梦到西湖上。朝来闻好语，扣户得吴饷。

轻圆白晒荔，脆酽红螺酱。更将西庵茶，劝我洗江瘴。

故人情义重，说我必西向。一年两仆夫，千里问无恙。

相期结书社，未怕供诗帐。还将梦魂去，一夜到江涨。

黄庭坚、秦观等人也依然如故，与苏轼频繁书信往来。在他们影响下，李之仪、李方叔等人也纷纷给苏轼写信，欲投其门下。

苏轼被贬，牵连受处罚的有二十多人。在所有牵连受罚的人中，王巩被贬得最远、责罚最重，这使苏轼很内疚。宋神宗元丰四年（1081年），苏轼写了《次韵和王巩六首》，其一是：

> 欲结千年实，先摧二月花。故教穷到骨，要使寿无涯。
> 久已逃天网，何而服日华。宾州在何处？为子上栖霞。

王巩在宾州（今广西宾阳县）期间，苏轼给他写过很多书信，一再表示王巩是因自己而无辜受牵连，遭受了那么多苦难。苏轼还在《王定国诗集叙》中说："今定国以余故得罪，贬海上五年，一子死贬所，一子死于家，定国亦几病死。余意其怨我甚，不敢以书相闻。"苏轼劝王巩不要灰心，并建议他用摩脚心法对付瘴气：每日饮少酒，调节饮食，常令胃气壮健。而远在岭南宾州的王巩为了安慰苏轼，则在给苏轼的回信中，大谈道家长生之术，说自己正在宾州修行。苏轼非常喜欢广西的丹砂等特产，以至于在致信王巩时说："桂砂如不难得，致十余两尤佳。"与王巩之间的亲密之情溢于言表。

王巩定案后，他家中的家奴歌女，很快纷纷散去，只有一位复姓宇文、名曰柔奴的歌女愿意陪伴王巩共赴宾州。王巩与柔奴一起在宾州生活了三年多。王巩在宾州泼墨吟诗，访古问道，柔奴则歌声相伴，温柔慰藉，催促奋发。后来，王巩奉旨北归，得以宴请苏轼。苏轼发现王巩虽遭此一贬，不但没有通常谪官那种仓皇落拓的容貌，而且神色焕发更胜当年，性情更为豁达，不由疑惑。王巩告诉苏轼，这几年来，多亏柔奴陪伴他在宾州度过了寂寞艰苦的岁月。

苏轼试探地问柔奴："岭南应是不好？"柔奴则顺口回答："此心安处，便是吾乡。"

没想到，如此一个柔弱女子竟能脱口说出如此豁达之语，让苏轼对柔奴大为赞赏，立刻填了一首《定风波·常羡人间琢玉郎》：

> 常羡人间琢玉郎，天应乞与点酥娘。自作清歌传皓齿，风起，雪飞炎海变清凉。
> 万里归来颜愈少，微笑。笑时犹带岭梅香。试问岭南应不好，却道：此心安处是吾乡。

苏轼不仅将友人的身体康健、容颜年少归功于柔奴，还将她称赞为上苍赐给王巩的最佳伴侣。一位自称"皇都风月主人"的名士在《绿窗新话》里说，有了苏轼这首词，柔奴便获得"点酥娘"的别号，在京城里声名大噪一时。王巩与柔奴的宾州之恋也流传开来，成为坚贞爱情的古典诠释。《古今情海》就将王巩的此次官宦沉浮及其与宇文柔奴的爱情记载下来，流传后世。

06 贬谪黄州，躬耕东坡

苏轼被贬黄州的头一年里，一家人靠着手头的积蓄，再加上弟弟苏辙时不时的接济，生活还勉强过得去。可是坐吃山空，无论如何节俭，手头有限的积蓄也维持不了多久。而弟弟一家子女众多，生活也不宽裕，不可能长期依赖弟弟的资助。苏轼本是一个我生无田食破砚的人，读书应举、做官食禄，是他唯一的谋生手段。如今身为朝廷犯官，食禄的道路已经断绝，除了去躬耕农亩外，别无其他选择。可是，躬耕首先得有田地，苏轼到哪里去找一块田地呢？

就在苏轼为田地发愁之时，故人马正卿专程来到黄州看望他。马正卿看到苏轼家徒四壁，便向黄州州府申请划拨了一块荒地让苏轼开垦。黄州知州徐君猷本来就同情苏轼的处境，如今又有人出头前来申请，就批了一块废弃的营地给苏轼。

这块营地位于郡城东门外的小山坡上，约五十余亩，已经荆棘杂草丛生。为了复垦这块营地，苏轼效法北山愚公，率领家人披荆斩棘，搬运瓦砾，热心的马正卿也加入其中，苏轼新结交的当地朋友潘丙、郭遘和古耕道闻讯也赶来帮忙。苏轼与家人从前都没有干过农活，初尝躬耕的滋味竟然就是开荒。由于天气干燥炎热，一家人都累得筋疲力尽。幸亏几个家僮稍为强壮一些，再加上当地朋友的帮助，一连忙了几个月后，总算把荒地平整得像农田的样子。此时，苏轼非常羡慕唐代大诗人白居易晚年栽花种树于东坡，安享闲适之乐的生活。于是，他把这一片坡地也取名为"东坡"，自己变成一个地地道道的农夫，并自号"东坡居士"。从此，"苏东坡"的名字享誉古今。苏轼还以"东坡"为名，写了著名的《东坡八首》：

余至黄州二年，日以困匮。故人马正卿哀予乏食，为于郡中请故营地数十亩，使得躬耕其中。地既久荒为茨棘瓦砾之场，而岁又大旱，垦辟之劳，筋力殆尽。释耒而叹，乃作是诗，自憨其勤。庶几来岁之入，以忘其劳焉！

其一

废垒无人顾，颓垣满蓬蒿。谁能捐筋力，岁晚不偿劳。

独有孤旅人，天穷无所逃。端来拾瓦砾，岁旱土不膏。

崎岖草棘中，欲刮一寸毛。喟然释耒叹，我廪何时高？

其二

荒田虽浪莽，高庳各有适。下隰种粳稌，东原莳枣栗。

江南有蜀士，桑果已许乞。好竹不难栽，但恐鞭横逸。

仍须卜佳处，规以安我室。家僮烧枯草，走报暗井出。

一饱未敢期，瓢饮已可必。

其三

自昔有微泉，来从远岭背。穿城过聚落，流恶壮蓬艾。

去为柯氏陂，十亩鱼虾会。岁旱泉亦竭，枯萍黏破块。

昨夜南山云，雨到一犁外。泫然寻故渎，知我理荒荟。

泥芹有宿根，一寸嗟独在。雪芽何时动，春鸠行可脍。

其四

种稻清明前，乐事我能数。毛空暗春泽，针水闻好语。

分秧及初夏，渐喜风叶举。月明看露上，一一珠垂缕。

秋来霜穗重，颠倒相撑拄。但闻畦陇间，蚱蜢如风雨。

新春便入甑，玉粒照筐筥。我久食官仓，红腐等泥土。

行当知此味，口腹吾已许。

其五

良农惜地力，幸此十年荒。桑柘未及成，一麦庶可望。
投种未逾月，覆块已苍苍。农夫告我言，勿使苗叶昌。
君欲富饼饵，要须纵牛羊。再拜谢苦言，得饱不敢忘。

其六

种枣期可剥，种松期可斫。事在十年外，吾计亦已悫。
十年何足道！千载如风雹。旧闻李衡奴，此策疑可学。
我有同舍郎，官居在瀼岳。遗我三寸柑，照坐光卓荦。
百栽倘可致，当及春冰渥。想见竹篱间，青黄垂屋角。

其七

潘子久不调，沽酒江南村。郭生本将种，卖药西市垣。
古生亦好事，恐是押牙孙。家有十亩竹，无时容叩门。
我穷交旧绝，三子独见存。从我于东坡，劳饷同一餐。
可怜杜拾遗，事与朱阮论。吾师卜子夏，四海皆弟昆。

其八

马生本穷士，从我二十年。日夜望我贵，求分买山钱。
我今反累生，借耕纮兹田。刮毛龟背上，何时得成毡？
可怜马生痴，至今夸我贤。众笑终不悔，施一当获千。

苏轼几乎把全部精力投入到躬耕东坡的天地中，仿若变成了一位经验丰富的农业专家。他精心谋划，把东坡设计成一个经营品种齐全的家庭农场。他在东坡种稻播麦，植树种菜，忙得不亦乐乎。他筑堤修塘，解决了水源问题，改善了生产条件。他根据地势和土性，把桑、茶、果树与稻、麦、菜安排到不同的区域。他还虚心向老农学习种麦子的技术，终于获得丰收。

在《东坡八首》中，苏轼掩饰不住丰收的喜悦。从春季听到稻针出水的好消息，到夏季看到苗壮的秧苗在月下挂满珠露的欢愉，再到秋天手捧着沉甸甸的谷穗的喜悦，特别是想到将要尝到玉粒般的新米饭，此中味道一定会远胜于官仓陈米，心中的自豪和满足无以言表，谪居的烦愁早已抛脑后。

苏轼对鄂东的秧马推崇备至。后来，他将这种省力、便捷的劳动工具推广到岭海地区，还编成《秧马歌》补编进农书《禾谱》之中。此时，苏轼的政治才干和文学才华已经转化成经营农业的智慧。

　　在黄州，苏轼的生活还有一个困难，就是住房紧张。全家迁到黄州后，苏轼立即陷入了住房拥挤的窘境。当时，苏轼的乳母任采莲已经七十多岁。三个儿子中，苏迈已经娶妻，苏迨、苏过只有十来岁。再加上家僮侍女，一家老少二十多口。虽然在老友朱寿昌的帮助下，苏轼一家临时借住在临皋亭里。临皋亭本是专供三司衙门的长官巡视时居住的临时驿站，如今苏轼以罪人之身得以借住，已是分外之福了——可是临皋亭虽然门对大江，环境幽美，但是房屋并不大，苏轼一家住在里面拥挤不堪。

　　有了田地躬耕后，苏轼又趁着农闲动手盖房子。新居的地址与他开垦的那块东坡相邻，是一个废弃已久的养鹿场，地势高敞，视野宽广。苏轼到处张罗建筑材料，连用来葺房顶的茅草，都是他率领家人到野外去割来的。马梦得和黄州本地的一帮朋友也纷纷前来帮忙盖房子，工地上非常热闹。忙乎了一个多月后，五间住房顺利落成。苏轼非常高兴，把正中的堂屋命名为"雪堂"，在四周的墙壁画上雪景，并亲自书写了"东坡雪堂"的匾额挂在门上。雪堂毗邻东坡耕地，看守庄稼非常方便。更让苏轼满意的是，雪堂地势高敞，坐在堂内纵目眺望，北山横斜、溪流潺潺的美景尽收眼底。苏轼怡然自得地环视四周，觉得这与陶渊明诗中盛赞的"斜川"不分上下。于是，苏轼作了一首《江城子·梦中了了醉中醒》：

　　（陶渊明以正月五日游斜川，临流班坐，顾瞻南阜，爱曾城之独秀，乃作斜川诗，至今使人想见其处。元丰壬戌之春，余躬耕于东坡，筑雪堂居之，南抱四望亭之后丘，西控北山之微泉，慨然而叹，此亦斜川之游也。乃作长短句，以《江城子》歌之。）

　　梦中了了醉中醒。只渊明，是前生。走遍人间，依旧却躬耕。昨夜东坡春雨足，乌鹊喜，报新晴。

　　雪堂西畔暗泉鸣。北山倾，小溪横。南望亭丘，孤秀耸曾城。都是斜川当日景，吾老矣，寄余龄。

　　"梦中了了醉中醒"这一句是说，只有醉中才清醒，梦中才了然，表达了苏轼愤世嫉俗的情怀。苏轼理解陶渊明饮酒的心情，深知他在梦中或醉中实际上都是清醒的，这是他们的共同之处。陶渊明因不满现实政治而归田，具有主动性。而苏轼却是以罪人的身份在东坡躬耕，心情沉痛辛酸，颇为被动。

两人命运相似却又有不同。

下阕前几句以写景为主，极富立体感。这几句中，对鸣泉、小溪、山亭、远峰等景物的描写，表现出田园生活恬静清幽的境界，给人以超世遗物之感。苏轼羡慕陶渊明生活恬静清幽，向往其斜川当日之游，觉得眼前所见皆斜川当日之景，同时又引申出更深沉的感慨。苏轼此时已经47岁，躬耕东坡，一切都好像陶渊明当日的境况。由于当时政治黑暗，苏轼东山再起的希望很小，因而产生迟暮之感。结句"吾老矣，寄馀龄"的沉重悲叹，说明苏轼不是自我麻木，盲目乐观，而是对余生存在深深的忧虑，是梦中了了之人。

苏轼深深地仰慕陶渊明辞官归隐的高风逸调，以及他乐天安命的生活态度，尤其对他那首《归去来兮辞》产生了强烈的共鸣。于是，苏轼对《归去来兮辞》的内容稍加改编，写成《哨遍·为米折腰》一词，让家僮在田间地头歌唱：

为米折腰，因酒弃家，口体交相累。
归去来，谁不遣君归？觉从前皆非今是。
露未晞，征夫指予归路，门前笑语喧童稚。
嗟旧菊都荒，新松暗老，吾年今已如此！
但小窗容膝闭柴扉，策杖看孤云暮鸿飞。
云出无心，鸟倦知返，本非有意。
噫！归去来兮，我今忘我兼忘世。
亲戚无浪语，琴书中有真味。
步翠麓崎岖，泛溪窈窕，涓涓暗谷流春水。
观草木欣荣，幽人自感，吾生行且休矣！
念寓形宇内复几时？不自觉皇皇欲何之？
委吾心、去留谁计？神仙知在何处？
富贵非吾志，但知临水登山啸咏。
自引壶觞自醉，此生天命更何疑？
且乘流、遇坎还止。

苏轼自己也常常放下犁耙，与家僮一同击节高唱。悠扬而嘹亮的歌声不仅解除忧烦，还驱散了疲劳，让苏轼沉醉在清净、悠闲、自给自足、与世无争的无限欢欣之中。劳作之余，苏轼还可以悠游于山水之中，抚琴听曲，读书吟诗。苏轼觉得，这种悠然自得的乐趣，恐怕只有历经忧患、返归田园的人才能真正品味得到。

有时，躬耕东坡总免不了受到水旱灾害的困扰，使得收成骤减甚至化为乌有。但是，无论遇到什么困难，苏轼都不肯向别人祈求帮助，他甚至还通过节食以维持生计。他亲笔书写了一篇《节饮食说》张贴在墙上，以警示家人共同节食。

苏轼作为一位天才的美食家，即使在生活比较窘迫的情况下，也总有办法调剂自己的生活。他总能因地制宜，就地取材，把最普通廉价的食材，变成色、香、味俱全的美食。黄州粮多猪多，但黄州人却不喜欢吃猪肉。于是，苏轼常常把便宜的猪肉买回来，用老家通常煮肉的方法烹饪。

有一天，苏轼家里来了客人，他就烹制自己喜欢吃的猪肉待客。猪肉下锅，加入水和调料，以微火慢慢煨着。他便和客人下棋，两人对弈，兴趣甚浓，直至终局，苏轼才猛然想起锅中之肉。他原以为一锅猪肉定会烧焦，急忙进厨房，却顿觉香气扑鼻。揭锅一看，块块猪肉色泽红润，形整不散，软烂如腐。此菜端上餐桌，客人和他尝罢，都觉得这菜汁浓味醇，糯而不腻，十分可口。这就是著名的"东坡肉"。此后，苏轼经常烹制这道菜，并以一首《猪肉颂》总结了烹制这道菜的经验：

洗净铛，少着水，柴头罨烟焰不起。
待它自熟莫催它，火候足时它自美。
黄州好猪肉，价贱如泥土。
贵者不肯食，贫者不解煮。
早晨起来打两碗，饱得自家君莫管。

黄州的豆腐自古出名，北宋时期，民间就流传这样的歌谣："过江名士开笑口，樊口鳊鱼武昌酒。黄州豆腐本佳味，盘中新雪巴河藕。"精于烹饪之道的苏轼，自然不能不认真研究，亲自操勺。名品豆腐经过苏轼烹制，酷似猪肘，质嫩色艳，鲜香味醇，后来被称为"东坡豆腐"。

东坡豆腐的制作方法，曾被南宋钱塘人林洪记入《山家清供》一书。以黄州豆腐为主料，将豆腐放入面粉、鸡蛋、盐等制成的糊中挂糊，再放入五成热的油锅里炸制后，捞出沥油；锅内放底油、笋片、香菇和调味料，最后放入沥过油的豆腐，煮至入味，出锅即成。

苏轼的饮食喜好除了猪肉，就是豆腐。他还曾为豆腐写下"煮豆为乳脂为酥"的诗句，以精练的语言把制作豆腐形象化，用准确的字眼道出豆腐为乳、为酥、为食品之精粹。

除此之外，苏轼做的"东坡羹"也非常有名，吃过的人都觉得味道鲜美，纷纷向他请教。为此，他特意写了一篇《东坡羹颂》，详细记述了做法。这道菜羹，不用鱼肉五味，而是用诸如蔓菁、荠菜、瓜、茄和赤豆、粳米等常见的廉价的原料烹制而成，特别适合穷人和吃素的修道者食用。

有一次，苏轼在跟继连和尚下棋时，感到肚子饿了，就向继连和尚讨吃的："大师啊，你有什么能吃的给我吃一点吧，我肚子饿了。"大师叫了一个小和尚到柜子里去找，发现里面有碗剩面条，水都干了。小和尚把剩面条放在麻油里面，在灶膛里生火加热。夜已经深了，小和尚不由自主打起盹来。当饥肠辘辘的苏轼忍不住跑到厨房时，锅里的干面已炸成糊状，惊醒的小和尚惴惴不安。苏轼饶有兴趣地品尝着这块色泽金黄的面饼，感觉酥脆可口，不禁赞叹不已。

随后，苏轼走到街上的一个糕点作坊里，让作坊老板按照他说的做法做饼。做出来的饼，果然又酥又脆，色香味俱全，卖相非常好。于是，老板把这样的饼，命名为"东坡饼"。

因为旷达，身处困境的苏轼，总能将贫困的生活过得情趣盎然。他凭借自己的个性，消解了被贬的苦闷，成为与以往完全不同的一个新"东坡"。

第五章

大江来从万山中

山势尽与江流东

01 参禅悟道，悲天悯人

苏轼初到黄州之时，曾暂时居住在定惠院那间狭窄偏僻的禅房里。在那里，他开始寻找道家和佛家的智慧，专心研读佛经，像《金刚经》《华严经》《圆觉经》《般若心经》《清静经》《六祖坛经》《传灯录》等，几乎无所不读。

离定惠院不远，有一座安国寺，每天，苏轼都能清楚地听到从安国寺传来的晨钟暮鼓。于是，苏轼走进了安国寺。此后，每隔一两天，苏轼就去安国寺静坐参禅，渐渐对自己的生命有了深刻的观照与反省。在黄州的五年里，苏轼几乎成了安国寺里的常客。他曾在安国寺寻春、赏柳、看竹，或焚香默坐，深自省察，或与寺僧谈天下棋，忘怀得失。

安国寺的继连是一位修行极高的僧人，也是苏轼的好朋友，苏轼对他极其推崇。宋神宗元丰七年（1084 年），苏轼被调任汝州。临行前夕，继连备好石碑，请苏轼为安国寺写记。苏轼欣然应允，挥笔写下了《黄州安国寺记》：

元丰二年十二月，余自吴兴守得罪，上不忍诛，以为黄州团练副使，使思过而自新焉。其明年二月，至黄。舍馆粗定，衣食稍给，闭门却扫，收召魂魄，退伏思念，求所以自新之方，反观从来举意动作，皆不中道，非独今之所以得罪者也。欲新其一，恐失其二。触类而求之，有不可胜悔者。于是，喟然叹曰："道不足以御气，性不足以胜习。不锄其本，而耘其末，今虽改之，后必复作。盍归诚佛僧，求一洗之？"得城南精舍曰安国寺，有茂林修竹，陂池亭榭。间一二日辄往，焚香默坐，深自省察，则物我相忘，身心皆空，求罪垢所从生而不可得。

一念清净，染污自落，表里翛然，无所附丽，私窃乐之。旦往而暮还者，五年于此矣。寺僧曰继连，为僧首七年，得赐衣。又七年，当赐号，欲谢去，其徒与父老相率留之。连笑曰："知足不辱，知止不殆。"卒谢去。余是以愧其人。七年，余将有临汝之行。连曰："寺未有记。"具石请记之。余不得辞。

寺立于伪唐保大二年，始名护国，嘉祐八年，赐今名。堂宇斋阁，连皆易新之，严丽深稳，悦可人意，至者忘归。岁正月，男女万人会庭中，饮食作乐，且祠瘟神，江淮旧俗也。

四月六日，汝州团练副使眉山苏轼记。

　　这篇几百字的短文，不仅描写了当时安国寺的美丽风景，更深刻表明了苏轼在这一时期的思想转变。面对逆境，他变得没有那么焦虑了，而是一念清净，染污自落，表里翛然，无所附丽。从此，他变得更加镇定，完成了由儒家积极入世的人生观，到佛教无物无我心性明静的人生观的蜕变，用禅学理念来观察人世间的万事万物，使他得到极大的解脱。

　　禅既是一种宗教，也是一种哲学，在中国源远流长。禅不仅来自印度达摩大师的传播，还来自老子、庄子的道家文化传统。它的精义就是无我、无为的理念。禅给了苏轼另外一种看待世间万事万物的思维方式，使他的思想进入那种自由忘我的境界。佛教讲：人生就是苦。产生苦的原因，就是贪欲。产生贪欲的原因，就是无明无知。要灭除苦，就应该觉悟：万物并无实体，因缘聚散而已，一切都在变化，生死因果相续，就连"我"也是一种幻觉，因此不可在虚妄中执着。由此确立无我、无常的观念，抱持慈、悲、喜、舍之心，就能引领众生一起摆脱轮回，进入无限，达到涅槃。佛教的清规戒律，步步艰难却步步明确，初看与佛学的最高境界未必对应，但只要行动在前，就可以让修习者慢慢收拾心情，由受戒而入定，再由入定而一空心头污浊，逐渐萌发智慧。到这时，最高境界的纯净彼岸，就有可能在眼前隐约了。佛教所说的戒、定、慧，就表述了这个程序。

苏轼自幼受到家庭佛教氛围的熏染，成年后，又偏好研习佛教经典，初任凤翔府判官及至后来任杭州通判时，常常往来于名山古刹，听高僧大德讲经说法，对于佛学在理论上已经非常明了。佛家无住、不执着的处事态度，正好暗合了苏轼身上那种轻松、随意的心态。

苏轼一直在按照自己的需要吸收佛理。他在《答毕仲举书》一文中说："佛书旧亦尝看，但暗塞不能同其妙，独时取其粗浅假说以自洗濯。"苏轼觉得，读佛书洗濯心灵，好比农夫除草，虽然野草除了又长，但总比不除好，佛教禅宗义理对他来说，是一种缓和紧张、消弭分裂、维持心理平衡的有效方法。苏轼的这段比喻，与神秀的一首偈"身是菩提树，心如明镜台。时时勤拂拭，莫使惹尘埃"有着相通之处。而苏轼也确实在实践自己洗濯心灵、追求清静通达的主张。他从未想过出生死，超三盛，遂作佛，对世之君子所谓的超然玄悟表示怀疑。

苏轼信佛，将佛作为觉悟者来崇拜。苏轼认为，所谓的三世转生、六道轮回，不过是粗浅假说而已。苏轼按着自己的心理需要来理解佛禅，不搞玄谈，用禅宗观点支撑苦境，战胜厄运，靠的是心灵的超越。禅宗讲即心即佛，讲心生则种种法生，心灭则种种法灭，以心为万物之本；同时又讲心即无心、无住于心，这是对心的消解。苏轼深得其理，一方面重内心而轻外物，以心灵的高标绝尘来视人间苦难；另一方面又无心于外物，保持心境的虚空廓落。因此，苏轼在黄州时期参禅悟道，并非是为了超凡入圣，而是为了撷取精华，追求旷达人格。

早在启蒙时期，苏轼就受到了道教的熏染。贬谪黄州后，世事的忧患，人情的炎凉，把他一步步推向佛老的境地。他在《与参寥子》一文中说："仆罪大责轻，谪居以来，杜门念咎而已，平生亲识，亦端往还，理故宜尔，而释、老数公，乃复千里致问，情谊之厚，有加于平日，以此知道德高风，果在世外也。"在《秦太虚七首》之四中说："吾侪渐衰，不可复作少年调度，当速用道书方士之言，厚自养炼，谪居无事，颇窥其一二。已借得本州天庆观道堂三间，冬至之后，当入此室，四十九日乃出，自非废放，安得就此。"这一时期，苏轼对于礼佛诵经、参禅悟道非常用心。

在黄州期间，苏轼虽然崇尚佛老思想，但他主要偏爱和崇尚老庄思想和道家教义，这是期于实用的态度，也是他与陶渊明最大的不同之处。他一生崇尚陶渊明，却没有走陶渊明消极避世的归隐田园的道路。因此，苏轼焚香坐禅，并不在于宗教信仰，而是心折于僧人那种物我相忘后达到的性自清净的禅悦境界。苏轼崇尚老庄思想，是为了达到随缘任性、逍遥自由的精神境界。

苏轼自幼受母亲程氏夫人的影响，不好杀食牲畜，但食肉习气太重。以前，他能做到不在家中杀猪羊，但仍不免杀鸡鸭蟹蛤。而"乌台诗案"后，他决心自此不杀一物，每有朋友送来鱼蛤虾蟹，活的尽行放生，只将死的烹食。他说自己这样做，并非为了平常所谓的积阴德，有所希企，而是因为自己曾亲历磨难，命悬一线，不异于鸡鸭之在庖厨。设身处地，苏轼更知生命的宝贵，所以不肯再因自己的口腹之欲，使有生之类，受无量怖苦尔。

苏轼曾于宋神宗元丰四年（1081 年）正月，前往岐亭看望陈慥。行至途中，忽然想起以往去陈家拜访，陈慥为他杀鸡宰鹅的情形，不禁心生悲悯，于是写下一首《岐亭五首》诗预先寄给陈慥，劝其不要杀生。他在这组诗的其二中写道：

> 我哀篮中蛤，闭口护残汁。又哀网中鱼，开口吐微湿。
> 刳肠彼交病，过分我何得。相逢未寒温，相劝此最急。
> 不见卢怀慎，烝壶似烝鸭。坐客皆忍笑，髡然发其幂。
> 不见王武子，每食刀几赤。琉璃载烝豚，中有人乳白。
> 卢公信寒陋，衰发得满帻。武子虽豪华，未死神已泣。
> 先生万金璧，护此一蚁缺。一年如一梦，百岁真过客。
> 君无废此篇，严诗编杜集。

苏轼怀着深切的悲悯之心，哀怜世间一切有情生命。老友相见，来不及彼此问候，就开口劝其不可以杀生。苏轼列举了两个正反对比的例子，一个是生活清俭的唐朝宰相卢怀慎，日常所食不过菜豆而已，清俭者得尽天年；另一个则是生活极度奢靡的晋代王武子，他每餐必有荤腥，甚至用人乳蒸食乳猪，奢靡到人神共怒。

在苏轼的苦劝下，陈慥从此不再杀生。很快，这首护生戒杀诗，传遍了陈慥家附近的大街小巷，很多人受到感化，从此戒杀甚至吃素。

尽管身受贬谪自顾不暇，但苏轼依然深谙百姓疾苦。他了解到岳州、鄂州一带的一般人家限于经济能力，通常只养育两男一女，在这个数目之外生养的婴儿，一般都会在刚出生时以冷水溺死。由于重男轻女的传统观念，迟来的女婴几乎无一幸免。这种惨绝人寰的愚昧风俗，让苏轼闻之辛酸，为食不下。他立即给好友鄂州知州朱寿昌写信，劝其以法令和赈济等手段恩养弃子，严律杀婴。苏轼心急如焚，大声疾呼，鼎力支持心肠慈悲的好朋友古耕道，与寺僧一道，主持成立了一个救儿会，请清贫无业的古耕道担任会长。救儿会让富人捐钱，请每年捐助十缗，多捐随意，用此钱买米、买布、买棉被。古耕道掌管此钱，安国寺继连和尚主管账目。这些人到各乡村调查贫苦的孕妇，她们若应允养育婴儿，则赠予金钱、食物、衣服。苏轼在《记救小儿》一文中说，如果一年能救一百个婴儿，该是心头一大喜事。

自身的不幸与坎坷，没有使苏轼变得麻木不仁，反而使他更加敏锐地体察民众的苦难，不再是高高在上地俯视与悲悯，而是感同身受地关切与同情。

一次，苏轼在江边漫步的时候，从渔民的口中了解到这些水上人家的生活实况。他们终身漂泊水上，以江河为田，以舟楫为屋，以鱼虾为粮，他们吃住劳作都在那低矮狭窄的渔船上，因此，大多数渔民都长得腰弯背驼，个子矮小。他在《鱼蛮子》这首诗中写道：

> 江淮水为田，舟楫为室居。鱼虾以为粮，不耕自有余。
> 异哉鱼蛮子，本非左衽徒。连排入江住，竹瓦三尺庐。
> 于焉长子孙，戚施且侏儒。擘水取鲂鲤，易如拾诸途。
> 破釜不著盐，雪鳞芼青蔬。一饱便甘寝，何异獭与狙。
> 人间行路难，踏地出赋租。不如鱼蛮子，驾浪浮空虚。
> 空虚未可知，会当算舟车。蛮子叩头泣，勿语桑大夫。

意思是说，潮湿狭窄的渔船，是他们终生的活动场地，终年在水上漂泊颠簸。然而，和那些被苛捐杂税逼得抛儿弃女、家破人亡的农民相比，他们可以逃脱赋税，生活和境遇已经如同天堂一样美好。他们唯恐有一天连渔船也要征税，所以，他们含泪叩头，恳请知情人不要把他们的情况，说给那些像汉代的桑弘羊那样长于逐利的大臣。

这首诗中，苏轼用沉重的笔调，抒发了对渔民悲惨生活的深刻同情。

毫无疑问，苏轼既不像王维那样身在朝而心在野，也不像陶渊明那样身在野而心在云。他的政治志向和慈悲心肠，让他身在野而心在民。所以，在看到百姓生灵涂炭、民不聊生时，他就会将自己的眼睛看到的、心中想到的全部记录下来，抒发自己的悲恸之情。

02 超然豁达，返璞归真

苏轼贬谪黄州期间，在这个信息闭塞、几乎与世隔绝的小镇，他每走到一个地方，都会照亮周围。他总是善于发现乐趣，发现生活。他是一个活泼好动、爱凑热闹的人。按照长期以来形成的生活习惯，在闲暇的日子里，他总会与三五个朋友相聚畅谈，这样才觉得开心。不是朋友来访，就是他跑出去找朋友。有时，他甚至跑到田间、水畔、山野、集市，追着农民、渔夫、樵夫、商贩坐在一起聊天。

苏轼经常对这些人说：大家都讲讲故事吧。可这些普通百姓没有那么多的故事可讲，苏轼就说：那就编造一个吧。百姓说，编造也不会。苏轼退一步说：实在不行，你们就讲一个鬼故事吧。百姓说，鬼故事也没有。苏轼说：既然你讲不出来，那我给你们讲一个吧。就这样，苏轼营造了一种融洽的氛围，让自己能活得轻松一些。

苏轼形容自己说："吾上可陪玉皇大帝，下可陪卑田院乞儿。"意思是说，皇帝他可以陪，普通百姓甚至乞丐他也不见外，都可以平等交往。在他眼里，天下没有一个不是好人。

不知不觉间，苏轼的身边又簇拥了一大批年龄不等、地位悬殊、性情各异的朋友。这些朋友，有很多都是苏轼的邻居。有许多的朋友善于烹调，喜欢请客，苏轼经常参与街坊邻里间的聚会，感到非常开心。

有一次，苏轼在一户姓刘的邻居家，吃到一种极为酥脆的煎米饼，他非常感兴趣，便问主人这饼叫什么名字。主人回答说，一种农家粗饭，哪有什么名字？苏轼说，那我就给它取一个名字吧，叫"为甚酥"怎么样？邻居见吃了一辈子的煎米饼，现在有了一个好听的名字，高兴极了。

过了几天，苏轼又在另外一位姓潘的邻居家，喝到一种酒，味道酸酸的，便说，这酒的味道很特别，不会是做醋的时候不小心放错了水吧？于是，这种酒有了"错著水"这么一个好听的名字。

还有一次，苏轼带领全家到郊外游玩，事先不知道准备什么吃的。忽然，苏轼就想起了邻居家的"为甚酥"来。于是，苏轼就写了一首诗《刘监仓家煎米粉做饼子，余云为甚酥。潘邠老家造逡巡酒，余饮之，云，莫作醋，错著水来否？后数日，携家饮郊外，因作小诗戏刘公，求之》：

> 野饮花间百物无，杖头唯挂一葫芦。
> 已倾潘子错著水，更觅君家为甚酥。

苏轼在黄州时期，官府严禁半夜十二点以后进城。而苏轼却不拘礼法，与黄州的朋友们屡屡犯禁，他一到晚上，就跑到城外，跟朋友们在他的那个东坡雪堂喝酒，一直喝得酩酊大醉。城门都关了，回不去家咋办？只有翻墙进城了。

日暮时分，苏轼劳作归来，过城门时，守城士兵都知道这位老农是一位大诗人，却不知道他为何沦落至此。有时，守城士兵还拿他开几句玩笑，苏轼总是泰然处之，笑而不语。有时候，在酒店遇到醉汉将他撞倒，对方也不道歉。开始，苏轼有些受不了，毕竟多年以来，自己都是受人尊敬、受人追捧的人物。但渐渐他想明白了，他的人生已经开启了一个新的境遇，应该接受另一个平凡的自己。

在黄州谪居的苏轼，渐渐变成了一个能上能下的人间仙人。他已经渐渐远离了忧愤，早年作品中的讽刺与愤怒，慢慢转化为人性中的宽容与温暖，变成了一种能够笑纳一切的达观。

又一次，苏轼在东坡雪堂与朋友畅快淋漓地饮酒，醉了醒，醒了又醉。当苏轼醉醺醺地回到临皋亭时，已经不知是什么时辰了。敲了几次门都没有回应，苏轼听见屋子里面传出了家僮如雷的鼾声。他索性站到江边，欣赏起水天相接、烟波浩渺的江景。他想起自己半生来的荣辱得失，如今依旧要为衣食所累。面对浩瀚的江水，他感到一种从来没有过的轻松与解脱。白天的烦恼和忧愁，人世间的荣辱与得失，仿佛刹那间一笔勾销。他真的希望像范蠡一样，从此乘着小舟遁入江海，度过余生。想到这些，一首《临江仙·夜归临皋》油然而生：

夜饮东坡醒复醉，归来仿佛三更。家童鼻息已雷鸣。敲门都不应，倚杖听江声。

长恨此身非我有，何时忘却营营？夜阑风静縠纹平。小舟从此逝，江海寄余生。

苏轼静夜沉思，豁然有悟。既然自己无法掌握命运，就应当全力保全自己，远离祸患。望着眼前的江上景致，心与景会，神与物游，苏轼深深地陶醉了。于是，他情不自禁地产生脱离现实社会的浪漫主义的遐想，唱道："小舟从此逝，江海寄余生。"他要趁此良辰美景，驾一叶扁舟，随波流逝，任意东西，将自己融化在无限的大自然之中。

这首词，写出了苏轼在谪居中的真性情，也反映了他的独特风格。

苏轼深夜在江边高声吟诵，凌晨才回到家里睡觉去了。没想到，第二天一早，这首歌词，已传遍小城的大街小巷，人们都在绘声绘色地描述，说苏轼昨夜吟唱此歌之后，挂冠服江边，擎舟长啸去矣。知州徐君猷听到传言，非常吃惊。徐君猷与苏轼私交甚好，又担负监管苏轼的职责。苏轼一旦走失，朝廷追查起来，怎么担待得起？于是，他急匆匆赶往临皋亭亲自查看。谁知苏轼尚在梦中，鼾声如雷。徐君猷虚惊一场，忍不住失声大笑。

城外的那片东坡毕竟是官地，不久后官府可能就要收回。为了一家人的温饱，苏轼决定前往沙湖，购买一块属于自己的土地。路过沙湖时，突然天降暴雨，人们惊呼着躲避，只有苏轼没有闪躲。他的斗笠和蓑衣都被前面的人拿走了，只能悠然地漫步于雨中，一副很陶醉的样子。没过多久，雨就停了。就在这急剧变换的阴晴里，刚刚被浇成落汤鸡的苏轼，口中悠然吟出一首《定风波·莫听穿林打叶声》：

　　（三月七日，沙湖道中遇雨。雨具先去，同行皆狼狈，余独不觉，已而遂晴，故作此词。）

　　莫听穿林打叶声，何妨吟啸且徐行。竹杖芒鞋轻胜马，谁怕？一蓑烟雨任平生。

　　料峭春风吹酒醒，微冷，山头斜照却相迎。回首向来萧瑟处，归去，也无风雨也无晴。

　　这首词，呈现了苏轼的一种醒醉全无、无喜无悲、胜败两忘的人生哲学和处世态度。词中通过野外途中偶遇风雨这一生活中的小事，于简朴中见深意，于寻常处生奇景，表现出旷达超脱的胸襟，寄寓着超凡脱俗的人生理想。世事的风雨沧桑，草木的万千变化，都被收纳在苏轼的生命里。假若他不曾遭遇乌台诗案，假若他不曾躬耕东坡，假若他不曾参禅悟道，心境必然大大不同。不经历那些痛苦，他就不会知道也无风雨也无晴的境界，竟是如此让他喜悦。

　　这首词，成为苏轼在黄州五年间自我突围的一个政治宣言。他似乎在告诉人们，他已经做到了自我突破，自我超越。

　　苏轼经历了人生的风雨之后，再来接受现实中的风雨，终于明白，正如不能为每一次幸福都准备好心情一样，人们也不可能为每一次的风雨都备好雨具。面对人生中的波诡云谲，勇敢和坚强就是雨具。与其在磨难来临时自怨自艾，还不如在狼狈和失意中寻找一份淡定和从容，在慌乱与迷茫中保持一份镇静与潇洒。因为，正如所有的幸福都不是永恒的一样，挫折也不可能永恒。

　　中国人崇拜苏轼，不仅仅是由于他满腹经纶的才华，也不仅仅是由于他上可陪玉皇大帝、下可陪卑田院乞儿的通达，而是他在历经磨难之后，仍能保持一种潇洒的豁达、从容的天真。苏轼的经历，总是能给同样遭遇磨难的人们以安慰和动力，让人们能在不幸中保持一份从容和微笑。

　　由于种种原因，苏轼这次买田没有买成，而且因为淋了雨，不久便害起病来。他的右臂肿痛，不能摆动，不能擎举。正当病痛难耐时，苏轼听说有位名叫庞安常的名医住在沙湖，便慕名找到他，请他为自己治疗臂痛。庞安常不仅医术高明，而且轻财重义，医德高尚。尤其是他的针灸技艺堪称一绝，远近闻名。他虽为人治病手到病除，但自己患有严重的耳聋却无法治愈。

庞安常虽然耳聋，但博古通今，颖悟绝人。苏轼用纸给他写字进行语言上的交流，往往写不了几个字，他就已经明白了其中的意思。苏轼便和他开玩笑说："余以手为口，君以眼为耳，皆一时异人也。"两人相视大笑，从此两人成为至交好友。庞安常用针灸疗法为苏轼治疗臂痛，只一针就让苏轼恢复如初。

治好了苏轼的病，两人相约同游。他们来到蕲水县（今湖北省浠水县）城外的清泉寺。据说，寺中泉水是东晋著名书法家王羲之洗笔之处。此处泉水清冽，下临兰溪，溪水两侧长满兰草，景色十分幽美。于是，苏轼信口吟出一首《浣溪沙·游蕲水清泉寺》：

（游蕲水清泉寺，寺临兰溪，溪水西流。）
山下兰芽短浸溪，松间沙路净无泥。潇潇暮雨子规啼。
谁道人生无再少？门前流水尚能西！休将白发唱黄鸡。

词的上阕，写暮春三月兰溪幽雅的风光和环境：山下小溪潺潺，岸边的兰草刚刚萌生娇嫩的幼芽。松林间的沙路，仿佛经过清泉冲刷，一尘不染，异常洁净。傍晚细雨潇潇，寺外传来了杜鹃的啼声。苏轼选取几种富有特点的景物，描绘出一幅明丽、清新的风景画，令人心旷神怡，仿佛身临其境一般。表现出苏轼爱悦自然、执着人生的情怀。

词的下阕，迸发出的议论使人感奋。这种议论不是抽象的、概念化的，而是即景取喻，以富有情韵的语言，表达有关人生的哲理。"谁道"两句，以反诘唤起，以借喻回答。结尾两句以溪水西流的个别现象即景生感，借端抒怀，自我勉励，表达出苏轼虽处困境而老当益壮、自强不息的精神。

这首词，以淡疏的笔墨写景，景色自然明丽，雅淡凄美；又以形象的语言抒情，在即景抒情中融入哲理，表达苏轼热爱生活、旷达乐观的人生态度，启人心智，令人振奋。整首词，如同一首意气风发的生命交响乐，一篇老骥伏枥、志在千里的宣言书，流露出对青春活力的召唤，对未来的向往和追求，读之令人奋发自强。

走出清泉寺，太阳已经偏西。两人在温润的春风中策马缓行，不知不觉来到一家酒店。两人下马进店，一番畅聊豪饮之后，苏轼不免醉眼朦胧。窗外溶溶的月色，再一次勾起了苏轼的兴致，他执意要乘醉踏月赏春。月光下，两人漫无目的地骑马前行，不知不觉来到一座溪桥之上。忽然，一阵困意袭来，苏轼便倚在桥边进入了梦乡。等到一觉醒来，天已大亮。只见视野之内乱山簇拥，怪石林立，莺歌燕语，流水潺潺。一刹那间，苏轼还以为自己置身于仙境瑶池，于是诗情再次爆发，拿出随身携带的文房四宝，在桥柱上挥毫写下一首《西江月·照野弥弥浅浪》：

　　顷在黄州，春夜行蕲水中，过酒家饮，酒醉，乘月至一溪桥上，解鞍，由肱醉卧少休。及觉已晓，乱山攒拥，流水锵然，疑非尘世也。书此语桥柱上。
　　照野弥弥浅浪，横空隐隐层霄。障泥未解玉骢骄，我欲醉眠芳草。
　　可惜一溪风月，莫教踏碎琼瑶。解鞍欹枕绿杨桥，杜宇一声春晓。

　　云层隐隐约约在若有若无之间，更映衬了月色的皎洁。野外是广袤的，天宇是寥廓的，溪水是清澈的。在明月朗照之下的人间仙境中，苏轼忘却了世俗的荣辱得失和纷纷扰扰，将自己的身心完全融化到大自然中。

　　"障泥未解玉骢骄"是说，那白色的骏马忽然活跃起来，分明是在提醒他的主人：要渡水了！障泥，是用锦或布制作的马荐，垫在马鞍之下，一直垂到马腹两边，以遮尘土。此时，苏轼不胜酒力，从马上下来，等不及卸下马鞍辔，即欲眠于芳草。"我欲醉眠芳草"既写出了浓郁的醉态，又写了月下芳草之美，以及苏轼因热爱这幽美的景色而产生的喜悦心情。

　　下阕前两句巧妙无痕，把风、月与溪流融为一体，描绘从近处观赏到的月照溪水图，进一步抒发了苏轼迷恋、珍惜美丽月色的心情。琼瑶是美玉，这里比做皎洁的水上月色。微风轻轻吹拂，溪中波光粼粼，水月交辉，真像缀了一溪晶莹剔透的珠玉。苏轼以借喻的手法，传神地描绘了月光下幽美、静谧、纯洁的境界。最后一句，苏轼通过描写杜鹃在黎明的一声啼叫，把野外春晨的景色作了画龙点睛的提示。

　　在这首词中，苏轼描绘了一个物我两忘、超然物外的境界，将自然风光和自己的感受融为一体。他在诗情画意中，表现了自己心境的淡泊、快适，抒发了他乐观、豁达、以顺处逆的襟怀。

03 泛舟畅游，赤壁怀古

苏轼谪居黄州时，在城西北的长江之滨，有一座绛红色的、形状像个鼻子的小山，被人们称为赤鼻山。山上石崖高耸陡立，千尺峭壁直插江中，所以，又被人们称为赤壁。红色的岩石，深碧的江水，互相映衬，十分明丽醒目。赤壁下面，汹涌的江水奔涌而过，上面则有栖霞楼、竹楼、月波楼、涵辉楼等精美的楼宇建筑，风景美丽独特。

宋神宗元丰三年（1080 年）八月，苏轼第一次游赤壁。当时，苏轼与长子苏迈一起，夜里乘着小船即兴而游。尽兴而归后，恰巧苏轼在杭州的好友辩才、参寥派人来看望他。于是，苏轼就把第一次游赤壁的所见所感，写成一篇短小的《秦太虚题名记》作为回信带给参寥。

宋神宗元丰四年（1081 年）十月的一天，苏轼第二次游览赤壁。他登临赤壁山巅，面对如画江山，追慕古代英雄，感叹华发早生，写下了千古绝唱《念奴娇·赤壁怀古》：

大江东去，浪淘尽，千古风流人物。故垒西边，人道是：三国周郎赤壁。

乱石穿空，惊涛拍岸，卷起千堆雪。江山如画，一时多少豪杰。

遥想公瑾当年，小乔初嫁了，雄姿英发。羽扇纶巾，谈笑间，樯橹灰飞烟灭。故国神游，多情应笑我，早生华发。人生如梦，一尊还酹江月。

这首被誉为千古绝唱的名作，是宋词中流传最广、影响最大的作品，也是豪放词最杰出的代表作品。

词的上阕，以描写赤壁风起浪涌的自然风景为主，意境开阔博大，感慨隐约深沉。开篇即景抒情，贯穿古今，地跨万里，把奔流不息的大江，与声名盖世的历史人物联系起来，设置了一个广阔而悠久的时空背景。这种背景，既使人看到了大江的汹涌奔腾，又使人联想到了风流人物的英雄气概，从而唤起人们对人生的思索。接下来的两句切入怀古主题，专说三国赤壁之事。这里，"人道是"三字写得极有分寸。自古以来，赤壁之战的故地争议很大。一说故地在今湖北省的蒲圻县境内，现已改为赤壁市。但如今在湖北省内，有四处地名同称为赤壁，另三处在黄冈市、武昌市和汉阳市附近。苏轼所游的是黄冈赤壁，他似乎不敢肯定这里就是赤壁之战的故地，所以用"人道是"三字引出下文。"乱石穿空，惊涛拍岸，卷起千堆雪"三句，集中描写了赤壁雄奇壮阔的景物：陡峭的山崖散乱，高插云霄，汹涌的骇浪猛烈搏击着江岸，滔滔的江流卷起千万堆澎湃的雪浪。这里的生动描写，一扫平庸萎靡的气氛，立即把读者带进了一个涛声轰鸣、惊心动魄的奇险境界，使人心胸为之开阔，精神为之振奋。

"江山如画，一时多少豪杰"二句总结了上文，又开启下文，从而引发对人物的议论。

这首词，苏轼重点要写的，就是周郎周公瑾。因此，苏轼在下阕中围绕周郎着墨。表面极言周瑜之儒雅淡定，但他的感情是极其复杂的。"故国神游，多情应笑我，早生华发"三句，苏轼由写周郎转到写自己。周瑜大破曹操之时，年方 34 岁，而写作此词时，苏轼年已 44 岁。苏轼从周瑜的年轻有为，联想到自己坎坷不遇，故有"多情应笑我"之感，语似轻淡，意却沉郁。但苏轼毕竟是苏轼，他不是一介唯唯诺诺的寒儒，而是早已看破世间万象的智者。所以，他在察觉到自己的悲哀后，不是像南唐李煜那样沉溺于苦海自伤心志，而是把周瑜和自己都放在整个历史发展的进程中进行观照。在苏轼看来，当年羽扇纶巾、声名盖世的周瑜，现今又如何呢？不也一样被大浪淘尽了吗？

这样一比，苏轼便从内心的悲哀中超脱出来。

写了这首《念奴娇·赤壁怀古》后，苏轼便经常到赤壁游玩。在风雨苍茫之日，他就登楼远眺；在波平浪静之时，他就泛舟江中。赤壁之下，有很多精致小巧的鹅卵石，温润如玉，上面还布满了细密的纹理，宛如手指上的指纹一般，让人爱不释手。当在江中游泳的小孩摸到卵石时，苏轼经常用糕饼和他们做交易。久而久之，苏轼便积攒了 298 颗精美的小石头。他把这些小石子装在一只古铜盆里，便成为一件难得的艺术珍品。恰巧，庐山归宗寺的佛印禅师派人来看望他，他就将这一盆美石命名为"怪石供"，送给佛印禅师。由此，苏轼跟佛印禅师建立了深厚的友谊。

宋神宗元丰五年（1082 年）五月，云游四方的绵竹武都山道士杨世昌，专程从庐山跑到黄州看望老朋友苏轼。杨世昌善画山水，长于鼓琴吹箫，且上通天文、历算以及星相卦术，下晓炼丹、医药以及酿酒等多种技艺，可谓是多才多艺。杨世昌的到来，带给苏轼无限欢欣。由于杨世昌是个无牵无挂的方外之人，苏轼便留他在自己的雪堂中久住，直到第二年五月才让他离去。当时，杨世昌来到黄州后，看到苏轼十分贫困潦倒，心情非常不好。他深知苏轼好酒，就教苏轼用蜂蜜和粮食酿绵竹的蜜酒。这件事，在苏轼赠给杨世昌的《蜜酒歌》中可以得知："西蜀道士杨世昌，善作蜜酒，绝醇酽，余既得其方，作此歌以遗之。"

宋神宗元丰五年（1082 年）七月十六，苏轼与杨世昌提着绵竹蜜酒和食肴去泛舟赤壁，写下千古名篇《前赤壁赋》：

壬戌之秋，七月既望，苏子与客泛舟游于赤壁之下。清风徐来，水波不兴。举酒属客，诵明月之诗，歌窈窕之章。少焉，月出于东山之上，徘徊于斗牛之间。白露横江，水光接天。纵一苇之所如，凌万顷之茫然。浩浩乎如冯虚御风，而不知其所止；飘飘乎如遗世独立，羽化而登仙。

于是饮酒乐甚，扣舷而歌之。歌曰："桂棹兮兰桨，击空明兮溯流光。渺渺兮予怀，望美人兮天一方。"客有吹洞箫者，倚歌而和之。其声呜呜然，如怨如慕，如泣如诉；余音袅袅，不绝如缕。舞幽壑之潜蛟，泣孤舟之嫠妇。

苏子愀然，正襟危坐，而问客曰："何为其然也？"客曰："'月明星稀，乌鹊南飞。'此非曹孟德之诗乎？西望夏口，东望武昌，山川相缪，郁乎苍苍，此非孟德之困于周郎者乎？方其破荆州，下江陵，顺流而东也，舳舻千里，旌旗蔽空，酾酒临江，横槊赋诗，固一世之雄也，而今安在哉？况吾与子渔樵于江渚之上，侣鱼虾而友麋鹿，驾一叶之扁舟，举匏尊以相属。寄蜉蝣于天地，渺沧海之一粟。哀吾生之须臾，羡长江之无穷。挟飞仙以遨游，抱明月而长终。知不可乎骤得，托遗响于悲风。"

苏子曰："客亦知夫水与月乎？逝者如斯，而未尝往也；盈虚者如彼，而卒莫消长也。盖将自其变者而观之，则天地曾不能以一瞬；自其不变者而观之，则物与我皆无尽也，而又何羡乎！且夫天地之间，物各有主，苟非吾之所有，虽一毫而莫取。惟江上之清风，与山间之明月，耳得之而为声，目遇之而成色，取之无禁，用之不竭。是造物者之无尽藏也，而吾与子之所共适。"

客喜而笑，洗盏更酌。肴核既尽，杯盘狼藉。相与枕藉乎舟中，不知东方之既白。

将苏轼这篇千古美文译成现代汉语，内容是这样的：

壬戌年秋天的七月十六，我与友人在赤壁下泛舟游玩。清风阵阵拂来，水面波澜不起。举起酒杯向同伴劝酒，吟诵着《明月》中"窈窕"这一章。不一会儿，明月从东山后面升起来，在斗宿与牛宿之间来回移动。白茫茫的雾气横贯江面，水光连着天际。任凭小船漂流到各处，越过那茫茫的江面。前进时，就好像凌空乘风而行，并不知道哪里才会停栖，感觉身轻得似要离开尘世飘飞而去，有如道家羽化成仙。

这时，酒喝得高兴起来，便敲着船边，还打着节拍，应声高歌。歌中唱到："桂木船棹啊香兰船桨，迎击月光下的清波，逆流而上地泛光。我的心怀悠远，展望美好的理想，却在天的另一方。"有会吹洞箫的客人，依着节奏为歌声伴和，洞箫"呜呜"作声，有如哀怨，有如思慕，既像啜泣，也像倾诉。余音在江上回荡，像细丝一样连续不断，能使深谷中的蛟龙为之起舞，能使孤舟上的寡妇为之饮泣。

我的神色也开始惆怅起来，便整好衣襟坐端正，向客人问道："箫声为什么这样哀怨呢？"客人回答说："'月明星稀，乌鹊南飞'，这不是曹公孟德的诗吗？这里向西可以望到夏口，向东可以望到武昌，山河接壤，连绵不绝，目力所及，一片郁郁苍苍。这不正是曹孟德被周瑜所围困的地方吗？当他攻陷荆州，夺得江陵，沿长江顺流东下，麾下的战船首尾相连延绵千里，旗子将天空全都蔽住，面对大江斟酒，横执长矛吟诗，本来是当世的一位英雄人物，然而现在他又在哪里呢？何况我与你在江中的小洲打鱼砍柴，以鱼虾为侣，以麋鹿为友。在江上驾着这一叶小舟，举起杯盏相互敬酒，如同蜉蝣置身于广阔的天地中，像沧海中的一粒粟米那样渺小。唉，哀叹我们的一生只是短暂的片刻，不由羡慕长江的没有穷尽。想要携同仙人遨游各地，与明月相拥而永存世间。知道这些终究不能实现，只得将憾恨化为箫音，托寄在悲凉的秋风中罢了。"

我又问客人道："你可也知道这水与月？时间流逝就像这水，其实并没有真正逝去；时圆时缺的就像这月，终究没有增减。可见，从事物易变的一面看来，天地间的万事万物时刻都在变动，连一眨眼的工夫都不停止；而从事物不变的一面看来，万物同我们来说都是永恒的，又有什么可羡慕的呢！何况天地之间，万物各有主宰者，若不是自己应该拥有的，即使一分一毫也不能求取。只有江上的清风，以及山间的明月，听到便成了声音，进入眼帘便绘出形色，取得这些不会有人禁止，感受这些也不会有竭尽的忧虑。这是大自然恩赐的没有穷尽的宝藏，我和你可以共同享受。"

客人高兴地笑了，洗净酒杯重新斟酒。菜肴果品都已吃完，杯子盘子杂乱一片。大家互相枕着垫着睡在船上，不知不觉东方已经露出白色的曙光。

苏轼以往所写下的游记散文，大多以记游写景或于记游中借景抒情为主，后来，他的不少散文逐渐形成了一种新的写法。在这些文章中，苏轼并不着意写景，而是以阐明哲理、发表议论为主。尤其是借题发挥、借景立论的独特风貌贯穿于字里行间。他的《前赤壁赋》，恰恰就是这种新型游记的代表作。

《前赤壁赋》以景物描写来贯穿全篇，主景是风月，辅景是山水，全文紧扣风月来展开描写与议论。开卷即描写风月之景，又于文中反复再现风月形象。然后以"击空明兮溯流光"的歌声，完成由景入论的转折。客人的伤感，起于曹操的"月明星稀"，即使产生了"抱明月而长终""托遗响于悲风"的悲哀，也不离"风""月"二字。苏轼的对答，也从清风、明月入论："惟江上之清风，与山间之明月，耳得之而为声，目遇之而成色，取之无禁，用之不竭。是造物者之无尽藏也，而吾与子之所共适。"

《前赤壁赋》分三层来表现苏轼复杂矛盾的内心世界：首先写月夜泛舟大江，饮酒赋诗，使人沉浸在美好的景色之中而忘怀世俗的快乐心情；其次凭吊历史人物的兴亡，感叹人生短促，变化无常，因而跌入现实的苦闷；最后阐发变与不变的人生哲理，得出人类和万物同样是永久的存在的结论，表现了苏轼旷达乐观的人生态度。写景、抒情、说理达到了水乳交融的程度。

连贯的景物描写，不仅在结构上使全文浑然一体，精湛缜密，而且还沟通了全篇文章的感情脉络，收到了跌宕起伏的效果。起始时写景，是苏轼旷达、乐观情续的外现；"扣舷而歌之"则是因"空明""流光"之景而生，由"乐甚"向"愀然"的过渡；客人寄悲哀于风月，情绪转入低沉消极；最后仍是从眼前的明月、清风引出对万物变异、人生哲理的议论，从而消释了心中的感伤。景物的反复穿插，丝毫没有给人以重复拖沓的感觉，反而在表现人物的悲喜中，再现了苏轼矛盾心理的变化过程，从而达到了全文诗情画意与议论理趣的完美统一。

这种以文为赋的体裁形式，使此文既保留了传统赋体的那种诗的特质与情韵，同时又吸取了散文的笔调和手法，从句式、声律的对偶等方面，打破了赋的束缚，使文章兼具诗歌的深致情韵，又有散文的透辟理念。散文的笔势笔调，使全篇文情抑扬顿挫，如"万斛泉涌"喷薄而出。与赋的讲究对偶相比较，它表现得更为自由。如开头的一段"壬戌之秋，七月既望，苏子与客泛舟游于赤壁之下"，全是散句，参差疏落之中又有整饬之致。以下直至篇末，大多押韵，但换韵较快，而且换韵处往往就是文意的一个段落，这就使本文特别宜于诵读，并且极富声韵之美，体现了韵文的长处。

之所以说《前赤壁赋》是苏轼散文的代表作，是因为这篇文章几乎包括了苏轼文章的主要风格特点。宋、元、明、清以来，不少文人纷纷指出，苏轼文章的风格，是如潮，是博大；也有的说是汗漫，是畅达，是一泻千里、纯以气胜。这些说法，都很有道理，但又都不够全面、确切。从《前赤壁赋》来看，苏轼散文的风格乃是一种自由豪放、恣肆雄健的阳刚之美。文中无论说理，还是叙事、抒情，都能随物赋形、穷形尽相，写欢快时可以羽化登仙、飘然世外；述哀伤时，又能拿舞蛟龙、泣嫠妇作比；而苏轼散文的舒卷自如、活泼流畅，如同行云流水，挥洒自如。至于语言的精练生动、词简情真，就更是可以在文章中信手举来，毫不费力。如："徘徊于斗牛之间"的"徘徊"；"渺沧海之一粟"的"渺"，都是一字千钧，读来铿锵有力，似作金石之声。《前赤壁赋》一文，还充分体现了苏轼散文的自然本色，以及平易明畅的特色，那种纯真自然之美，给古往今来的无数读者，带来了极其难忘的艺术享受。

04 重游赤壁，再续名篇

　　宋神宗元丰五年（1082 年）十月十五，苏轼从雪堂出发，返回临皋亭。行程中，有两位客人一直跟随着他，并一同走过黄泥坂。这时，霜露已经降下，叶子渐渐脱落。他们抬头望见明月高悬，身影映在地上，心里十分快乐。于是，他们一面走，一面吟诗，并相互酬答。

　　走着走着，苏轼叹惜道："有客人却没有酒，有酒却没有菜。月色皎洁，清风吹拂，这样美好的夜晚，我们怎么度过呢？"一位客人接过话茬说："今天傍晚，我撒网捕到了鱼，大嘴巴，细鳞片，形状就像吴淞江的鲈鱼。不过，到哪里去弄到酒呢？"苏轼马上赶回家里，和他的夫人商量，夫人说："我有一斗酒，收藏了很久，为了应付您突然的需要。"

　　于是，苏轼和朋友酒携带着酒和鱼，再次到赤壁的下面游览。长江的流水发出声响，陡峭的江岸高峻直耸。山峦很高，月亮显得小了，水位降低，礁石露了出来。仅仅过了三个月，上次游览时所见的江景山色，就已经认不出来了。

　　苏轼撩起衣襟上岸，踏着险峻的山岩，拨开纷乱的野草，蹲在虎豹形状的怪石上。随后，又不时地拉住形如虬龙的树枝，攀上猛禽做窝的悬崖，下望水神冯夷的深宫。而此时，两位客人都没能跟随苏轼到这个高度。苏轼忽然大声地喊起来，草木被震动，高山与他共鸣，深谷响起了回声，甚至大风刮起，波浪汹涌。苏轼忽然感到忧愁悲哀。由于心生一种莫名其妙的恐惧，苏轼觉得这里令人畏惧，不可久留，便回到船上，把船划到江心，任凭它漂流到哪里就在哪里停泊。这时，已经快到半夜，望望四周，苏轼觉得冷清寂寞得很。正好有一只鹤，横穿江面从东边飞来，翅膀像车轮一样大小，尾部的黑羽如同黑裙子，身上的白羽如同洁白的衣衫。它嘎嘎地拉长声音叫着，擦过他们的船向西飞去。

过了一会儿，客人们各自散去，苏轼也回家睡觉。睡梦中，他梦见一位道士，穿着羽毛编织成的衣裳，轻快地走来。当走过临皋亭时，道士向他拱手作揖说："赤壁的游览快乐吗？"苏轼问他的姓名，他低头不回答。苏轼恍然大悟："哎呀！我知道你的底细了。昨天夜晚，边飞边叫着从我这里经过的鹤，不是你吗？"那道士回头笑了起来。苏轼陡然惊醒，开门一看，却看不到他在什么地方。

苏轼《前赤壁赋》的姊妹篇《后赤壁赋》，就详尽地记述了这一情景：

是岁十月之望，步自雪堂，将归于临皋。二客从予，过黄泥之坂。霜露既降，木叶尽脱。人影在地，仰见明月，顾而乐之，行歌相答。已而叹曰："有客无酒，有酒无肴，月白风清，如此良夜何？"客曰："今者薄暮，举网得鱼，巨口细鳞，状如松江之鲈。顾安所得酒乎？"归而谋诸妇。妇曰："我有斗酒，藏之久矣，以待子不时之需。"于是携酒与鱼，复游于赤壁之下。江流有声，断岸千尺，山高月小，水落石出。曾日月之几何，而江山不可复识矣！

予乃摄衣而上，履巉岩，披蒙茸，踞虎豹，登虬龙，攀栖鹘之危巢，俯冯夷之幽宫。盖二客不能从焉。划然长啸，草木震动，山鸣谷应，风起水涌。予亦悄然而悲，肃然而恐，凛乎其不可留也。返而登舟，放乎中流，听其所止而休焉。

时夜将半，四顾寂寥。适有孤鹤，横江东来。翅如车轮，玄裳缟衣，戛然长鸣，掠予舟而西也。须臾客去，予亦就睡。梦一道士，羽衣翩跹，过临皋之下，揖予而言曰："赤壁之游乐乎？"问其姓名，俯而不答。"呜呼！噫嘻！我知之矣。畴昔之夜，飞鸣而过我者，非子也耶？"道士顾笑，予亦惊寤。开户视之，不见其处。

　　如果说《前赤壁赋》可以给人一种潇洒神奇、超凡脱俗的美，那么，《后赤壁赋》则可以把人们带入一个陶然忘忧、随缘自适的自由天地。

　　全文以时间为序，记述了苏轼与客重游赤壁的经过，情景交融，虚实相生，禅趣幽远。

　　第一段，苏轼首先交代了时间、行迹、游伴和天气情况，也就是叙述了登赤壁前的状况。然后，苏轼以洗练的笔墨描写了秋夜月景，点明游赤壁的缘起。"木叶尽脱"写秋霜之重，秋风之劲。"人影在地"衬孤月之明。"顾而乐之，行歌相答"写苏轼与游伴心领神会、陶醉其中的怡然自得之态。这般"月白风清"的良辰美景，该如何消受？接着陡降一笔写"无酒无肴"的遗憾。这里的一个"叹"字，与前文之"乐"形成了对比，构成一个反差。继而再升一笔，以客、妇之言，交代佳鱼老酒并具，将先前之抱怨一笔勾销，心情顿然舒畅无比。皓月当空，客知我心，妇会我意，得以尽兴，岂不快哉！这与前文之"叹"再度形成反跌，可谓曲尽其妙。

　　第二段写苏轼与客人再游赤壁的情形。苏轼从泛舟赤壁之下所见的景象如笔，仅用了十六个字，就把月下赤壁描写得声形并茂，神采飞扬。"江流有声，断岸千尺"描绘出了一派惊涛拍岸、猛浪若奔，怪石嶙峋、犬牙差互的惊险景象，给人以壮阔雄伟的美，而"山高月小，水落石出"则展现出一幅高山吐月、流光空明，江潮渐退、暗礁峥嵘的柔婉奇秀的意境。"曾日月之几何，而江山不可复识矣"这两句即景抒情，明讲自然景色变化之快，暗示人生在世之短。

　　第三段写苏轼攀峭壁登危岩和放舟自流于江上的见闻感受。"履""披""踞""登""攀""俯"这一连串动词，写出了苏轼迫不及待欲一览秋夜赤壁全景的冲动和兴奋，再次表现出苏轼率真与执着的性情。"二客不能从"反衬出苏轼特立独行的姿态，油然而生一种自负、自豪之感。接下来，苏轼写自己登高望远、仰天长啸的潇洒出尘的举止，以及触景而生的悲情、恐惧。而"悄然""肃然""凛乎"这些词语，又将情感的波动层层递进地表现了出来。由乐及悲而怖，这是一处起伏。继而写登舟随波逐流，听其止休的散漫、从容，又复归于平和恬淡，这又是一处起伏。

　　第四段写苏轼的半夜见闻与归家夜梦。苏轼以空灵的文字塑造了一只孤鹤的卓拔不群的形象，寄托自己不与世俗同流合污的志趣。又以浪漫的想象，写自己梦中与道士的邂逅、对话，流露出一种与世无争的豁达。"羽衣蹁跹"的道士、"玄裳缟衣"的孤鹤与苏轼本身三位一体，亦真亦幻，令人心骛八极，神游万仞。"道士顾笑，予亦惊寤"，一"笑"一"寤"之间，生活的艰辛与苦痛，仿佛暂且冰释。末句"开户视之，不见其处"，是写梦醒后的现实，在自然的真实与幻想的虚无之间，苏轼宛然忘怀了一切世间的烦恼、争逐，创伤累累的心灵也得以安抚，刹那间超脱了。此赋在苏轼梦醒时戛然而止，留下一片空白给读者去玩味寻索，有曲径通幽之妙。这种虚无，却是苏轼支撑苦境、战胜困厄、安妥心灵之处。这就是苏轼禅宗观的投射。

全文表面上是写游赤壁之乐，其实是委婉地宣泄出了自己贬谪生活的郁闷，同时也是对自己的人生哲学加以形象的演绎。文章以乐为主调，而情节跌宕抑扬，婉曲奇丽。

《前赤壁赋》和《后赤壁赋》，创作时间相隔不过三个月，写作时的语气前后照应着，但苏轼创作的这两篇散文境界却有所不同，思想情感也处于两般境地或者不如说处于矛盾之中。为什么会是这样呢？关键在于"佛性"不敌"一切性"，前赋中永恒不变的"道"，不足以回答现实中时时变化、处处差别的存在所包含的复杂"问题"。苏轼在观念上的"打通"是抽象的，这并不能使他面对千变万化的现象表现得漠然无情。观念永远不能代替实感，抽象总是遗漏丰富的细节，而细节往往与情感相连。这是每一个富有生活经验的伟大作家都不能回避的矛盾。苏轼因观察匆匆而逝的流水而惆怅，知道永恒不是真实的存在，对凡俗之客而心生悲叹，因而怀想世外之高人。其理之通塞，其情之悲喜，其境之或明或暗，或空明或幽峭，正表明了苏轼思想中那神秘的感情诱发者，也观坐在哲思与人生的裂缝中。

苏轼在黄州谪居时，虽然经受着物质与精神生活的双重煎熬，但他对黄州赤壁的咏唱，却带给人们以美的享受、真的思考与善的情怀。同时，也有一个疑问不免在人们的脑海中产生：苏轼所遨游歌咏的黄州赤壁，到底是不是三国周瑜与曹操大战的赤壁？

在《念奴娇·赤壁怀古》与《前赤壁赋》《后赤壁赋》中，有不少人们非常熟悉的名词：周瑜、曹操、赤壁之战。苏轼在赤壁抒发情感，引用三国故事当然无可非议，然而，令人遗憾的是，苏轼在黄州赤壁怀古的确怀错了地方。目前，多数史学家都比较认同这样的研究结果，就是著名的赤壁之战古战场并不在湖北黄州，而是在黄州的上游湖北蒲圻。换句话说，对于赤壁之战的战场而言，黄州赤壁是个假赤壁。

其实，就连苏轼本人也对黄州赤壁的真实性表示过疑问，但这根本不影响文章成为千古绝唱。一直默默无闻的黄州，等来了因"乌台诗案"被贬的苏轼，黄州与苏轼撞了一个满怀。最终的结果是，苏轼在黄州的假赤壁处抒情怀古，完成了自己人生的飞跃，而假赤壁也因此名声大振，天下皆知。因此，黄州成就了一个新的苏轼，让他开始了智慧的人生；苏轼也成就了一个新的黄州，让它成为一个真正的名胜。

从此，中国的大地上有了两个赤壁：上游的蒲圻赤壁是武赤壁、周郎赤壁；下游的黄州赤壁是文赤壁、东坡赤壁。历史就是这样不可捉摸：端正的人格被骂得一文不值，不得不流落远方；而错误的赤壁居然能错出千古绝唱，成为华夏名胜。

毋庸置疑，苏轼在赤壁的三次歌咏，引领着他逐渐走出了乌台诗案的阴影，走出精神危机的陷阱，走向思想人格的成熟，走向更开阔的人生境界。

宋神宗元丰五年的腊月十九这一天，是苏轼 47 岁的生日，朋友们在赤鼻山下大摆宴席，热热闹闹地为苏轼庆贺生日。大家盘坐在江边高峰上，俯视着鸟鹊的巢穴，把酒临风。酒兴正浓之际，忽听遥远的江心隐隐传来笛声，悠扬悦耳，如同仙乐一般。大家不约而同停止了喧哗，屏住呼吸，侧耳细听，笛声越来越近，颇通音律的郭遘和古耕道异口同声评价道："这笛声颇有新意，不是一般的乐工能吹奏出来的。"

正说话间，一艘小船自江心乘风而来，船头站着一位少年书生。他身穿青巾紫袍，腰别玉笛，神情俊朗，器宇轩昂，一看就是一个名门阔少。小船渐近，少年于众人中一眼就认出了苏轼，便拱手施礼。原来，这少年名叫李委，是一名进士。他久闻苏轼大名，只是无缘得见。当他听说苏轼今天在赤壁摆宴与朋友庆贺生日，便特意谱了一支名为《鹤南飞》的新曲前来祝寿。苏轼既惊讶又感动，连忙邀请他入席就座。坐定之后，李委首先献上自己的新曲《鹤南飞》，接下来又连奏几支欢快的曲目，声音清亮明快，高入云霄，在座的人全都听得入了迷。此时，就连江底的游鱼都浮上水面，随着乐曲在江面翩翩起舞。山头的鸟鹊也离开窝巢，在空中悠然盘旋。几曲过后，笛声便戛然而止。渐渐回过神来的人们纷纷惊呼，无不拍手称赞。朋友们乘兴举杯，开怀痛饮。饮罢，李委取出一张质地上乘的白纸，俯身呈给苏轼，说："我无求于公，得一绝句足矣。"

苏轼朗声而笑，接过白纸，挥毫题诗一首：

> 山头孤鹤向南飞，载我南游到九嶷。
> 下界何人也吹笛，可怜时复犯龟兹。

这首诗是说，李委的笛声是那样的超逸绝尘，令人沉醉其中，飘飘欲仙。笛声中，我仿佛乘着孤鹤来到九嶷山下，仿佛听到娥皇、女英那哀哀的歌哭。如此凄美的笛声，真好似来自那琼楼玉宇的月宫仙境，又好似来自龟兹古国的宫廷深处。

05 三教九流，黄州来聚

宋神宗元丰六年（1083 年）春节刚过，苏轼在东坡雪堂里迎来了一位客人，这个人，就是苏轼眉山故乡的朋友巢元修。

巢元修本名巢榖，后因事改名巢谷，又因在家排行老三，被称为巢三。当年，这位巢元修怀着一肚子的学问，到京城赶考。他本想中举后做一名文官，可当他看到武举考试的热烈场面时，竟然放弃了他原来学习的知识，置办了弓和箭，专门学习骑马射箭，并拜名将韩存宝为师。经过刻苦学习，他的武艺学成了，便在韩存宝手下当差。

宋神宗熙宁年间，韩存宝曾担任河州的将领，为朝廷立下不小的功劳，朝廷也愿意重用他。当时，恰逢泸州的少数民族乞弟侵扰边疆，附近各族各州郡的官兵都制服不了入侵之敌，朝廷于是命令韩存宝出兵讨伐乞弟。可韩存宝不熟悉少数民族的地域情况，始终没有完成征讨乞弟的任务。等到朝廷降罪于韩存宝时，他料想自己必死无疑。于是，韩存宝找来巢谷说："我是一介武夫，死了不可惜，只是妻儿不免受冻挨饿。我这里有几百两银子，除了你，没有人可以代我把这银子送给我的妻儿。"巢谷立下了承诺，并改了姓名，把银子揣在怀里独自步行，终于将银子交给了韩存宝的儿子。后来，巢元修逃到江淮地区避难。

巢元修听说眉州老乡苏轼谪居黄州，于是前来拜访。此番来黄州，56 岁的巢元修已是潦倒不堪。尽管苏轼在经济上也有些自顾不暇，但仍然热情地收留了这位穷困落魄的老朋友，留他在自己的雪堂住下，并顺便让他当苏迨、苏过的家庭教师。

但巢元修这次来黄州，也不是空着手来的。在他简陋的行囊里，装着一种巢菜籽。苏轼种下了巢菜后，巢元修将巢菜戏称为"巢家菜"。天性机智幽默的苏轼，索性把这种菜称为"元修菜"，从此，巢菜就有了"元修菜"这一新名称。于是，苏轼便满怀兴致地作了一首《元修菜》赠予巢谷：

（余去乡十有五年，思而不可得，元修适自蜀来，见余于黄。乃作是诗，使归致其子，而种之东坡之下云。）

彼美君家菜，铺田绿茸茸。豆荚圆且小，槐芽细而丰。
种之秋雨余，擢秀繁霜中。欲花而未萼，一一如青虫。
是时青裙女，采撷何匆匆。烝之复湘之，香色蔚其饛。
点酒下盐豉，缕橙芼姜葱。那知鸡与豚，但恐放箸空。
春尽苗叶老，耕翻烟雨丛。润随甘泽化，暖作青泥融。
始终不我负，力与粪壤同。我老忘家舍，楚音变儿童。
此物独妩媚，终年系余胸。君归致其子，囊盛勿函封。
张骞移苜蓿，适用如葵菘。马援载薏苡，罗生等蒿蓬。
悬知东坡下，塉卤化千锺。长使齐安民，指此说两翁。

此时，离别家乡已经 15 年的苏轼，又深情地回想起了自己在家乡时常常吃到巢菜的情景。在这首诗中，苏轼对这种本来很平常的野菜进行了细致的描述。在这种细致的描述中，充分体现了苏轼对故乡的一往情深和对所处逆境能够坦然面对的乐观精神。

苏轼说他自离家以来，无时无刻不在思念着巢菜。苏轼明写自己钟情于巢菜，实际是寄托着他的思乡之情。苏轼离开家乡已有 15 年，谪居他乡，连自己的小孩子说出的话都变成了当地的"楚音"，他怎能不想家呢？而家乡的亲人，大多已经故去，最能勾起他回忆的，便是自小食用的巢菜了。于是，他在写巢菜的过程中，寄寓了他全部的思乡之情，并达到了不能自已的地步。

巢元修来投奔苏轼时，还带来了一种"圣散子"。圣散子是巢元修的祖传中药秘方，他再三叮嘱苏轼不可示人。苏轼颇懂医药，曾有《苏沈良方》一书传世。不过，中医传统有个陋习：郎中们把药方子捂得紧，不肯轻易传给别人。但是，苏轼当面答应了巢元修，背后却把圣散子药方抄给了黄州名医庞安常，这或许叫做存大义、舍小义。后来，苏轼在杭州做太守时，当地遭遇疫病大流行，就是用圣散子治疗疫病，挽救了成千上万的人。但一服药只收一文钱，千文钱救活了千条命。

除了巢元修外，当时还有一位远客久住于东坡雪堂，这个人，就是来自庐山的琴师崔闲。

崔闲字诚老，江西星子（今江西省九江市辖区）人，宋代顶级古琴大师，是苏轼的方外友人之一。因与崔闲结庐于庐山玉涧，故苏轼称他为玉涧道人。

崔闲来见苏轼时，揣着一份名为《醉翁操》的曲谱登门，请苏轼为其填词。

当年，欧阳修谪守滁州时，为排遣内心的苦闷，常常怡情于山水之间，写了传世名篇《醉翁亭记》，并被刻石立了碑。后来，有位名叫沈遵的人，在朝内任职太常博士，是个古琴高手。他读了《醉翁亭记》后，立刻被文中所描绘的滁州美景所吸引，便特意跑到滁州探访欧阳修。沈遵见那琅琊山水峰峦俊秀、古树参天、泉涧幽美，确如醉翁妙笔所绘，就动了兴致，以琴寄趣，创作了一支宫声三叠的琴曲《醉翁操》，也叫《醉翁吟三叠》。沈遵寻了个机会为欧阳修亲自弹奏此曲，欧阳修听了很高兴。并应沈遵的请求为该曲作了词。欧词自是大手笔，"然调不主声，为知琴者所惜。"调不主声就是唱不出来。沈遵的《醉翁操》传开之后，引起了很多人的兴趣，不但争传《醉翁操》琴曲，连欧阳修所作《醉翁操》歌词，也有好事者纷纷为其谱琴曲，但都不理想。

一晃三十多年过去，欧阳修、沈遵相继去世，庐山玉涧道人崔闲还惦记着这件事。崔闲精通琴曲，曾拜沈遵为师。他非常喜欢此曲，便对苏轼说："常恨此曲无词，乃谱其声，请于东坡居士。"

苏轼不但诗文高妙，而且精通音律，听了崔闲所言，欣然应允。于是，崔闲弹，苏轼听，边听边谱词，不大一会儿就完成了一首《醉翁操·琅然，清圆》：

琅然，清圆，谁弹，响空山。无言，惟翁醉中知其天。月明风露娟娟，人未眠。荷蒉过山前，曰有心也哉此贤。

醉翁啸咏，声和流泉。醉翁去后，空有朝吟夜怨。山有时而童颠，水有时而回川。思翁无岁年，翁今为飞仙。此意在人间，试听徽外三两弦。

后来，苏轼还为这首词写了一个序：

琅琊幽谷，山水奇丽，泉鸣空涧，若中音会，醉翁喜之，把酒临听，辄欣然忘归。既去十余年，而好奇之士沈遵闻之往游，以琴写其声，曰《醉翁操》，节奏疏宕而音指华畅，知琴者以为绝伦。然有其声而无其辞。翁虽为作歌，而与琴声不合。又依《楚辞》作《醉翁引》，好事者亦倚其辞以制曲。虽粗合韵度而琴声为词所绳约，非天成也。后三十余年，翁既捐馆舍，遵亦没久矣。有庐山玉涧道人崔闲，特妙于琴，恨此曲之无词，乃谱其声，而请于东坡居士以补之云。

在序中，苏轼交代了《醉翁操》琴曲的来历，以及自己填写《醉翁操》词的原因。

这首词的上阕，写流泉的自然声响及其感人效果。"琅然，清圆，谁弹，响空山"四句，是写流泉飞瀑发出的响声如环佩相击，叮咚悦耳，开篇创造出一个美好的意境。"琅然"原本是玉的声音。《楚辞·九歌》说："抚长剑兮玉珥，璆锵鸣兮琳琅。"苏轼以此来形容流泉的声响。而"清圆"两字，是用来形容泉声的清越圆转。在这一个十分幽静的山谷中，是谁弹奏起这一绝妙的乐曲呢？由此，让人切身感受到一种动静之趣。

"无言，惟翁醉中知其天"二句，是对上面设问的回答：这是天地间自然生成的绝妙乐曲。这样一首绝妙的乐曲，很少有人能得其妙趣，只有醉翁欧阳修能于醉中理解其天然妙趣。此句依然是写流泉声响之无限美妙。"月明风露娟娟，人未眠"二句，从声响所产生的巨大感人效果，来表现流泉声响的美妙：在此明月之夜，人们因为这样美妙的乐曲陶醉，迟迟不能入眠。"荷蒉过山前，曰有心也哉此贤。"二句，是说这一乐曲如何打动了荷蒉者。苏轼将此流泉的声音，比作孙子击磬的声音，用荷蒉者对击磬声的评价，颂扬流泉自然声响的美妙。

这首词的下阕，写醉翁的啸咏声及琴曲声。"醉翁啸咏，声和流泉"二句，照应上阕中的只有醉翁欧阳修才能得其天然妙趣的意思，写欧阳修曾作《醉翁亭记》于滁州，在琅琊幽谷听鸣泉，且啸且咏，乐而忘还，天籁人籁，完全融为一体。"醉翁去后，空有朝吟夜怨"二句，是说醉翁离开滁州，流泉失去知音，只留下自然声响，但此自然声响，朝夕吟咏，似带有怨恨情绪。"山有时而童颠，水有时而回川"二句，是说时光流转，山川变幻，琅琊诸峰，林壑尤美，并非永远保持原状。童颠，指山无草木。而水，同样也不是永远朝着一个方向往前流动的。这句的意思是，琅琊幽谷的鸣泉也就不可能完美地保留下来。"思翁无岁年，翁今为飞仙"二句，是说山川变幻，人事变幻，人们因鸣泉而念及醉翁，而醉翁却已化仙而去。苏轼此处用"飞仙"之典，寓意醉翁化为飞仙，一去不复返，鸣泉之美妙，也就再也无人聆赏了。结句"此意在人间，试听徽外三两弦"，是说鸣泉虽不复存在，醉翁也已化为飞仙，但鸣泉之美妙乐曲，醉翁所追求之绝妙意境，却仍然留在人间。苏轼最后将着眼点落在琴声上，突出了全词的主旨。

苏轼在顷刻之间一挥而就写出的与琴曲音乐如此完美融合的词，又在当时及后世争传不绝，足见他的音乐造诣之深。

元丰六年三月，参寥又从杭州天目山远道来到黄州，寓居雪堂整整一年，直到宋神宗元丰七年（1084 年）四月，才和苏轼一道离开雪堂。

参寥本姓何，名昙潜，号参寥子，赐号妙总大师，杭州于潜（今浙江省临安县）浮溪村人。参寥为大觉怀琏弟子，云门宗下五世。他出生于宋仁宗庆历二年（1042 年），比苏轼小七岁，自幼出家，经藏、文史无所不读，善写文章，尤喜作诗。参寥文学造诣极高，其诗清丽脱俗，为宋代诗僧之翘楚，在诗坛享有盛名。

苏轼在徐州做太守时，参寥曾经前往拜见。一天，宾朋同僚聚会，苏轼当众说："今天参寥不留下点笔墨，令人不可不恼。"遂遣官妓马盼盼持纸笔向参寥索诗。参寥提笔挥毫，写下七绝一首："多谢樽前窈窕娘，好将幽梦恼襄王。禅心已作沾泥絮，不逐春风上下狂。"意思是说：酒杯前多谢美女来索诗，她的容貌身材足以让楚襄王相思，梦中烦恼。我的禅心已是沾泥的柳絮，不再追逐春风上下飞舞轻狂。

苏轼看罢这首诗，马上赞叹道："我见过柳絮掉落泥，心想可以入诗，偶然耽搁，没有收拾，就被参寥占得先机，可惜了！"经过苏轼的这一点赞，参寥的诗名很快远近皆知。

"乌台诗案"后，苏轼许多昔日的好朋友都受到了牵连，参寥也被革除了僧籍，遭到勒令还俗的严厉处分。尽管不少人疏远苏轼，但参寥对苏轼却始终是一往情深。他不惜千里跋涉，来黄州看望苏轼。他们的交往长达三十多年，完全称得上是君子之交、文字之交和患难之交。

就这样，东坡雪堂内可谓是众多高人齐聚。一个是多才多艺的道士杨世昌，一个是清诗绝俗的僧人参寥，一个是行伍多年的逃犯巢元修，还有一个是飘逸娴雅的琴师崔闲，三教九流如同万川归海一般聚于苏轼麾下，让雪堂已显拥挤，再有远客来时，就得另寻住处了。

元丰六年五月，蔡景繁由开封府出使淮南，顺道到黄州看望苏轼。他看见临皋亭年久失修，屋瓦脱落，就去请求黄州有司，在临皋亭附近的高坡上，新建了西南向的房屋三间。苏轼高兴地将这处新居取名为"南堂"。

南堂俯临大江，南北通透，最宜消夏。苏轼在那里读书作文，习字绘画，迎宾待客，再也不用发愁朋友来访时，没有合适的地方接待和居住。苏轼欣悦之余，挥毫泼墨，一口气写下了《南堂五首》：

其一
江上西山半隐堤，此邦台馆一时西。
南堂独有西南向，卧看千帆落浅溪。
其二
暮年眼力嗟犹在，多病颠毛却未华。
故作明窗书小字，更开幽室养丹砂。
其三
他时雨夜困移床，坐厌愁声点客肠。
一听南堂新瓦响，似闻东坞小荷香。
其四
山家为割千房蜜，稚子新畦五亩蔬。
更有南堂堪著客，不忧门外故人车。
其五
扫地焚香闭阁眠，簟纹如水帐如烟。
客来梦觉知何处，挂起西窗浪接天。

苏轼的这组诗，立意各自不同。五首分列开来，独立成篇，但又相互连接，组成一幅精美的山水人物画。

元丰六年六月，又有一位被贬到黄州的官员成为苏轼的朋友，他就是张怀民。张怀民又名梦得，字偓佺。张怀民初来乍到，暂且寓居在承天寺。同时，张怀民在江边选了一块地方，准备营造新居。新居动工之前，张怀民先在旁边建起了一座可供游赏的亭子。苏轼不仅欣赏江边的优美风景，而且钦佩张怀民的气度，于是为这座亭子取名"快哉亭"，并作了一首《水调歌头·黄州快哉亭赠张偓佺》：

落日绣帘卷，亭下水连空。知君为我新作，窗户湿青红。长记平山堂上，敧枕江南烟雨，杳杳没孤鸿。认得醉翁语，"山色有无中"。

一千顷，都镜净，倒碧峰。忽然浪起，掀舞一叶白头翁。堪笑兰台公子，未解庄生天籁，刚道有雌雄。一点浩然气，千里快哉风。

夕阳西下，卷帘远眺，亭下水天相接，碧空无际。知晓你的心意，为我将窗牖涂抹朱漆，亮泽如新。回想起当年平山堂上，倚枕卧听江南烟雨，遥望孤鸿缥缈的情景，如今日眼前所见，不觉想起欧阳修的词句："山色有无中"。

辽阔水面，波平湖静，青山倒影，映入其中。忽然风浪渐起，只见一白头渔翁风雨弄舟。见此，不由得想起了宋玉的《风赋》，可笑宋玉一介书生，附会雌雄，怎解庄子之风为天籁之说，但凭一点浩然气，便可千里驰骋，无情快意！

广阔的水面十分明净，山峰翠绿的影子倒映其中。忽然江面波涛汹涌，一个老翁驾着小舟在风浪中掀舞。见此不由得想起了宋玉的《风赋》，像宋玉这样可笑的人，是不可能理解庄子的风是天籁之说的，硬说什么风有雄雌。其实，一个人只要具备至大至刚的浩然之气，就能在任何境遇中都处之泰然，享受到无穷快意的千里雄风。

苏轼的这首词，在艺术构思和结构上，具有跌宕起伏、波澜壮阔的特点。上阕用虚实结合的笔法，描写快哉亭下及其远处的胜景。下阕的描写和议论，豪纵酣畅，气势磅礴，词中出没风涛的白头老翁形象，犹如百川汇海，含蓄地点明全篇主旨，有强烈的震撼力。全词熔写景、抒情、议论于一炉，既描写了浩阔雄壮、水天一色的自然风光，又灌注了一种坦荡旷达的浩然之气，展现出词人身处逆境却泰然处之、大义凛然的精神风貌，充分体现了苏词雄奇奔放的特色。

在一个明月之夜，苏轼失眠了，就到承天寺找张怀民。于是，二人就在月下观景交谈，几尽天明。回来后，苏轼写了一篇随笔《记承天寺夜游》：

元丰六年十月十二日夜，解衣欲睡，月色入户，欣然起行。念无与为乐者，遂至承天寺寻张怀民。怀民亦未寝，相与步于中庭。庭下如积水空明，水中藻荇交横，盖竹柏影也。何夜无月？何处无竹柏？但少闲人如吾两人者耳。

苏轼的这篇随笔，以真情实感为依托，信笔写来，起于当起，止于当止，简练的叙事，精妙的写景，耐人寻味的抒情和议论，犹如行云流水，于无技巧中见技巧，仿佛极不经意，却达到了"一语天然万古新，豪华落尽见真淳"的境界，成为千古传颂的名篇。不以贬谪为心病，于山水之间寻找快乐，于蓬户瓮牖获得快乐，这是真潇洒，也恰恰是两人的共同之处。

06 艺术登峰，家庭和美

苏轼在黄州所作的《念奴娇·赤壁怀古》《前赤壁赋》《后赤壁赋》，在文学艺术上成为同时代乃至后人无法逾越的巅峰。除此之外，苏轼在书画艺术上，也取得了登峰造极的成就。

宋神宗元丰五年（1082 年），苏轼度过了谪居黄州的第三个寒食节。按照传统，这一天家家禁止生火，只能吃冷食。苏轼凝望着窗外的雨丝，忽然间有了写字的冲动。于是，他拿起笔伏在案头，写下了《黄州寒食雨二首》（又名《寒食帖》）：

自我来黄州，已过三寒食，年年欲惜春，春去不容惜。
今年又苦雨，两月秋萧瑟。卧闻海棠花，泥污燕支雪。
暗中偷负去，夜半真有力。何殊病少年，病起须已白。

春江欲入户，雨势来不已。小屋如渔舟，蒙蒙水云里。
空庖煮寒菜，破灶烧湿苇。那知是寒食，但见乌衔纸。

君门深九重，坟墓在万里。也拟哭途穷，死灰吹不起。

　　这两首诗所表达的意思是，山中无日月，时间早就被遗忘了。对寒食节的到来，苏轼更是恍然无知，直到看见乌鸦衔着坟前烧剩的纸钱，悄然飞过，他才想到这一天是寒食节。这首诗，是苏轼由寒食节降雨感到伤感而创作的。南国晴日本寡鲜，又逢寒食雨绵绵。这样的天气，给失意之人更增添了几分凄清之感。雨丝袭来的微凉，触动久遭冷遇的苏轼，他不禁哀叹，自谪居黄州以来，已过了三次寒食节。三年屈指度日，苏轼天天盼望着春花吐红，江岸铺绿，焦急地等待着北归之日，重酬壮志，然而春光薄情，难驻黄州。他空怀拳拳之心，得不到精忠报国的机会。虽已是生机盎然的时节，苏轼却强烈地感到似乎处在满天肃杀的悲秋。今年又苦雨，两月秋萧瑟。能够略略慰藉他的惟有幽独高洁的海棠。他以海棠自喻，清高孤傲、幽独寂寞。于是，他非常向往一切皆空、物我两忘的佛老虚幻境界，祈念一切烦恼忧伤都在冥冥中偷偷渡去，漠似烟云。他用释道相通的教义试图自我解脱，而根深蒂固的儒家忠君思想又迫使他不能安守。对当时朝廷的腐败误士，苏轼怒不可遏。这样的生活，何异于久病缠身的少年，等到病愈初起，鬓发已经斑白如雪了。

　　当雨势猛烈起来时，小屋如同渔舟般颠簸，漂泊在蒙蒙水云里，正如他自己的命运一样飘忽不定。破灶中的湿苇，已难以煮寒菜，苏轼由此把一个流放诗人的沮丧与憔悴写到了极致，心如死灰，不能复燃。苏轼的这两首诗，苍劲沉郁，饱含着生活凄苦、心境悲凉的感伤，富有强烈的感染力。同时，这两首诗在书写上笔酣墨饱，神充气足，恣肆跌宕，飞扬飘洒，巧妙地将诗情、画意、书境三者融为一体，再现了苏轼"我书意造本无法，点画信手烦推求""自出新意，不践古人"艺术的精髓。

　　《寒食帖》彰显动势，洋溢着起伏的情绪。诗写得苍凉惆怅，书法也正是在这种心情和境况下，有感而出的。通篇起伏跌宕，一气呵成，痛快淋漓。苏轼将心境情感的变化，寓于点画线条的变化中，或正锋，或侧锋，转换多变，浑然天成。结字亦奇，或大或小，或疏或密，有轻有重，有宽有窄，可谓是参差错落，恣肆奇崛，变化万千。

　　诗稿诞生后，几经辗转，传到了河南永安县令张浩之手。张浩由于与"苏门四学士"之一的黄庭坚相熟识，便携诗稿到四川眉州青神县去谒见黄庭坚。黄庭坚一见诗稿，十分倾倒，又想起当时远谪海南的师友，激动之情难以自禁，于是欣然命笔，题跋于诗稿之上："东坡此诗似李太白，犹恐太白有未到处。此书兼颜鲁公、杨少师、李西台笔意。试使东坡复为之，未必及此。它日东坡或见此书，应笑我于无佛处称尊也。"这时，距离书稿完成已经过去整整 18 年。黄庭坚的论语精当，书法妙绝，气酣而笔健，叹为观止，与苏轼的诗、苏轼的字可谓是珠联璧合。

历代鉴赏家都对《寒食帖》推崇备至，称这是一篇旷世神品。南宋初年，张浩的侄孙张演在诗稿后另纸题跋中说："老仙（指苏轼）文笔高妙，灿若霄汉、云霞之丽，山谷（指黄庭坚）又发扬蹈历之，可谓绝代之珍矣。"自此，《黄州寒食二首》诗稿被称为"帖"。明代大书画家董其昌则在帖后题字说："余生平见东坡先生真迹不下三十余卷，必以此为甲观。"清代将《寒食帖》收回内府，并列入《三希堂法帖》。乾隆十三年（1748 年）四月初八，乾隆帝亲自题跋于帖后说："东坡书豪宕秀逸，为颜、杨后一人。此卷乃谪黄州日所书，后有山谷跋，倾倒至极，所谓无意于佳乃佳……"为彰显往事，又特书"雪堂余韵"四字于卷首。

由于有诸家的称赏赞誉，世人便将《寒食帖》与东晋王羲之《兰亭序》、唐代颜真卿《祭侄稿》合称为"天下三大行书"，也有人把《寒食帖》单称为"天下第三行书"。还有人将"天下三大行书"作对比说：《兰亭序》是雅士超人的风格，《祭侄帖》是至哲贤达的风格，《寒食帖》是学士才子的风格。它们相互媲美，各领风骚，可以称得上是中国书法史上行书的三块里程碑。

苏轼作为伟大的诗人、文学家，失意的官员和业余画家，尽管没有留下多少绘画真迹，但在画史上的地位却举足轻重。苏轼不仅首先提出"士人画"即"文人画"的概念，而且是文人画的实践者和奠基人。自苏轼以后，文人画逐步发展成中国传统绘画的主流。

写诗作画，是苏轼用于取乐自娱的业余活动，以儒家对君子的行为规范来衡量，艺术在苏轼这里回到了它原本应该的位置。清代文学家魏源说："技可进乎道，艺可通乎神。"就是说，文人通过习艺，固然得到身心的放松和娱乐，同时也加深了对道的认识和体验。苏轼说："常形之失止于所失"，"常理之不当，举废之矣"。意思是，自然物象没有固定的常态，某方面的缺失恰恰也是其具体性的表现。常理也就是道，违反道就是失去常理，会导致满盘皆失。苏轼曾不无刻薄地评论说："吴生虽绝妙，无以画工论。"他对于拘泥形似、屈服于自然的工匠式摹写予以嘲笑和贬低。他曾经这样评论好友文同的画作："与可画竹时，见物不见人……其身与竹化，无穷出清新。"

宋神宗元丰五年（1082年）三月，年轻的米芾从遥远的湖南来到黄州拜望苏轼。米芾初名黻，后改芾，字元章，自署姓名米或为芊，湖北襄阳人，时人号海岳外史，又号鬻熊后人、火正后人。

苏轼见到这位翰墨场上的奇才时，真是又惊又喜，便立即招待他在雪堂住下。两人开始谈书论画，欢聚数日，并结为忘年之交。

有一天，苏轼把自己收藏的珍品画作拿出来，两人一边欣赏珍品名画，一边对饮数杯。酒酣之际，苏轼拿出一张宣纸叫米芾贴在墙上，自己面壁而立，悬肘画了一幅《枯木怪石图》。这幅画，苏轼用自己独具功力的书法功底，提出了"论画以形似，见与儿童邻"的文人画的美学标准，引领了中国文人画的潮流。

苏轼除了喜欢画石外，也喜欢画竹。他说："宁可食无肉，不可居无竹。"还说："无肉令人瘦，无竹令人俗。"有一次，米芾发现他画的竹子没有竹节，而是一笔从底部画至竹梢，就好奇地问："为何不一节一节分着画？"苏轼回答："竹子生长时，哪里是一节一节长的呢？"

还有一次，苏轼在王文甫家喝得大醉，醉意朦胧之中，便画墨竹一幅。有人看了这幅画评论说："一般人画竹，往往叶片肥实，您画的竹子则清瘦挺拔，有如魏晋时代的美男子（魏晋男子以瘦为美）。"

苏轼闻言朗声大笑，挥毫写了《定风波·雨洗娟娟嫩叶光》这首词作为回答：

（元丰五年七月六日，王文甫家饮酿白酒，大醉，集古句作墨竹词。）

雨洗娟娟嫩叶光，风吹细细绿筠香。秀色乱侵书帙晚，帘卷，清阴微过酒尊凉。

入画竹身肥拥肿，何用？先生落笔胜萧郎。记得小轩岑寂夜，廊下，月和疏影上东墙。

宋神宗元丰六年（1083年）九月二十七，侍妾王朝云为苏轼生下了第四子，苏轼为其取名苏遯，小名幹儿。幹儿是个非常聪明的孩子，苏轼非常喜欢。苏轼当年 48 岁，中年得子，非常高兴。当婴儿满月时，苏轼邀请亲朋好友一起庆贺，并信手写了一首七绝《洗儿戏作》：

> 人皆养子望聪明，我被聪明误一生。
>
> 惟愿孩儿愚且鲁，无灾无难到公卿。

洗儿是指洗儿会，就是在婴儿生后三日或满月时，亲朋会集庆贺，给婴儿洗身。苏轼的这首诗看着浅显，实则蕴含着深意。表面上写的是孩子的教育话题，实则对官场进行了嬉笑式的讽刺。诗的前两句道出"聪明误"，讽刺朝廷用人妒才嫉贤；诗的后两句影射位高权重之人，往往是无所作为的愚鲁之辈。

怀着一颗仁爱、自由的心，苏轼不仅享受着大自然的慷慨馈赠，而且享受着家庭生活的幸福与和美。此时，他的续妻王润之十分贤惠，她对堂姐的儿子苏迈视如己出。在生活最困难的日子里，她和苏轼一起采摘野菜，赤脚耕田，变着法子给苏轼解闷。王润之聪明颖悟，在劳动的过程中积累了很多知识，帮丈夫苏轼解决了很多棘手的问题。有一次，家里的那头老耕牛生了重病，不吃不喝，僮仆请来兽医，诊治再三，不明其状，王润之听说之后，亲自到牛棚一看，便说："此牛发豆斑疮了，应当给它喂青蒿粥。"

僮仆立即煮了一大锅青蒿粥，耕牛吃过，果然很快就好了。苏轼非常高兴，在给朋友写信的过程中，还曾自豪地谈及此事。

除了小儿子苏遯还在襁褓中不谙世事之外，三个大儿子苏迈、苏迨和苏过都非常懂事。他们成长在患难之中，小小年纪就懂得为父母分忧解难，而且个个勤奋好学。苏轼曾在《次韵和王巩六首》其五中，不无自豪地这样描述道：

> 平生我亦轻余子，晚岁人谁念此翁。
>
> 巧语屡曾遭薏苡，瘦词聊复托芎穷。
>
> 子还可责同元亮，妻却差贤胜敬通。
>
> 若问我贫天所赋，不因迁谪始囊空。

"平生我亦轻余子，晚岁人谁念此翁"一句，是说如果我一生都看不起妾生的儿子，那么晚年谁还想到我这个可怜的老头儿呢？苏轼这么说，是因为他在写这首诗时，王朝云已经生下了小儿子苏遁，王朝云所生的儿子，当然称之为"余子"。所以，此句是在自我解嘲，也是在向王巩报喜讯。同时也是为"余子"而担忧，害怕一旦自己被害，"余子"没有人照顾。

"巧语屡曾遭薏苡，瘦词聊复托芎䓖"一句，是透过"薏苡""芎䓖"的典故，讲自己被小人暗算，含冤谪居在黄州。当时，有人传言苏轼在黄州患瘟疫而死，但他其实活得很好。当年伍子胥受迫害，连妻子都不敢相认，而他却能够与儿子苏迈、侍妾朝云在一起，而且朝云已经生子。因此，苏轼要比马援、伍子胥要幸运得多。

"子还可责同元亮，妻却差贤胜敬通"这句诗，不仅写续妻王润之，还写了自己的几个儿子，是向王巩炫耀自己有三个好儿子和好老婆，比陶渊明、冯衍强多了。

如果将全诗贯穿，就可以发现，苏轼的这首诗是一首自我安慰的诗，意思是，我现在的处境不仅比马援、伍子胥幸运，而且比陶渊明、冯衍强得多，并不因为上天叫我贫困和谪贬而囊中羞涩。

苏轼认为自己的三个儿子或许算不上十分出色，却还是孺子可教，相比之下，不无欣慰。在父权制的封建社会，苏轼显然不是那种传统意义上的严父。他不仅喜欢和孩子们嬉戏玩耍，孩子们偶有出色表现，也总是不失时机地加以赞扬。

在一个晴朗的夜晚，微风轻徐，明月高悬，苏轼忽然来了兴致，要和长子苏迈联句。望着窗外的夜色，苏轼脱口吟道："清风来无边，明月翳复吐。"苏迈应声接道："松声满虚空，竹影侵半户。"苏轼点头称许："暗枝有惊鹊，坏壁鸣饥鼠。"苏迈不甘落后，步步紧跟："露叶耿高梧，风萤落空庑。"苏轼联想到现实，微露失意情怀："微凉感团扇，古意歌白纻。"苏迈心领神会，借用眼前的天伦之乐以安慰老父："乐哉今夕游，获此陪杖屦。"苏轼非常高兴地作了最后总结："传家诗律细，已自过宗武。短诗膝上成，聊以感怀祖。"

一通联句结束后，苏轼毫不谦虚地声称苏迈作诗已经超过了宗武。宗武是杜甫的儿子。杜甫曾经写有《示宗武》一诗，夸奖儿子宗武善于作诗，能够传承家学。杜甫的祖父杜审言与苏轼的远祖苏味道，同是武则天时代的宫廷诗人，与李峤、崔融合称为"文章四友"。杜甫曾自豪地说："诗是吾家事。"苏轼在这首联句中，也同样表达了这个意思。

　　不久之后，苏轼把这首联句诗加以整理，取名为《夜坐与迈联句》，并记录保存下来。

第六章

不识庐山真面目

只缘身在此山中

01 去世谣言，神宗哀叹

宋神宗元丰六年（1083 年）二月，苏轼得了一种叫疮疖的病。疮疖是一种皮肤毛囊或皮脂腺的急性化脓性疾病，多发生于夏季。

起初，苏轼没太在意。后来疮疖面积逐渐变大，疼痛难忍，原本闲不住的苏轼，最后只能在家卧床休息。疮疖不但许久不愈，最后还伤及右眼，达到目赤肿痛、几近失明的程度。无奈之下，苏轼只得借了一间僧舍打坐静养。

卧病期间，除了雪堂寓居的四位远客以及陈慥等几位最亲密的朋友之外，其余前来拜访的客人，苏轼一律婉拒不见。陈慥得知苏轼病重，抽空来黄州探望。与他同来探望的，还有一位王长官。这位王长官是一位生性淡泊、与世无争的闲雅之士，他弃官归田已经 33 年，黄州的百姓都尊称他为王先生。王先生对苏轼的学识人品早有耳闻，倾慕已久，所以，借护送陈慥的机会前来拜望。

苏轼与这位新朋友一见如故，相谈甚欢，畅饮至深夜，早已忘记了病痛。第二天，王先生告辞回家。临行前，苏轼作《满庭芳·三十三年》一词相送：

（有王长官者，弃官黄州三十三年，黄人谓之王先生。因送陈慥来过余，因为赋此。）

三十三年，今谁存者？算只君与长江。凛然苍桧，霜干苦难双。闻道司州古县，云溪上、竹坞松窗。江南岸，不因送子，宁肯过吾邦？

拟拟，疏雨过，风林舞破，烟盖云幢。愿持此邀君，一饮空缸。居士先生老矣，真梦里、相对残釭。歌声断，行人未起，船鼓已逢逢。

在这首词的序中，苏轼说明了写这首词的缘由。

词的上阕，主要刻画了王先生的高洁人品。"三十三年，今谁存者？算只君与长江"三句，苏轼用长江昼夜流淌来比喻王长官对自己的真挚情感。也可以说，苏轼首先将长江拟人化，把王长官高洁的人品与长江共论，表现出对王长官的真情感谢。其中，三十三年是从时间上来说的，暗示了王长官已经是一个饱经沧桑、令人神往的高士形象。"凛然苍桧，霜干苦难双"二句，苏轼借苍桧的形象，来写王长官的人品，以物喻人，突出表现了王长官如同这苍桧一样，具有风骨凛然的品质。"闻道司州古县，云溪上、竹坞松窗"三句，第一句是说因为王长官居住在黄陂（今湖北省武汉市黄陂区），唐代武德初以黄陂置南司州。后两句是说竹子长在低洼处，而松树长在高山上。竹子和松树都是不畏天气严寒和环境恶劣的。苏轼这里以物喻人，用竹和松来比喻王长官为人的正直耿介，性格刚毅。"江南岸，不因送子，宁肯过吾邦"三句，是说假如不是王长官送陈慥来黄州，恐怕永远不得见面了。看似平淡的叙述，实则意蕴深刻，真真切切表现了苏轼对王先生人品的仰慕与赞赏。

词的下阕，描绘了会见王长官时的环境、气氛，以及他当时的思想活动。"拟拟，疏雨过，风林舞破，烟盖云幢。愿持此邀君，一饮空缸。居士先生老矣，真梦里、相对残釭"这几句，主要写了苏轼、陈慥、王先生三人会饮的情景。"拟拟"模拟下雨的声音，给人以风雨骤至之感。"疏雨过，风林舞破，烟盖云幢"这几句，主要写当日气候景色，暗示着苏轼与陈慥、王先生相聚后所表现出来的洒脱与放旷。"愿持此邀君，一饮空缸"二句是说，苏轼真有酒逢知己千杯少的感触，也表现出自己虽然处境凄凉，但仍然豪情满怀。"居士先生"就是苏轼自己，"老矣"是说生命短促，借此感叹人生无常。是的，人生短暂，人生如梦。而今或许他们都在梦里，尽情地畅谈着真挚的情感。"真梦里、相对残釭"二句，苏轼写自己与客人畅谈，整整一夜，把酒都喝完了，不但表现出了他们之间意趣相投，情感至真，也表现出苏轼对朋友的真挚感情。"歌声断，行人未起，船鼓已逢逢"三句，是说朋友三人畅谈如此愉快，情感如此真挚，通宵达旦，尽情欢唱，难分难舍。虽然天明即将分手，船鼓催发，可苏轼与朋友们的话未尽，情未尽，也只能满怀惜别之意告别了。

这首词，情感表达情真意切，感人至深。语言精练，言简意赅，意蕴深厚。艺术上有很高的欣赏价值。

苏轼虽然时时忍受着病痛的折磨，但天性中的乐观豁达，使他始终保持风趣和幽默，偶尔还会编一个小笑话来调侃自己。有一天，他听有人说患风火眼赤的人不能吃肉，便决定暂时戒荤吃素。可是，每当闻到肉香时，苏轼又忍不住馋涎欲滴。就这样，他写下了一篇《口目相语》，可谓是谐趣横生：

子瞻患目赤，或言不可食脍。子瞻欲听之，而口不可。曰："我与子为口，彼与子为眼，彼何厚，我何薄，以彼患而废我食，不可。"子瞻不能决。口谓眼曰："他日我喑，汝视物，吾不禁也。"

这是一篇寓言笑话，但却表达了深刻的道理：人作为一个整体，局部应该顾全大局，不能像口那样只顾自己。

后来，苏轼引用管仲的话说："畏威如疾，民之上也；从怀如流，民之下也。"大致意思是说，有敬畏之心，就像遇到疾病那样，才是取得民心之上策；而只考虑自己的心情，失却敬畏之心，是想取得民心的下策。

苏轼通过口、眼与人的健康的关系，来说明一个非常深刻的人生哲理，让人在捧腹之余又深谙其意。

在黄州，苏轼可谓是一位人尽皆知的人物。人们每天看见他出入东门，看见他潇洒地携友出游。可是，自入春以来，已经好几个月不见这位大文豪的踪影，都觉得有些奇怪，隐隐约约听说病了，而且病得不轻。正是这一时期，与苏轼师出同门的另一位散文大家曾巩在临川病逝。于是，一时间谣言四起，说苏轼也在同一天去世，二人一同玉楼赴召，重返天庭了。谣言很快传到京城，传到宫中。神宗皇帝听说之后，立即召回尚书左丞蒲宗孟了解情况。因为这位尚书左丞大人是苏轼的同乡兼远亲，所以神宗想从他那里得到确切而可靠的消息。可是，蒲宗孟的回奏，竟和市井传闻一模一样。

当时，神宗皇帝因为正在用膳，听了蒲宗孟的禀奏后，顿时失落，食不下咽，叹息无奈地说："难得再有此等人才！"神宗皇帝也不得不相信苏轼已经离世，只好闷闷不乐地起身回了书房。

当谣言传到许昌范镇的耳朵里时，这位老人当即伏案大哭，并叫来儿子准备钱款，一起前往黄州吊唁。这位至情至性的老人，一想到苏轼在黄州贫病交加，孤苦飘零，便哭得愈发悲切。

范镇的儿子一边劝慰父亲，一边冷静地分析苏轼去世的消息否属实。他对父亲说："黄州路远闭塞，这个消息真假难辨，不如孩儿派人先去打探一番。"

听了儿子的话，范镇觉得有道理。于是，范镇立即修书一封，派一个可靠的家仆火速赶往黄州。

这个家仆快马加鞭赶到黄州时，苏轼的病体已基本康复。这位信使见到健康完好的苏轼，呈上信件之后道出了此行的缘由。

苏轼一听，大笑之余，内心却感动不已。他立即给范镇回信，让老人家放心。他在回信里这样写道："平生所得毁誉，殆皆此类也。"

范镇得知苏轼活着，只是病了几个月而已，心里非常高兴。他听说苏轼准备置地养老，便写信给苏轼，建议他在许昌置地，将来可以比邻而居，长相往来。苏轼收到信后，心里非常感激。但是，苏迈已经带走家里所有的钱款，跟随陈慥一起到荆州附近的一座小田庄看地去了，不可能再去许昌置产。况且，四年来在黄州这座偏僻的小城里，已经自由闲散惯了，已经适应不了名仕汇集、公卿如林的大都市生活。所以，苏轼写信婉拒了范镇的好意。不过，这次苏迈去荆州附近买田也没有成功，苏轼也只有静待时机。

自苏轼被贬到黄州后，神宗皇帝的日子也并不好过。到元丰六年，变法运动已经持续了整整 16 年。16 年来，神宗皇帝在富国强兵理想的支撑下，殚精竭虑，事必躬亲。可是，他却常常感到事与愿违，现实与理想的差距拉得越来越大，他不禁感到一阵迷茫。在每天的忧虑与忙碌中，他越来越感到力不从心。此时此刻，他真诚希望有一位德才兼备的得力助手，来帮助他应付这日渐艰难的局面。可是，朝廷要职都被一些钻营小人或者无能之辈占据着，神宗皇帝想来想去，也没想出一个可以放心托付之人。

神宗皇帝继位之初，刚刚实行变法时，也曾想把各种力量都聚集在自己的麾下，齐心协力完成变法大业。可是，政见不同导致党争不断，甚至斗争愈演愈烈。为了维护自己的变法主张，神宗皇帝不得不采取强硬措施，黜退反对变法的官员，专门任用拥护变法的人。而这种推行变法的强硬态度，又因他本人的个性而走向极端，最后导致专制独裁政治的出现。有才华有主见的大臣，无论是主张变法的王安石，还是反对变法的司马光、苏轼等，一大批有识之士，都难以与他长久相处。唯有王珪这样唯唯诺诺、善于见风使舵的"三旨相公"可以长居高位，始终不倒。改革日益陷入困境，神宗皇帝内心充满了矛盾和痛苦。改革不能半途而废，可是朝廷之中又无可用之人。作为一位有为的君主，神宗皇帝不得不反思以往，开始考虑起用一些反对新法的官员，并曾公开表示欲取新旧人两用之。

在此期间，神宗皇帝几次想起用苏轼，都受到宰相王珪等人阻挠，未能如愿。北宋政坛，王珪是个史家公认的小人。这其中的原因，不全是因为他在乌台诗案中屡次向苏轼下毒手，主要是因为他以见风使舵出名，逢迎巴结之术炉火纯青。朝廷曾经发生这样一则笑话：一天上朝时，一只虱子从王安石的衣领里爬出来，一路蜿蜒地爬到他的胡须上。宋神宗看到了，莞尔一笑，把王安石笑了个一头雾水。下朝时，王安石便问同僚王珪，皇上为何而笑？王珪指着他须上的虱子以实相告。王安石急忙让从者将虱子消灭，王珪却制止说：此虱屡在宰相的须间漫游，又经过皇上检阅，怎么能杀？只能将它放生。

王珪培植党羽很有一套，有时皇帝也奈何不了他。神宗元丰五年，神宗想让苏轼修国史，六年，想任命苏轼为江宁太守，都被王珪以种种理由拦下。而当时朝廷正向北辽用兵，这事就搁下了。

神宗元丰七年（1084 年）正月的一天，神宗忽然动用不轻易使用的皇帝手札，也不与执政官员商量，直接下令复起苏轼。复起的第一步，授苏轼汝州（今河南省临汝县）团练副使，本州安置。汝州离汴京很近了，神宗的这一招，既巧妙又果断，不撤销原有处分，只是调派到离京城较近的州郡，没有任何官职的升迁，算不得重新起用。这样，王珪也没有理由阻止，但皇帝的用意，满朝文武都心知肚明。

远在黄州的苏轼自然不会知道，围绕他的起用，朝堂之上发生了怎样的明争暗斗，神宗皇帝又为此付出了怎样艰辛的努力。

02 惜别黄州，奔赴汝州

宋神宗元丰七年（1084年）三月的一天，苏轼接到了朝廷发来的诏书。诏书的内容是："苏轼黜居思咎，阅岁滋深；人才实难，不忍终弃。"诏书宣布授苏轼汝州团练副使，本州安置。

捧着诏书，苏轼不禁百感交集。虽然只是稍微内移，一切没有根本上的改变，但他觉得，皇上对他还是有着深深的眷顾。此时，苏轼内心不禁矛盾重重。在黄州谪居五年，作为一个落魄绝望的犯官，他已经适应了这里的平淡与闲适。但作为一名正直善良的顶级知识分子，他的身上蕴藏着浓厚的儒家的忠君爱国思想，他并不因为曾经遭遇贬谪而心怀怨恨。可一想到骤然之间就要告别黄州的一切，心中不禁万分不舍。他很想上书皇上，请求在黄州长久居住，可又不忍拂逆皇上的一片好意。毕竟汝州这个城市繁华富庶，各方面条件都比黄州强很多。于是，苏轼循例给神宗皇帝上了一封《谢量移汝州表》。

接到调令后，苏轼即便有万分不舍，也还是收拾了行囊，与黄州告别。苏轼把东坡、雪堂、南堂以及乳母任氏的坟墓，都委托给几位邻友帮忙照料。

出发的日期已经确定，船只已经租好，一切都万事俱备。苏轼临行前所要做的工作，就是参加一个接一个的饯行酒会，完成一个又一个的索字题诗的请求。尽管跟苏轼索字的人每天络绎不绝，但苏轼不急不恼，一个一个耐心答复，哪怕忙到深更半夜，也一定要满足黄州友人们的请求。

在一次州府郡僚为苏轼开设的饯行酒宴上，一位侑酒的歌妓格外引起了苏轼的注意。她叫李琪，是一位天资聪颖、极爱读书的女子。与一般的歌妓相比，她有一种知性优雅的独特气质，就像一朵幽兰，浑身散发着一种淡雅的美，远非那些轻佻的风尘女子可比。苏轼早就注意到她，她也一直敬仰倾慕苏轼的才华，每次官府宴集，看到其他歌妓争相求诗乞字，往往各有所得，暗自羡慕不已，但因为天性腼腆，不好言谈，始终不好意思开口向这位大才子索诗题字。现在知道苏轼马上要离开黄州了，机不可失，时不再来，她一直在那里做激烈的思想斗争，所以，看起来仿佛心神不宁的样子。酒过三巡，李琪终于鼓起勇气走到苏轼面前举杯再拜，并取下自己洁白的披肩请苏轼惠赐墨宝。苏轼接过这洁白的丝巾，不由得再一次仔细地端详起眼前这位文静美丽而又略显犹豫的女子。其实，许久以来，苏轼就已经注意到她的与众不同。有时，他甚至猜想，或许这位姑娘有着不为人知的身世的隐痛，这使他油然想起定惠院东面小山坡上那株高洁的海棠，在杂花乱草中幽独地生长。想到这里，他提笔写道："东坡五载黄州住，何事无言及李琪？"

正在此时，邻桌的几位客人前来敬酒，苏轼赶忙放下手中的笔与他们饮酒谈笑，觥筹交错间，早已把题诗的事情忘到脑后了。同席的人互相传看这首没有完成的诗，觉得平常浅易，以苏轼的敏捷才思，下面必有惊人之句引领全篇，所以，大家都在期待着。李琪更是焦急万分，站在那里走也不是留也不是，不知所措。眼看宴席将散，她终于又鼓起十二分勇气，硬着头皮再拜求诗。苏轼这才猛然想起，一边大笑着一边提笔在后面写上："恰似西川杜工部，海棠虽好不吟诗。"

"诗圣"杜甫一生写诗将近三千首，留传下来的也有一千四百多首，其中写过大量的田园风景诗，但就是没有一个字涉及海棠花。宋人钟情海棠，川蜀向来有香海棠国的声誉。杜甫正当壮年，逗留蜀地十载，于其一生是心安神定的岁月。杜诗气势磅礴，沉郁深厚，又不乏清新明丽，却唯独忽略海棠，这让宋人和后人迷惑不解。熟读杜诗并钦佩诗人的苏轼，自然有话要说，并信手拈来写入诗中。苏轼运用这个典故，对于自己几年来都不曾为李琪题诗，做了一个巧妙而合理的解释。这首诗先平后突，音韵谐和，充满机智和风趣，恰似一块圆润的宝石，洋溢着轻盈自然之美。对李琪恰到好处的恭维，使其声名远播。

苏轼计划自己先行一步到筠州（今江西省高安市）看望弟弟苏辙一家，随后再由苏迈带领全家到九江和他相会。离别在即，东坡雪堂和临皋亭两个住处的左邻右舍，都舍不得苏轼一家离去，他们用最淳朴的方式，来表达他们的留恋之情。他们把自己家里自认为最宝贵的东西，纷纷拿来送给苏家作为纪念，也有的送来土特产表达自己的一份心意。甚至有的什么也不说，只是默默地帮助打点行装，把自己的留恋与不舍，凝聚在自己亲手捆绑的每一件行李上。在过去艰难的岁月里，正是这些贫贱之交，不知给予苏轼一家多少无私的帮助，垦荒、种地、建房，哪一样艰苦的劳动都有他们无私的参与。想起这些点点滴滴的往事，苏轼无限感慨地写下了一首《满庭芳·归去来兮》：

（元丰七年四月一日，余将去黄移汝，留别雪堂邻里二三君子，会李仲览自江东来别，遂书以遗之。）

归去来兮，吾归何处？万里家在岷峨。百年强半，来日苦无多。坐见黄州再闰，儿童尽楚语吴歌。山中友，鸡豚社酒，相劝老东坡。

云何？当此去，人生底事，来往如梭。待闲看秋风，洛水清波。好在堂前细柳，应念我，莫剪柔柯。仍传语，江南父老，时与晒渔蓑。

词前小序的大意是说：元丰七年（1084年）四月初一，苏轼将离开黄州，移居汝州，向东坡雪堂的邻居告别。恰好李仲览从江东来告别，于是写了这首词赠他。

这首词的上阕，抒写对蜀中故里的思念和对黄州邻里父老的惜别之情。首句"归去来兮"，直接引自陶渊明《归去来辞》首句，贴切地表达了自己思归故里的强烈愿望，暗含了思归不得归、有家不能归的怅恨。"百年强半，来日苦无多"二句，流露出苏轼对生命空自流逝的惋惜之情，以及对眼下生命的珍惜。这一句加深了失意思乡的感情氛围，是苏轼经历二十多年宦海生涯、尝尽人生苦味之后的惋叹。上阕的后半部分，苏轼笔锋一转，撇开满腔愁思，抒发了因在黄州居住五年所产生的对此地山川人物的深厚情谊。"坐见黄州再闰，儿童尽楚语吴歌"三句，说的是自己已在黄州经过了两次闰年，孩子们早学会了当地方言和歌谣。这两句于平和的语气中，传达出苏轼对生命短促、人生无常的沉重哀伤。"山中友，鸡豚社酒，相劝老东坡"三句，真切细致地表现了苏轼与黄州百姓之间纯真质朴的情谊，以及苏轼在逆境中旷达超脱、随遇而安的淡泊心态。

这首词的下阕，进一步将宦途失意之怀与留恋黄州之意对写，突出了苏轼达观豪放的可爱性格。"云何？当此去，人生底事，来往如梭"四句，意思是说：对这次离别，我能说些什么呢？人生一世，为何要东奔西走，来往如梭？苏轼借用黄州父老的问话，向父老申说自己不得不去汝州，并叹息人生无定，来往如梭，表明自己失意坎坷、无法掌握命运的痛苦之情。"待闲看秋风，洛水清波"二句，苏轼从未来着笔，瞻望自己即将到达之地，随缘自适的思想顿然取代了愁苦之情。一个"闲"字，将上阕的哀思愁怀化开，抒情气氛从此变得开朗明澈。从"好在堂前细柳"一句至篇末，是此词的感情高潮。苏轼以抒发对黄州雪堂的留恋，再次表达了对邻里父老的深厚感情。他嘱咐邻里莫折堂前细柳，恳请父老时时为晒渔蓑，言外之意显然是：自己有朝一日还要重返故地，重温这段难忘的生活。此处不明说留恋黄州，而留恋之情早已充溢字里行间。词的下阕深沉蕴藉，含蓄委婉，情真意切，将惜别、依恋之情表现得动人肺腑，令人回味无穷。结尾的临别告语，奇峰突起，收束全篇，与上阕的纯真友情相呼应，将惜别之情推向高潮。

宋神宗元丰七年（1084 年）四月初七清晨，提前租好的船只早已在江边码头等候，前来送行的父老乡亲，把通往江边码头的小路围得水泄不通。苏轼在众人的簇拥下，缓缓向江边走去，即将走到码头的时候，他忍不住回头看了一眼自己辛勤耕作了四年的东坡，上面绿油油的麦子已经开始抽穗，雪堂前的桃李正是落英缤纷……他不忍再看下去，回转身大踏步走向码头登上了船。站在船头，苏轼看见不停地挥手跟他告别的乡亲们，忍不住潸然泪下。

苏轼一行渡江后的第一站，是长江对岸的好友王齐愈、王齐万两兄弟家。苏轼贬谪黄州后，举目无亲，而移居武昌刘郎洑的蜀籍两兄弟王齐愈、王齐万的专访，给他带来无比的喜悦。苏轼曾为两兄弟写下《王齐万秀才寓居武昌县刘郎洑，正与伍洲相对，伍子胥奔吴所从渡江也》这首诗：

君家稻田冠西蜀，捣玉扬珠三万斛。

塞江流株起书楼，碧瓦朱栏照山谷。

倾家取乐不论命，散尽黄金如转烛。

惟余旧书一百车，方舟载入荆江曲。

江上青山亦何有，伍洲遥望刘郎薮。

明朝寒食当过君，请杀耕牛压私酒。

与君饮酒细论文，酒酣访古江之溃。

仲谋公瑾不须吊，一酹波神英烈君。

在谪居黄州期间，苏轼与王氏兄弟相会达上百次。本来打算委托王氏兄弟在武昌车湖买田以老终生，但忽然受命，移居汝州，不能遂愿，便感身不由己。

在王家住了两天，新任兴国军（今湖北省阳新县）知州的老友杨绘，派州学生李翔专程前来邀请苏轼往游其地。于是，苏轼便在陈慥、参寥、赵吉这三位朋友的陪同下，欣然前往兴国军。

赵吉是一位得道异人，平时衣衫褴褛，蓬头垢面，并自称自己已经127岁。他有一个奇异的本领，就是见人一面无需交谈，便能说出这个人的性情喜好以及身体状况。后来，苏辙遇见他后，他就教苏辙很多养生知识，让苏辙深受其益。于是，两人成为好友。苏辙又把他引荐给苏轼。赵吉非常喜欢苏轼旷达随和的性格，在雪堂一住就是半年。这次苏轼量移汝州，他也跟随苏轼一道离开黄州，前往汝州。

杨绘热情地款待了苏轼以及随行的一侠一僧一道，一行人也在兴国军逗留了好几天。随后，苏轼又被李翔邀请去他家做客。苏轼在李翔家欢饮畅聊，醉后题诗于李翔家的墙壁上。后来，李翔把苏轼题诗于墙壁的那座房子，取名为怀坡阁。

离开兴国军的时候，赵吉被杨绘留下。赵吉喜欢养小动物，每次出行身边总是带着一样宠物。后来，据说他被自己饲养的一头驴踢死了。更神奇的是，一年后他又从坟墓里爬出来，被人看见出现在大街上。他的死而复生，对苏轼触动很大，让他对道教的羽化成仙，更有些坚信不疑。

元丰七年四月十四，苏轼抵达慈湖，顺江而下，前往九江。潘丙、郭遘、古耕道以及王氏兄弟等十几位邻居好友乘船赶来，远道相送。后经过苏轼再三劝阻，大家才依依不舍地返回。唯有陈慥，无论苏轼怎么劝阻，还是坚持一定要送到九江。到达九江后，两位好友深情握别，久久不愿离开。苏轼感激之余，作了一首赠别诗。

苏轼把四年前岐亭道上巧遇陈慥，及此后三次岐亭之游所作的诗歌，连同这首临别之作，合编为《岐亭五首（并叙）》，留给陈慥作为两人深厚友谊的永久纪念：

（元丰三年正月，余始谪黄州。至岐亭北二十五里，山上有白马青盖来迎者，则余故人陈慥季常也。为留五日，赋诗一篇而去。明年复往见之，季常使人劳余于中途。余久不杀，恐季常之为余杀也，则以前韵作诗，为杀戒以遗季常，季常自尔不复杀，而岐亭之人多化之，有不食肉者。其后每往见之，往必作诗，岐必以前韵。凡余在黄四年，三往见季常，而季常七来见余，盖相从百余日也。七年四月，量移汝州。自江淮徂洛送者皆止慈湖，而季常独至九江。乃复用前韵通为五篇以赠之。）

昨日云阴重，东风融雪汁。远林草木暗，近舍烟火湿。
下有隐君子，啸歌方自得。知我犯寒来，呼酒意颇急。
抚掌动邻里，绕村捉鹅鸭。房栊锵器声，蔬果照巾幂。
久闻蒌蒿美，初见新芽赤。洗盏酌鹅黄，磨刀削熊白。
须臾我径醉，坐睡落巾帻。醒时夜向阑，唧唧铜瓶泣。
黄州岂云远，但恐朋友缺。我当安所主，君亦无此客。
朝来静庵中，惟见峰峦集。我哀篮中蛤，闭口护残汁。
又哀网中鱼，开口吐微湿。刳肠彼交病，过分我何得。
相逢未寒温，相劝此最急。不见卢怀慎，蒸壶似蒸鸭。
坐客皆忍笑，髡然发其幂。不见王武子，每食刀几赤。
琉璃载蒸豚，中有人乳白。卢公信寒陋，衰发得满帻。
武子虽豪华，未死神已泣。先生万金璧，护此一蚁缺。
一年如一梦，百岁真过客。君无废此篇，严诗编杜集。
君家蜂作窠，岁岁添漆汁。我身牛穿鼻，卷舌聊自湿。
二年三过君，此行真得得。爱君似剧孟，扣门知缓急。
家有红颊儿，能唱绿头鸭。行当隔帘见，花雾轻幂幂。
为我取黄封，亲拆官泥赤。仍须烦素手，自点叶家白。
乐哉无一事，十年不蓄帻。闭门弄添丁，谈笑杂呱泣。
西方正苦战，谁补将帅缺。披图见八阵，合散更主客。

不须新戒行，坐论教君集。酸酒如齑汤，甜酒如蜜汁。
三年黄州城，饮酒但饮湿。我如更拣择，一醉岂易得。
几思压茅柴，禁网日夜急。西邻推瓮盎，醉倒猪与鸭。
君家大如掌，破屋无遮幂。何从得此酒，冷面妒君赤。
定应好事人，千石供李白。为君三日醉，蓬发不暇帻。
夜深欲逾垣，卧想春瓮泣。君奴亦笑我，鬓齿行秃缺。
三年已四至，岁岁遭恶客。人生几两屐，莫厌频来集。
枯松强钻膏，槁竹欲沥汁。两穷相值遇，相哀莫相湿。
不知我与君，交游竟何得。心法幸相语，头然未为急。
愿为穿云鹘，莫作将雏鸭。我行及诸夏，煮酒映疏幂。
故乡在何许，西望千山赤。兹游定安归，东泛万顷白。
一欢宁复再，起舞花堕帻。将行出苦语，不用儿女泣。
吾非故多失，君岂无一缺。各念别时言，闭户谢众客。
空堂净扫地，虚白道所集。

03 初入庐山，转世迷解

　　苏轼在九江与陈慥依依惜别后，又有朋友前来迎接，这个人就是老友刘恕的弟弟刘格。刘恕即刘道原，以擅长史学著名，曾经被司马光提拔一起编著《资治通鉴》。他的父亲刘涣是欧阳修的同年，因为性情刚直不被上官欣赏，50岁时退休到庐山居住。刘恕跟他父亲一样，也非常正直，他跟王安石是故交，但不认同王安石的新法，多次当面直言，最后导致两个人绝交，刘恕也因此遭到新党排挤，无奈离开官场。宋神宗元丰元年（1078年）九月，刘恕因患风挛疾病逝，享年47岁。

　　刘恕的早逝，让苏轼既伤感又惋惜。在他的弟弟刘格的陪同下，苏轼参拜了这位老友的墓地。随后，刘格又陪同苏轼和参寥等游览庐山。

　　庐山又名匡山、匡庐，位于江西省九江市庐山市境内。东偎婺源、鄱阳湖，南靠滕王阁，北枕滔滔长江，占地302平方公里，主峰汉阳峰海拔1474米。庐山层峦耸秀，高入云霄，白云缥缈，恍如仙境一般。而它之所以饮誉古今，令文人墨客心驰神往，不仅仅由于其自然风光的旖旎秀丽，更由于它拥有丰富的人文景观。这里古刹林立，先贤遗迹随处可见，神话传说数不胜数，仅是"庐山"这个名字的由来，就有无数个版本的传说，而且个个充满传奇色彩。

宋神宗元丰七年（1084 年）四月二十四一早，苏轼一行从庐山南麓正面登山。初入庐山之前，苏轼便与参寥约定，此行，绝不作诗。

苏轼一行沿着弯弯曲曲的山路往前走，一阵一阵的清风迎面扑来，间或传来叮叮咚咚的流水声，偶尔传来的一两声鸟鸣，把山林衬托得越发幽静。山中的景色奇幻而富于变化：时而是苍翠山谷，时而是峭壁陡崖，时而是缓坡绿地……如此胜境，确实是造物主的名片杰作，绝非人类的语言可以描述。

不知什么时候，苏轼来庐山的消息已传遍庐山的上上下下，所到之处，山中的僧俗纷纷奔走相告，大声地喊："苏子瞻来了！苏子瞻来了！"这情形，让苏轼既高兴又诧异，感叹自己在这个从没来过的地方也这么出名，便随口作了一首绝句。诗刚一出口，苏轼便意识到自己破了戒，不免自我解嘲一番。不过既然开了头，就索性再作两首，跟前面的一首合并为《初入庐山三首》：

其一
青山若无素，偃蹇不相亲。要识庐山面，他年是故人。
其二
自昔怀清赏，神游杳霭间。如今不是梦，真个在庐山。
其三
芒鞋青竹杖，自挂百钱游。可怪深山里，人人识故侯。

途中，有人送来刘凝之和陈舜俞所撰的《庐山记》。苏轼捧着《庐山记》，边走边读。他读到了李白那首著名的《望庐山瀑布》："日照香炉生紫烟，遥看瀑布挂前川。飞流直下三千尺，疑是银河落九天。"这首诗由于夸张而又自然的笔法，让苏轼极为赞赏。

而中唐诗人徐凝，也写了一首《庐山瀑布》："虚空落泉千仞直，雷奔入江不暂息。千古长如白练飞，一条界破青山色。"苏轼认为，这首诗比起李白那种入乎其内，出乎其外，有形有神，奔放空灵，实在相去甚远。

苏轼一行脚步匆匆，沿着幽静的山路，不一会儿的工夫就到了开先寺。寺中住持早已带领大小僧众，在寺前迎候苏轼一行的到来。在住持和尚的邀请下，大家进寺喝茶休息片刻。

开先寺位于五老峰下，原为南唐中主李璟年少时的读书堂，李璟即位后，下诏将读书堂改为寺庙。寺内古木参天，楼台掩映，著名的庐山瀑布就在寺外不远处，坐在寺中，飞瀑直泻的轰鸣声不绝于耳。苏轼等人在寺中稍稍休息片刻，就在住持和尚的陪同下前往观赏瀑布。

有住持和尚当向导引路，没走多远，就来到了瀑布跟前。只见那瀑布水面泛着银光点点，如玉龙天降，银汉倒悬，奔腾而下，蔚为壮观。那瀑布水跌落的过程中，溅激起的无数水花雨雾，经山风吹拂，化为阵阵烟云，随风飘入云际。苏轼不禁对造化的神奇发出阵阵惊叹。

离开开先寺与住持和尚辞行，住持和尚请求留诗，苏轼看着眼前的壮观景象，又想起了徐凝的那首《庐山瀑布》诗，不由得口占一绝，名为《世传徐凝瀑布诗云一条界破青山色至为尘陋，又伪作乐天诗称美此句有赛不得之语。乐天虽涉浅易，然岂至是哉？乃戏作一绝》：

> 帝遣银河一派垂，古来惟有谪仙词。
> 飞流溅沫知多少，不与徐凝洗恶诗。

苏轼似乎有些太贬低徐凝，徐凝的《庐山瀑布》确实是盖不过李白的绝唱，但也绝非泛泛之作。

苏轼一行离开开先寺时，天色已晚，便乘着月色匆匆赶路。不久，苏轼便来到了甘泉口西面的圆通山。圆通山南面有一座圆通禅院，苏轼的父亲苏洵当年游历庐山时，曾经在这里住过一段时间，并与当时的住持居讷长老结识。居讷长老是皇佑年间有名的高僧，苏轼小时候常听父亲提起他。

当晚，苏轼一行就在圆通禅院住下。虽然居讷住持早已圆寂，但是现在的住持可先禅师对他们仍然礼遇有加。而且，寺中还有一位宣逮和尚当年曾是苏轼父亲的旧识。听宣逮老和尚娓娓讲起当年父亲游历庐山的旧事，苏轼不禁感慨万千。适逢父亲去世十八周年忌日，苏轼沐浴斋戒，手书《宝积菩萨献盖颂佛偈》一则，连同彩幡一对捐给禅院，为父亲祈求冥福。

第二天，苏轼早早离开禅院，马不停蹄地游览了几处著名景点后，便匆匆下山了，赶往筠州（今江西省高安市）探望苏辙。

转眼之间，苏轼与苏辙兄弟两个又有好几年的时间不曾见面了。贬官筠州，苏辙的薪俸大减，负担三个儿子七个女儿这样大家庭的生活开销，本就捉襟见肘，还要时不时地从齿缝里紧出一些，来接济一下患难的哥哥，苏辙家的生活境遇可想而知。得知苏辙在筠州的日子并不好过，甚至遭到同僚的排挤，苏轼心里非常难受，却又无能为力。他一连写了好几首诗歌，来安慰弟弟，其中的一首《初秋寄子由》这样写道：

> 百川日夜逝，物我相随去。惟有宿昔心，依然守故处。
> 忆在怀远驿，闭门秋暑中。藜羹对书史，挥汗与子同。
> 西风忽凄厉，落日穿户牖。子起寻夹衣，感叹执我手。
> 朱颜不可恃，此语君勿疑。别离恐不免，功名定难期。
> 当时已凄断，况此两衰老。失途既难追，学道恨不早。
> 买田秋已议，筑室春当成。雪堂风雨夜，已作对床声。

苏轼深情地回忆起当年怀远驿中的那一段旧事：当年兄弟俩少年英迈，前途一片光明，却在怀远驿中那个风雨之夕，相约有朝一日携手归隐。兄弟情深，如今年老衰颓，仕途之上布满荆棘，到处都是小人布设的机关、陷阱，让苏轼身心俱疲。真不如兄弟俩一道在黄州买田筑屋，下半生做个草野之民。然而，这不过是无奈之中一点点可怜的心理慰藉，虽然美妙，却无法实现。

在去往筠州的途中，苏轼意外遇见了探望岳父苏辙后从筠州返回徐州的王适。王适既是自己的学生，又有姻亲之情，感情自是非同一般。于是，二人秉烛长谈，一夜无眠。第二天，二人依依不舍地各奔东西。

由于苏轼急切希望早日见到苏辙一家人，一路都是快马加鞭。苏轼心里想象着弟弟一家人的情形，尤其是三个可爱的侄儿，一晃七八年不见，可能早已成长为英俊帅气的大小伙子。想到这里，他歇脚时，情不自禁地写下一首《将至筠，先寄迟、适、远三犹子》，托信使快马给苏辙捎去：

> 露宿风餐六百里，明朝饮马南江水。
> 未见丰盈犀角儿，先逢玉雪王郎子。
> 对床欲作连夜语，念汝还须戴星起。
> 夜来梦见小於菟，犹是鬌髦垂两耳。
> 忆过济南春未动，三子出迎残雪里。
> 我时移守古河东，酒肉淋漓浑舍喜。
> 而今憔悴一羸马，逆旅担夫相汝尔。

出城见我定惊嗟，身健穷愁不须耻。

我为乃翁留十日，掣电一欢何足恃。

惟当火急作新诗，一醉两翁胜酒美。

苏轼的这首诗，充满了对三个侄儿的思念之情。同时表示，"我为乃翁留十日""一醉两翁胜酒美"，大家一定要高高兴兴地叙谈叙谈。

苏轼到了奉新后，又写信给苏辙打招呼："已至奉新""且夕相见"。苏辙接到信后，便约了两位要好的僧人，一位是洞山寺的云庵禅师，另一位是真如寺的有聪禅师，三人一起出城到途中迎接苏轼。

元丰七年四月二十九，在距离筠州城东北二十里、与奉新接壤的建山寺，苏辙与云庵、有聪等三人，终于接到了苏轼。

寒暄之后，云庵禅师说，他在某日做了一个梦，梦到同子由、有聪出城去迎接五祖戒和尚。苏辙、有聪听了深感惊异，说在同一天晚上，他们各自做了一个同样的梦。苏轼接过话茬说："我在七八岁时，曾梦见自己是僧人，往来陕右一带。而且，听母亲说，当初怀我的时候，曾梦见一位瘦高的和尚前来借宿，那个和尚有一只眼睛失明了。"云庵听了，吃惊地说："五祖戒和尚就是陕右人。晚年弃五祖来到筠州，以后便圆寂在大愚寺，到现在50年了。"有聪问苏轼："今年你多大年纪？"苏轼说："49岁了！"三人都有所悟，感觉他们同梦所迎的五祖戒和尚，岂不就是你苏子瞻。从此以后，苏轼在给云庵和佛印的书信中，往往自称为"戒和尚"。

苏轼在筠州期间，同苏辙一家促膝谈心，游览山川名胜，走访苏辙在筠州的新交。

端午节那天，苏辙比往日更为忙碌，他首先得过河去市场上收盐酒税，完成他"微官终日守糟缸"的公务。苏轼原以为兄弟俩六年没在一起过端午节，这一次可以相对痛饮，没想到，苏辙又为俗务所扰，心中不免有些怅然。无奈之下，苏轼只好独自携带三个侄儿，去筠州最大的寺庙——真如寺游玩，并看望有聪禅师。苏辙被贬筠州后，因与有聪同乡，过往甚密。苏轼在《端午游真如，迟、适、远从，子由在酒局》一诗中写道：

一与子由别，却数七端午。身随彩丝系，心与菖蒲苦。

今乘匹马来，佳节日夜数。儿童喜我至，典衣具鸡黍。

水饼既怀乡，饭筒仍愍楚。谓言必一醉，快作西川语。
宁知是官身，糟麹困薰煮。独携三子出，古刹访禅祖。
高谈付梁罗，诗律到阿虎。归来一调笑，慰此长龃龉。

苏轼与三个侄儿一路谈天说地，吟诗作赋，玩得非常开心，连十一岁的苏远也不甘示弱，和大伯、哥哥们一起即景联句，深得家传。

苏辙谪居筠州后，听说金沙刘村有位叫刘平伯的人，以敦朴持家，以诗书课子，睦族帮邻，时人尊为长者，便常于公务之余，泛舟去他家拜访，并诗酒唱和。

苏轼听说后，便要苏辙邀了有聪禅师、云庵禅师，乘舟渡河访刘平伯。刘平伯见来了这么多客人，尤其是久已闻名今始得见的苏轼，真是喜出望外，便留四位客人在家中住下，并打发船夫乘夜返回筠州。

这次造访中，少不了要登金沙台访古怀幽。应刘平伯之请，苏轼挥毫作墨竹图四幅，并作了一首《金沙台》：

雨后东风渐转和，扣门迁客一经过。
王孙采地空圭璧，长者芳声动薜萝。
正尔谪居怀北阙，聊同笑语说东坡。
山林台阁原无异，促席论心酌巨罗。

由于苏轼、苏辙的造访，当地人将他们停舟登岸的渡口改名为"来苏渡"，将岸边的邹村冠名"来苏"，还在渡口建亭一座，请苏辙手书了"唤渡亭"三字，做成匾额挂在亭子上。

苏轼在筠州停留十日后，于元丰七年五月初九离去，重回九江与家人相聚，并一起移往汝州。辞别时，苏轼作《留别子由三首兼别迟》抒发离情，并对三个侄儿进行了一番嘱托：

知君念我欲别难，我今此别非他日。
风里杨花虽未定，雨中荷叶终不湿。
三年磨我费百书，一见何止得双璧。
愿君亦莫叹留滞，六十小劫风雨疾。

先君昔爱洛城居，我今亦过嵩山麓。
水南卜宅吾岂敢，试向伊川买修竹。
又闻缑氏好泉眼，傍市穿林泻冰玉。
遥想茆轩照水开，两翁相对清如鹄。

两翁归隐非难事，惟要传家好儿子。
忆昔汝翁如汝长，笔头一落三千字。
世人闻此皆大笑，慎勿生儿两翁似。
不知樗栎荐明堂，何似盐车压千里。

04 题西林壁，记石钟山

苏轼从筠州返回九江时，家人还尚未到达。恰巧佛印禅师派专人捎信，邀请苏轼同游庐山。佛印禅师又名了元，字觉老，是中国宋朝的一位很了不起的高僧。佛印禅师从小通晓四书五经，16 岁时出家专门研究佛学。因为德学兼优，名闻全国，神宗皇帝颁赐一个"高丽磨纳金钵"给他，并赐他"佛印"之号，以表扬他的道德。当时，很多佛寺都请他去住持。佛印禅师住持庐山的归宗寺时，与在黄州的苏轼隔江相望，两人虽未见面，但彼此书来信往神交已久。宋神宗元丰六年（1083 年）腊月，佛印禅师离开庐山归宗寺，出任润州金山寺住持。这一次，刚好赶上回庐山办事，听说苏轼已到九江，便派专人相约。

一天，苏轼与佛印、参寥同游庐山。庐山的黄龙峰北麓，是著名的庐山汤泉。庐山汤泉分为两股：一股为热泉，像刚刚煮沸的开水；另一股为冷泉，冰冷刺骨。两股泉流汇聚于下面的水池内，便成为冷热适宜的温泉。温泉水有祛病延年的神奇功效，游客游庐山时，必泡温泉。苏轼一行当然也不例外，他们在温泉里尽情浸泡一番，顿觉连日奔波的疲劳消失，浑身舒爽。泡过温泉，苏轼漫步池边，看池壁上留题的诗句，其中有一首署名为"圆通禅院可遵和尚"的题诗引起了苏轼的注意："禅庭谁立石龙头，龙口汤泉沸不休。直待众生尘垢尽，我方清冷混常流。"苏轼觉得诗中的"直待众生总无垢"一句还有些意思，就戏作了一绝：

> 石龙有口却无根，自在流泉谁吐吞。
>
> 若信众生本无垢，此泉何处觅寒温。

苏轼的题诗很快就传到了圆通禅院，可遵和尚还在这个禅院，听说自己的题诗受到苏轼的赞扬，头脑开始发昏，人也有些飘飘然起来，自视已成为当代大诗人。第二天，他又来请苏轼吟诗作赋。刚好他前几天读了苏轼的《三峡桥》一诗，便对苏轼高声朗诵了他头天晚上写的一首诗："君能识我汤泉句，我却爱君三峡诗。道得可咽不可嗽，几多诗将竖降旗。"

苏轼正要说话，可遵和尚就叫栖贤寺的住持把他的诗拿去刻碑，还叮嘱说："把碑空一半出来，等苏学士和了我的诗再刻上去！"坐在一旁的佛印和尚有些耐不住性子了，边大声说："无知和尚，些须雕虫小技，焉敢在大学士面前卖弄？"说罢，佛印和尚也吟诗一首："打睡祥和万万千，梦中趋利走如烟。戏君打快修禅定，老境如蚕已再眠。"

众人一听，都拍手称快。可遵和尚觉得再待下去实在无趣，只好悄悄溜走了。

一天，参寥与佛印各自有事都脱不开身，苏轼索性屏退随从，独自赏游庐山。在幽静的山路上，苏轼信步闲游，不急不缓，不知不觉间来到了白鹤观。

白鹤观位于五老峰前，是一座拥有几百年历史的道观。唐朝开国之初，高祖李渊自称老子后裔，并颁布《先老后释诏》："老教孔教，此土先宗；释教后兴，宜崇客礼。令老先，孔次，末后释。"赐男道田30亩，女冠田20亩；于是道教大兴。白鹤观由此而肇基，初由道士筑坛，在此修行作法，取名"古柏坛"。唐开元年间，道士刘混成入主白鹤观。刘混成名元和，祖籍彭城（今江苏省徐州市铜山区）。入主白鹤观后，刘混成一面潜心修道结炉炼丹，一面遍植松杉美化环境，使白鹤观名声大振，成为唐宋两代道教在庐山地位最高、影响最大的道观。

苏轼走进白鹤观中，恰好是正午时分。观中的人大都在午睡，观内一片

寂静,唯有古松流水间不时传来棋盘落子的轻微声响。后来,苏轼在《观棋(并引)》这首诗中写道:

(予素不解棋,尝独游庐山白鹤观,观中人皆阖户昼寝,独闻棋声于古松流水之间,意欣然喜之,自尔欲学,然终不解也。)

儿子过乃粗能者,儋守张中日从之戏,予亦隅坐,竟日不以为厌也。

五老峰前,白鹤遗址。长松荫庭,风日清美。

我时独游,不逢一士。谁欤棋者,户外屦二。

不闻人声,时闻落子。纹枰坐对,谁究此味。

空钩意钓,岂在鲂鲤。小儿近道,剥啄信指。

胜固欣然,败亦可喜。优哉游哉,聊复尔耳。

苏轼离开白鹤观的时候,已是下午两三点钟了。观前有一条小溪,流水淙淙,清澈见底,苏轼沿着溪流向上游漫步。看见不远处,一块巨石兀立溪中,巨石上书写着“醉石”二字。据石上碑文记载,这里既是当年陶渊明辞官归隐之后常来饮酒醉卧之处,也是唐代大诗人白居易曾经的醉卧之处。

这条溪水的上游即是白云庵,是苏轼的至交好友李常和其兄李莘少时读书的场所。李氏兄弟出仕为官后,将九千多册藏书留在庵中,庵中人将这间书屋称为“李氏山房”。苏轼知密州时,曾应约作《李君山房记》。如今游历至此,自是感慨颇多。于是,苏轼提笔画了一幅枯木图,留在庵中作为纪念。

天色将晚,夕阳残照。面对云蒸霞蔚的罗汉肚,银泉飞瀑的香炉峰,一座千年古刹横卧香谷,红墙碧瓦,梵宇巍峨。这座古刹,就是中国佛教净土宗发祥地——庐山东林寺。

东林寺建于东晋大元九年(384年),为庐山上历史悠久的寺院之一。其规模极大,曾是东晋高僧慧远的道场,他在这里创立了中国佛教第一个社团——白莲社,弘扬净土宗教义。白莲社中,既有中外高僧,又有达官贵人,还有学者隐士。白莲社以同修净业、共期西方为宗旨,熔释、儒、道于一炉,开佛教中国化之先河。以东林寺为中心的庐山,遂成为中国南方的佛教中心。

唐宣宗十一年(857年)四月二十六,经历了会昌法难后,高僧正言耗时14年,将东林寺重建一新,江州刺史崔黯撰写《复东林寺文》,大书法家柳公权手书。崔文秀丽,柳书遒劲,辞书合璧,被称为东林一绝。

唐朝时期，东林寺达到鼎盛，寺内诗碑林立。李白、杜甫、孟浩然、白居易、韩愈、李颀、王昌龄、李端、韦应物、张九龄、张乔、杜荀鹤等，都留有诗章，有着"满寺万诗咏，一步一惊心"之说，堪称天下第一诗寺。

当天夜里，苏轼就留宿在东林寺。遥想当年慧远大师的高风逸调，白莲社的盛况空前，缅怀先贤留下的一处遗迹，苏轼深感不虚此行。

第二天，在东林寺长老常总和尚的陪同下，苏轼又游览了西林寺后，此次的游玩就将告一段落。恰在此时，山下僮仆来报，说苏迈已带领全家抵达九江。想想此次游览庐山，前后已半月有余，可是依然无法描述庐山的全貌。他发现庐山横看绵延逶迤，崇山峻岭郁郁葱葱连绵不绝，侧看则峰峦起伏，奇峰凸起，耸入云端。从远处和近处不同的方位看庐山，所看到的山色和气势又不相同。他忽然顿悟，只有远离庐山，跳出庐山的遮蔽，才能看到庐山的全貌，把握庐山的真正仪态。于是，他在西林寺的墙壁上，题上了不朽名作《题西林壁》：

> 横看成岭侧成峰，远近高低各不同。
>
> 不识庐山真面目，只缘身在此山中。

这首诗，寓意十分深刻，语言深入浅出，全无任何雕琢。苏轼用一种质朴无华、条畅流利的语言，表现出一种清新的、前人未曾道的意境，鲜明的感性与明晰的理性交织在一起，互为因果。由此，苏轼又开创了以言理为特色的新诗风。

游庐山归来，已是宋神宗元丰七年（1084 年）五月下旬。参寥暂留庐山，与苏轼从此分别。话别之时，两位知己互相勉励，彼此祝福，苏轼赠诗约他来日在汝州相会。

此时，苏迈已经 26 岁。这个憨厚朴实的小伙子，从小随父亲过着颠沛流离的生活。父亲遭难，巨大的家庭变故，使得他早早成熟，帮父亲挑起家庭重担，成为全家老小的依靠。此时，苏迈被任命为德兴县尉，一家人乘船绕道湖口，送苏迈赴任。

湖口有一座石钟山，苏轼在郦道元的《水经注》里读到它。对于石钟山名字的由来，历来说法不一。苏轼对各种说法都不认同。于是，苏轼决定借来湖口送苏迈上任之机，与苏迈一起游石钟山，以探究石钟山名称的由来。

就这样，《石钟山记》宣告诞生：

> 《水经》云："彭蠡之口有石钟山焉。"郦元以为下临深潭，微风鼓浪，水石相搏，声如洪钟。是说也，人常疑之。今以钟磬置水中，虽大风浪不能鸣也，而况石乎！至唐李渤始访其遗踪，得双石于潭上，扣而聆之，南声函胡，北音清越，桴止响腾，余韵徐歇。自以为得之矣。然是说也，余尤疑之。石之铿然有声者，所在皆是也，而此独以钟名，何哉？
>
> 元丰七年六月丁丑，余自齐安舟行适临汝，而长子迈将赴饶之德兴尉，送之至湖口，因得观所谓石钟者。寺僧使小童持斧，于乱石间择其一二扣之，硿硿焉。余固笑而不信也。至莫夜月明，独与迈乘小舟，至绝壁下。大石侧立千尺，如猛兽奇鬼，森然欲搏人；而山上栖鹘，闻人声亦惊起，磔磔云霄间；又有若老人咳且笑于山谷中者，或曰此鹳鹤也。余方心动欲还，而大声发于水上，噌吰如钟鼓不绝。舟人大恐。徐而察之，则山下皆石穴罅，不知其浅深，微波入焉，涵澹澎湃而为此也。舟回至两山间，将入港口，有大石当中流，可坐百人，空中而多窍，与风水相吞吐，有窾坎镗鞳之声，与向之噌吰者相应，如乐作焉。因笑谓迈曰："汝识之乎？噌吰者，周景王之无射也；窾坎镗鞳者，魏庄子之歌钟也。古之人不余欺也！"
>
> 事不目见耳闻，而臆断其有无，可乎？郦元之所见闻，殆与余同，而言之不详；士大夫终不肯以小舟夜泊绝壁之下，故莫能知；而渔工水师虽知而不能言。此世所以不传也。而陋者乃以斧斤考击而求之，自以为得其实。余是以记之，盖叹郦元之简，而笑李渤之陋也。

《石钟山记》的结构，不同于一般的记游性散文那样，先记游，然后议论，而是先议论，由议论带出记叙，最后又以议论作结。苏轼以"疑问—观察—结论"这三个步骤，循序渐进地展开全文。全文首尾呼应，逻辑严密，浑然一体。文章的第一句就提郦道元的说法，提出别人对此说的怀疑。这种怀疑，也不是没有根据，而是用钟磬做的实验为依据。这就为文章的第二段中，苏轼所见的石穴罅和大石当中流作铺垫，从而发出"古之人不余欺也"的慨叹。而在文章最后，又一次慨叹郦元所说虽对，但太简单了，让世人不能真正明白。对李渤扣石聆之以此推石钟山得名原因的作法，苏轼在第一段就表示"余尤疑之"。第二段中寺僧使小童持斧，扣石，苏轼对此种验证方法仍是"笑而不信"。在经过实地考察，得出真相后，苏轼在第三段中，又回扣前文的

"笑李渤之陋"。全文由思而行，有感而发，夹叙夹议，记叙、描写、议论、抒情环环相扣，浑然一体，成为因事说理的千古名篇。

《石钟山记》语言灵活畅达，变化多姿，很有特色。同是写鸟，或由鸟名写到惊飞、写到叫声，或由声音再点出鸟名，毫无板滞之感。写噌咳之声，是先闻其声，再写徐而察之后的发现；写窾坎镗鞳之声，先写中流大石"空中而多窍"之状，再写其声，描写角度和顺序都有不同，行文舒卷自如。

毋庸置疑，《石钟山记》流溢着在一般游记散文中难以见到的浓烈文化气息和历史情韵，充满着独特的艺术魅力。

05 握手介甫，冰释前嫌

苏轼的长子苏迈在湖口与全家分别，独自赴任德兴县尉。分别之际，苏轼将一方石砚赠予苏迈，并在砚底以遒劲的楷书，刻了一首《迈砚铭》：

> 以此进道常若渴，以此求进常若惊。
> 以此治财常思予，以此书狱常思生。

这方砚台和题诗，都有着深刻的含义，充分表达了父亲对于儿子的殷殷嘱托与期待。

对于苏迈这样初入仕途的年轻官员，若想有一番作为，做到上报国家，下安黎民，没有过硬的内功，是不可能实现的。"以此进道常若渴"一句，是苏轼告诫儿子：要以圣贤之道为方向和标杆，"进道"的意志越坚定，毅力越顽强，并达到如饥似渴的程度，圣贤就越接近你，从而达到厚德载物、海纳百川的境界。

"以此求进常若惊"一句，指出哲人有言，艺无止境，学海无涯。只有一意精进，锲而不舍，有势如破竹的气概，才能突飞猛进，产生石破天惊之效果。苏轼希望苏迈通过自警自励，锐意进取。

"以此治财常思予"一句，是说作为基层官员，主要工作就是和百姓打交道。苏轼提醒儿子：在做这些工作时，要心存善念，体恤民苦，时刻不忘常思予。内心常存一份予的仁心和善念，百姓则安居乐业。百姓安，天下安。

"以此书狱常思生"一句，是说刑狱诉讼，审结案件，是地方官另一个基本的工作内容。苏轼教育苏迈，生命是宝贵和脆弱的，撰写判决公文决定的是一个人的命运，要慎之又慎，既不能放过一个有罪之人，也不能冤枉一个好人，因此在执法办案中要有关爱之心。

苏轼以诗铭砚，可谓是用心良苦。苏迈只要动笔，必先用砚，就会记起父亲的勉励与期望。后来，苏迈没有让父亲失望。他公而为民，政绩卓著，两袖清风，受到老百姓的衷心拥戴，时人自发地建造了苏堂纪念他。《德兴县志》这样记载苏迈："文学优赡，政事精敏，鞭朴不得已而加之，民不忍欺，后人仰之。"苏轼也不无欣慰地对友人说："长子迈作吏，颇有父风。"

苏迈拜别后，苏轼全家经池州，过芜湖、当涂，于宋神宗元丰七年（1084年）六月底到达金陵（今江苏省南京市）。连续数月的奔波，又在水上颠簸数日，潮湿闷热，苏轼非常疲惫，和夫人接连病倒。因此，苏轼决定在金陵停留些日子，以休养身体。

听说苏轼已到金陵，许多新朋故友都急切地想和他见面。但苏轼最想见的一个人，就是退居金陵的宰相王安石。作为北宋政坛上政治立场完全对立，在文学艺术的修为上又彼此倾慕的两位风云人物，苏轼与王安石之间，似乎让人不可理解。

苏轼入仕不久，即回乡丁父忧，回朝时，正值王安石变法。王安石时任副宰相，是坚定不移的变法派领袖。而苏轼希望改革在不引起剧烈变动的条件下实行，主张通过社会各阶层的自觉调整与道德完善，来改变社会的衰败。因此，当王安石从变更政治、经济制度入手推行新法时，苏轼便坚决地站在反变法的立场上，与王安石互为政敌。

当时，朝中有人告发苏轼兄弟运父灵回乡的过程中偷运私盐，王安石便下令调查，并拘捕了相关人员讯问。虽然后来查明此事纯为虚有，但经历这一次一次的冲突，苏轼感觉自己在朝中待不下去了，于是请求外任，出任杭州府通判。

在苏轼外任期间，朝中变法派与反变法派之间的斗争异常激烈。宋神宗熙宁七年（1074 年），天下久旱，人心散乱，反变法派趁机起哄，造谣说旱灾是由王安石引起的，更有人趁机诬陷王安石蓄意谋反。在诸多压力排挤的情况下，王安石不得不罢相。但是谣言实在离谱，第二年，王安石复相。

宋神宗熙宁九年（1076 年），由于宋神宗对变法态度的动摇，变法派内部也发生了纷争，同是变法派的吕惠卿，把王安石曾写给他几封有"无使上知"字样的信封交给了神宗，给王安石带来了不少麻烦。与此同时，反对变法的呼声日益高涨，最后连皇太后也站了出来。就在这时，王安石的爱子王雱 33 岁早逝，他一下子变得心灰意冷，再次罢相回到了江宁（今江苏省南京市）。他在城外筑了个"半山园"，从此清心寡欲，吟诗念佛，俨然如出世之人。

再说苏轼在外任期间，虽不满新法，却因亲眼看见了新法的便民之处，从而认识到了反对派的偏执与保守，从而淡化了在政治上对王安石的对立情绪。王安石罢相之后，他不再参与任何与政治有关的事，心态也逐渐归于平和。他们之间淡化了昔日政敌的关系，反而更欣赏对方的才气与学问。

"乌台诗案"爆发后，王安石的弟弟王安礼极力在神宗面前为苏轼开脱。那时，王安石正在江宁隐居，等他知晓这件事时，苏轼罪名已定，不日将被斩首。想到国家多难，人才难得，王安石连夜写信，派人飞马进京给神宗。他在信中说："岂有圣世而杀才士夫？"神宗看了王安石的信，思之再三，觉得有道理，便下旨将苏轼放了，贬为黄州团练副使。王安石在关键时刻为苏轼求情，可见他为人之正直高洁，对苏轼之才的爱惜。也许正是这种高尚的品德，赢得了苏轼对他的敬重与佩服。

苏轼贬居黄州后，王安石始终默默关注着这位比他年轻十几岁的当代英才。每当有人从黄州路过江宁，或者到江宁来，王安石总要问他说："最近子瞻有没有什么妙语啊？"

有一次，苏轼写了一篇新文章，很快就传到江宁。王安石得到这篇文章后时，天色正值黄昏，他等不及家人点灯，就在屋檐底下就着黄昏微弱的光线，一口气读完这篇文章，边读边感叹说："子瞻真是人中之龙啊！"他深深地敬佩苏轼不怨天、不尤人的风范，由衷地给出了极高的评价。

听说苏轼已来到金陵，王安石既高兴又有些忧虑。毕竟两个人曾经是朝堂上针锋相对的政敌，此番见面，会不会有些尴尬？但转念一想，当初的争执，彼此都是出于公心，并无丝毫个人恩怨。由此，王安石心下坦然，决定亲自去江边迎接苏轼。

当苏轼一家人所乘舟船行至江边时，苏轼远远地看见一个瘦削的老人，穿着一身便服骑在毛驴上缓缓而来，他的心中不禁既激动又酸楚。曾经是多么精明强干、雷厉风行的政治家，如今竟已是风烛残年的老人，岁月真的是无情。苏轼来不及想太多，便急忙跳下船，快步迎上前去。两个人执手相对，一时竟不知说什么好。半晌，还是苏轼的一句调侃打破了僵局："苏轼今日敢以野服见大丞相。"

王安石朗声大笑："礼仪岂是为我辈所设！"

就这样，两个人十多年的隔阂顷刻间消融瓦解，心与心的距离顿时缩小，友谊取代了旧嫌，倾慕化解了对立。两位伟大的人物，在这一刻握手言和，留下一段文坛佳话。此后，留在金陵的一个月里，苏轼频繁出入半山园，成了王安石家里的常客。两人在一起谈佛论道，评诗议史，每次都有谈不完的话题。

经过一段时间的交往后，苏轼越发觉得王安石确实是胸怀天下的时代伟人。由于以往二人政见不同，苏轼在与王安石交谈时，总是有意避开政治敏感话题。但是，经过几次谈话后，苏轼深刻地体会到当初王安石推行新法、实行改革的良苦用心。于是，苏轼希望王安石利用自己的政治影响，上书朝廷，对当前朝廷推行的一些弊政进行阻止。

一天，两人正谈得兴高采烈时，苏轼突然严肃地说："我想与您谈论一下有关天下安危的大事。"

王安石有些疑虑地说："子瞻但请明言。"

苏轼忧心忡忡地说："屡起战端，严于刑律，乃是强汉盛唐灭亡的先兆，自太祖立朝，列祖列宗皆以仁厚治天下，正是为了避免重蹈覆辙。但是，眼下西北与辽、西夏连年交战，屡战屡败，而在中原繁华之地，蔡确等又罗织罪名，大兴冤狱，军队疲惫作战，人民忧恐不安。这些，都是国家动荡的根源，您为什么不置一词，拯救这种危难的局面呢？"

王安石无奈地摇了摇头说："我如今早已告老还乡，正所谓，不在其位，不谋其政，我还怎敢再指手画脚、说三道四呢？"

苏轼义正词严地说："不在其位，不谋其政虽然是臣下事君的常理，但当今圣上以非常之礼待您，您怎能以常理事君？只要利国利民利圣上，您难道不应该越常理而行事吗？"

苏轼的一番话，让王安石觉得有些惭愧和无地自容。王安石激动地站起来说："子瞻说得有理，我一定向圣上进言！"

随后，王安石又满脸忧戚地叮嘱苏轼说："此事出于老夫之口，入于子瞻之耳，切不可对他人提起。"

对于王安石的忧虑，苏轼深表理解。自己曾经就是因为口无遮拦，而惨遭小人陷害，九死一生。吕惠卿这等小人的恶意中伤，想必也一定在王安石的心中埋下阴影。

二人沉默了一会儿，王安石又若有所思地说："行一不义之事，杀一无辜之人，就算可以因之而得到天下，也不肯做，这样的人才算可取。"

苏轼笑着说："现在有些人，为了得到半级官职的升迁，可以不惜一切代价，哪怕因此杀人都行。"

两人的谈话，越来越发自肺腑，贴近彼此的内心。王安石感叹苏轼经历这么多磨难之后，依然如此纯真而率性，实在难得。

在六朝古都金陵，苏轼每到一处，都不忘游览名胜古迹。苏轼与王安石经常携手出游，同题赋诗，快乐无比。

距离半山园七里之遥的蒋山，是以东汉秣陵尉蒋子文葬于此山而得名。山上苍松翠柏，古迹留存，是金陵的一大胜地。苏轼游览此山时，王安石由于年迈力衰而不能同往。陪同苏轼游览此山的是他的旧友、新任江宁知府王胜之。他们畅游山中，玩得非常尽兴。为此，苏轼作了一首《同王胜之游蒋山》：

> 到郡席不暖，居民空惘然。好山无十里，遗恨恐他年。
> 欲款南朝寺，同登北郭船。朱门收画戟，绀宇出青莲。
> 夹路苍髯古，迎人翠麓偏。龙腰蟠故国，鸟爪寄层巅。
> 竹杪飞华屋，松根泫细泉。峰多巧障日，江远欲浮天。
> 略彴横秋水，浮图插暮烟。归来踏人影，云细月娟娟。

当苏轼将诗稿送到王府，王安石读到"峰多巧障日，江远欲浮天"这两句时，不禁拍案叫绝："老夫平生作诗，无此二句！"

王安石又兴致勃勃地谈起苏轼的旧作《雪后书北台壁二首》：

其一

黄昏犹作雨纤纤，夜静无风势转严。

但觉衾裯如泼水，不知庭院已堆盐。

五更晓色来书幌，半夜寒声落画檐。

试扫北台看马耳，未随埋没有双尖。

其二

城头初日始翻鸦，陌上晴泥已没车。

冻合玉楼寒起粟，光摇银海眩生花。

遗蝗入地应千尺，宿麦连云有几家。

老病自嗟诗力退，空吟冰柱忆刘叉。

王安石说："'冻合玉楼寒起粟，光摇银海眩生花'这两句的用典极为精妙。"

当时，恰巧王安石的女婿蔡卞在座，蔡卞不解地问岳父："这两句诗不就是描写雪后的景色吗？难道有什么特别之处？"

王安石解释说："这里的典故出自道家典籍，道家以两肩为玉楼，以双目为银海。子瞻，是这样的吗？"

苏轼笑了。他知道，自从这首诗写出来，还没有人看出其中的用典。

经历了官场的沉浮，此时的王安石所向往的不再是建功立业，而是宁静安定的普通人生活。他的一首《北山》是这样写的："北山输绿涨横池，直堑回塘滟滟时。细数落花因坐久，缓寻芳草得归迟。"

王安石希望苏轼也在金陵买田置产，与他比邻而居，于是写了《读蜀志》一诗："千载纷争共一毛，可怜身世两徒劳。无人语与刘玄德，问舍求田意最高。"在这首诗里，王安石用了一个典故。《三国志》曾记载过这样一个故事：许汜拜访陈登，陈登久不相与语，自上大床卧，使客卧下床，令许汜备受冷落而愤愤不平。刘备听说之后指出：士大夫应忧国忘家，有救世之意，而许汜求田问舍，言无可采，理当受人怠慢。他说，如果许汜来拜访自己，他将睡在百尺高楼之上，让许汜睡在地上。"何但上下床之间邪？"这个故事，成为文学作品中频频出现的典故，有才有志的文人，常常自比刘备，抒发慷慨豪壮的英武之气，鄙视那些只知置办田产、没有远大抱负的人。青壮年时代的王安石、苏轼，也是如此。但现在，坎坷的仕途，已使他们心生倦怠，渴望回归乡里。

苏轼非常感动，在《次荆公韵四绝》之三中，他诚恳地写道：

骑驴渺渺入荒陂，想见先生未病时。

劝我试求三亩宅，从公已觉十年迟。

苏轼在金陵买田未能如愿，而王安石也在一年多以后离开了人世。

06 表状获准，常州居住

苏轼刚刚到达金陵不久，苏轼的小儿子苏遁就因病夭折了。苏轼悲痛难抑，就写下了一首《去年九月二十七日，在黄州，生子遁小名幹儿，颀然颖异，至今年七月二十八日病亡于金陵，作二诗哭之》：

吾年四十九，羁旅失幼子。幼子真吾儿，眉角生已似。
未期观所好，蹁跹逐书史。摇头却梨栗，似识非分耻。
吾老常鲜欢，赖此一笑喜。忽然遭夺去，恶业我累尔。
衣薪那免俗，变灭须臾耳。归来怀抱空，老泪如泻水。
我泪犹可拭，日远当日忘。母哭不可闻，欲与汝俱亡。
故衣尚悬架，涨乳已流床。感此欲忘生，一卧终日僵。
中年忝闻道，梦幻讲已详。储药如邱山，临病更求方。
仍将恩爱刃，割此衰老肠。知迷欲自反，一恸送余伤。

幹儿聪明伶俐，眼角眉梢生得最像父亲，苏轼特别喜欢他，丧子之痛对苏轼的打击非常大。侍妾王朝云失去唯一的儿子，这位年轻的母亲更是痛不欲生，终日以泪洗面。

宋神宗元丰七年（1084 年）八月十四，苏轼一家启程离开金陵，前往汝州。临行前，苏轼专程到半山园辞别王安石。或许是预感到自己来日无多，这一别即成永诀，王安石显得分外伤感。苏轼走后很久的一段时间里，王安石依旧沉浸在离别的怅惘之中，他十分感慨地对身边的随从们说："不知更有几百年，方有如此人物！"

行途中的苏轼，也一直在回想着与王安石相处的点点滴滴。王安石那老迈、寂寞的容颜，时时在眼前浮现。想起人生无常，世事多变，苏轼心中无限感慨。第二天一早，他便情不自禁地提起笔来，给王安石写了一封信："某游门下久矣，然未尝得如此行，朝夕闻所未闻，慰幸之极。已别经宿，怅仰不可言。"

船行到仪真，在知府袁陟的帮助下，苏轼暂且将家属安置在仪真学舍，自己便依照约定，与老友滕元发前往金山相聚。

滕元发原名滕甫，字达道，浙江东阳人，是北宋名臣范仲淹的外甥。元发性情豪迈，不拘小节，洒脱兼富机趣。他文武全才，尤其具武将风度、豪杰气概。而且他精明强干，治边有方，是当时的名帅，和张方平一样，都是苏轼心目中的伟人。滕元发与苏轼意气相投，亲密无间。苏轼贬谪黄州时，滕元发曾利用调任之便，绕道黄州探望苏轼。此后，两人书信频传，或交流调气养生之道，或倾心探讨政治问题。如今一别四年，彼此都非常想念对方，时时渴望重聚。适逢这次滕元发调任湖州，苏轼途经江淮，给两人相聚创造了绝佳时机。后来，苏轼在给友人贾收的信中，动情地描述了两人相会的情景："久放江湖，不见伟人，前在金山，滕元发以扁舟破巨浪来相见。出船巍然，使人神耸。好个没兴底张镐相公……老杜云：'张公一生江海客，身长九尺须眉苍。'谓张镐也。萧昕荐之云：'用之则为帝王师，不用则穷谷一病叟耳。'"

浩荡长江之上，一叶小小的扁舟，无畏无惧，冲风破浪，迎面驶来，已让人惊骇之余顿生敬仰，从小舟中走出的人物，更有如天神，高大魁梧，仪态巍然，英气浩然，尤令人于敬仰之余，热血贲张，精气神随之耸然挺拔。苏轼眼中的滕元发，不仅是伟人，而且是横空出世、难得一见的伟人。

这位苏轼眼中的伟人，如同杜甫所歌赞的张镐，一旦为时所用，便能挽狂澜于既倒。苏轼所引诗句，出自杜甫名篇《洗兵马》。张镐是唐朝玄宗、肃宗之际名臣，原本布衣，风仪魁岸，廓落有大志，经萧昕之荐，出将入相，颇多贡献。杜甫将张镐比作汉朝张良，盛赞其在平定安史之乱中的"扶颠"定乱之功。苏轼心中的滕元发，不仅是伟人，而且是拯得了民，救得了国，为时代急需的伟人。

然而，这个伟人，却时运不济，不能像张镐一样风云际会，做个帝王师，以旷世德才，建旷世奇功，竟然长受冷落，几乎成了穷谷病叟。苏轼不禁为之怅然。

《宋史·本传》说，滕元发在"神宗前论事，如家人父子，言无文饰，洞见肝鬲。神宗知其诚荩，事无巨细，人无亲疏，辄皆问之。元发随事解答，不少嫌隐。"在君主集权专制时代，君臣关系能如此亲密无间，实属罕见。本来，人在太顺的时候，就难免大意，滕元发又生性豪隽慷慨，不拘小节，更易疏忽。宋神宗经常遣小黄门持短札御封问事，滕元发竟将神宗亲笔写的短札让他人观看，其间就有小人见神宗手札中用错了字，便攻击滕元发是故意扬上之短。对至尊如此大不敬，要放到别的王朝别的君主，非将滕元发问斩不可。虽然宋王朝祖训不杀士大夫，神宗又属明君，也未免怒火中烧，对滕元发逐渐疏远。滕元发不仅没能任相，还被外放到地方任职，王安石遂渐受神宗倚重。王安石与滕元发政见相左，深恶滕元发，排斥打击，不遗余力。据李焘《续资治通鉴长编》记载，宋神宗曾几次动过重用滕元发的念头，都被王安石驳回。

苏轼与滕元发同往金山寺，金山寺住持佛印禅师热情地接待了他们。不久后，秦观与润州知府许遵也闻讯赶来，大家一起游山玩水，欢饮畅谈。

秦观此前与苏轼最后一次会面是在宋神宗元丰二年（1079 年）。那年春天，秦观与苏轼同船到达湖州，住了两个多月，陪同苏轼遍游当地寺院，然后与苏轼告别前往会稽。不久后，秦观就听说苏轼被捕，便忧心如焚，急忙渡江到湖州探问究竟，希望能帮忙做些什么。苏轼谪居黄州后，秦观频繁写信问候。如今相见，自是感慨万千。

苏轼一直十分赞赏秦观的才华，尤其在经历一番磨难之后，秦观独立不阿、赤诚待人的可贵品格，更让苏轼深悟患难之交的可贵。可是，这样一位德才兼备的才子，却总是科场不顺，连续几次参加科场考试都未能中第。苏轼很想助他一臂之力。所以，在金山，苏轼专门给王安石写信，并附上秦观的诗文，以期借助前辈文豪的推举，为秦观日后在北宋文坛的脱颖而出铺平道路。

当初，苏轼在黄州接到神宗皇帝量移汝州的授命时，就不愿移居汝州，只是不忍拂了神宗的一片好意，才勉强成行。如今，苏轼又一次来到他所熟悉的江南，赴汝州的心思更加动摇。到金山后，滕元发等好友纷纷劝他向朝廷上表，乞求定居江淮一带。早在宋神宗熙宁七年（1074 年），苏轼离杭州通判任前，就已在常州买过一些田地。因此，苏轼把定居地选在了常州宜兴。

宋神宗元丰七年（1084 年）十月十九，苏轼写了《乞常州居住表》，希望朝廷能够恩准。上过表状，苏轼一边等待朝廷答复，一边托人帮助买田置产。与此同时，他携家人乘船缓缓北上，沿途走亲访友。元丰七年十二月初，苏轼全家抵达泗州。此时，汝州已是天寒地冻，苏轼决定暂居泗州，等过完除夕再启程北上。

《乞常州居住表》呈上一个多月后，迟迟不见回音，苏轼等得十分焦急。在泗州，他又写了一篇《乞常州居住表》，言辞更加恳切哀婉：

但以禄廪久空，衣食不继。累重道远，不免舟行。自离黄州，风涛惊恐，举家重病，一子丧亡。今虽已至泗州，而费用罄竭，去汝尚远，难于陆行。无屋可居，无田可食，二十余口，不知所归，饥寒之忧，近在朝夕。与其强颜忍耻，干求于众人；不若归命投诚，控告于君父。

臣有薄田在常州宜兴县，粗给饘粥，欲望圣慈，许于常州居住。

表状写好，苏轼立即派人进京于闻鼓院投递。

当时，泗州太守刘士彦是山东人，早闻苏轼大名。一天，苏轼的行舟刚一停下，刘太守立即前去拜访，为苏轼设宴洗尘。其后，刘士彦几乎是天天陪着苏轼游赏山水风光，爬僧伽塔、游都梁山、看禹王台晓月、听龟山寺晚钟，与朋友诗酒唱酬。

一天，苏轼与刘士彦同游南山。早春的天气里，细雨斜风，天气微寒。淡淡的烟雾，滩边稀疏的柳树，春意初现。玩累了，苏轼一行就在田野里一边吃一边休息。乳色鲜白的好茶，伴着新鲜的野菜，让苏轼心情非常愉快。他在《浣溪沙·细雨斜风作晓寒》中写道：

> 细雨斜风作晓寒，淡烟疏柳媚晴滩。入淮清洛渐漫漫。
>
> 雪沫乳花浮午盏，蓼茸蒿笋试春盘。人间有味是清欢。

词的上阕，是写早春景象；词的下阕，是写苏轼与同游者游山时以清茶野餐的风味。色彩清丽而境界开阔的生动画面中，寄寓着苏轼清旷、闲雅的审美趣味和生活态度，给人以美的享受和无尽的遐思。整篇作品充满春天的气息，洋溢着生命的活力，反映了苏轼对现实生活的热爱和健胜进取的精神。

从泗州城到都梁山淮河上有浮桥相通，桥长二里许，被称为"长桥"。这一天天气晴好，刘太守又约苏轼出城寻春。他们踏上长桥渡过淮水，到都梁山游览，两个人的兴致非常高。一向循规蹈矩的刘士彦，从来没有如此开心放纵地玩过。他们趁着几分醉意，竟不惜违犯宵禁的法规，直到深夜才尽兴而归。当晚，苏轼按捺不住对泗州、盱眙美景的赞美激情，欣然填词《行香子》（与泗守过南山，晚归作）：

> 北望平川，野水荒湾。共寻春、飞步屏颜。和风弄袖，香雾萦鬟。正酒酣时，人语笑，白云间。
>
> 飞鸿落照，相将归去。淡娟娟、玉宇清闲。何人无事，宴坐空山。望长桥上，灯火乱，使君还。

　　第二天上午，刘太守读了这首词后，吓出了一头冷汗。他对苏轼说，你这首词不能给别人看，传出去就糟了，老百姓夜间过桥要罚两年苦役，太守犯法一定处罚更重。原来，词中的"使君"就是太守。刘太守是知道夜过长桥的利害关系的，但他看苏轼玩得兴致正浓，不忍扫兴，以致晚归。但苏轼并不知道其中利害，未曾想几句词会闯下大祸，苏轼便觉懊悔不已，只好笑着说："我一生罪过，开口常是，岂在徒二年以下。"刘太守也只好暗自叫苦。

　　转眼已到年关，泗水上的船只也稀少了。苏辙的儿女亲家、淮南东路提举常平官黄寔，因出公差路过泗州，除夕之夜便泊船汴口。当时，大雪纷飞，寒气逼人。苏轼拄杖独立河边，望着茫茫的大雪，似有所思。这情景，恰巧被船舱中的黄寔看见，他忙叫手下人移舟过河。不等船停稳，便跳上岸去。这意外的相逢，让苏轼异常惊喜，立即将刚才弥漫于心的那种天涯孤旅、不知所归的伤感与茫然，都抛在了脑后。得知苏轼一家漂泊江淮，经济窘迫，除夕之夜并没有多少过年物品，黄寔连忙返回船舱，取出两樽上好的扬州府酿和一大盒精美酥脆的点心相赠。这种雪中送炭的盛情，让苏轼既高兴又感动，便在《泗州除夜雪中黄师是送酥酒二首》中写道：

　　　　　　暮雪纷纷投碎米，春流咽咽走黄沙。
　　　　　　旧游似梦徒能说，逐客如僧岂有家。
　　　　　　冷砚欲书先自冻，孤灯何事独成花。
　　　　　　使君半夜分酥酒，惊起妻孥一笑哗。
　　　　　　关右土酥黄似酒，扬州云液却如酥。
　　　　　　欲从元放觅拄杖，忽有曲生来坐隅。
　　　　　　对雪不堪令饱暖，隔船应已厌歌呼。
　　　　　　明朝积玉深三尺，高枕床头尚一壶。

　　宋神宗元丰八年（1085 年）二月，苏轼一家离开泗州，经由宿州到达南都（今河南省南阳市），拜谒早已归隐的恩师张方平。张方平已是 79 岁高龄。

三十多年来，他对待苏轼兄弟如同自家的子侄，而苏轼、苏辙也衷心敬重这位德高望重的长辈，只要有机会，兄弟俩必定会前往看望。苏轼此番前来，让老人分外高兴，执意留他一家常住。

在南都住了不到一个月，朝廷下诏，允许苏轼常州居住，但身份仍是检校尚书水部员外郎、团练副使，不得签书公事。收到诏令，苏轼欣喜交加，想到终于可以免除长途奔波，在常州安定闲适地度过余生了。欣喜之余，他想到自己过早地退出政治舞台，再不能以身报国，建功立业，心中不免有些怅然。于是，他写下了《满庭芳》（恩放归阳羡）一词：

归去来兮，清溪无底，上有千仞嵯峨。画楼东畔，天远夕阳多。老去君恩未报，空回首、弹铗悲歌。航头转，长风万里，归马驻平坡。

无何。何处有，银潢尽处，天女停梭。问何事人间，久戏风波。顾谓同来稚子，应烂汝、腰下长柯。青衫破，群仙笑我，千缕挂烟蓑。

上阕，苏轼直抒胸臆，写出复杂的内心世界；下阕，苏轼借助与天女的对话，表现出对过去漫长的险恶仕途的恐惧。能够如愿以偿地回到自己向往多年的宜兴居住，苏轼倍感君恩深重。虽然远逐天涯，仍然倍感温暖。怀着壮志未酬的怅惘，他祈祷从此一帆风顺，走上平稳安定的人生之路。

第七章

志量恢宏纳百川
遨游四海结英贤

01 新皇即位，赴任登州

　　宋神宗元丰八年（1085年）三月初五，年仅38岁的神宗皇帝由于积劳成疾，带着事业未竟的满腔遗憾，抱病身亡。随后，年仅10岁的太子赵煦即位，是为哲宗。

　　神宗皇帝病逝的噩耗传来，苏轼万分悲痛。尽管18年来自己一直仕途坎坷，甚至差点死于非命，但神宗对他的赏识与爱重，却是让他刻骨铭心的。尤其是经过这么多年的磨砺与反思，苏轼又进一步理解了神宗锐意革新的苦心和作为。想到这些，苏轼情不自禁地提起笔来，一连写了三首挽词，以此来歌颂神宗皇帝所创立的功业，痛悼神宗英年早逝。苏轼的深切哀思，完全发自于肺腑。

　　苏轼在恩师张方平的盛情挽留下，一家人在南都（今河南省南阳市）滞留了一个多月，于元丰八年四月初乘船启程，赶赴常州。

　　四月下旬，苏轼一家到达扬州，眼见离常州越来越近。想到自己终于可以结束飘荡的生活，定居常州，苏轼心中有一种归乡的惬意与安然。

　　苏轼一家人暂时在扬州的竹西寺住下来。竹西寺位于蜀岗山坡的北面，山上有一口井，水质清冽，甘甜可口，与苏轼故乡四川的岷江水味道相似。苏轼喝着这口井里的水，仿佛回到了久别的故乡。他设想着即将开始的归隐田园的闲适与惬意，便在《归宜兴，留题竹西寺三首》中的其一写道：

> 十年归梦寄西风，此去真为田舍翁。
> 剩觅蜀冈新井水，要携乡味过江东。

从宋神宗熙宁七年（1074 年）初次在阳羡（今江苏省宜兴市）买田，到圣命下达允许苏轼在常州居住，时间过去整整 10 年。10 年的颠沛流离，苏轼无时无刻不在盼望着有一个扎根立足的地方。而今，愿望即将实现，苏轼的心里充满了幸福而宁静的喜悦之情。

时令已进入初夏，正是游山玩水的大好时光。苏轼每天早出晚归，四处游玩，累了，渴了，就回到竹西寺中休息。竹西寺的和尚都喜欢他，热情地招待他喝鸡苏水、莺粟汤。这些，都是寺庙里僧人自己熬制的中草药凉茶，清凉解热，调肺养胃。苏轼喝完凉茶，枕着清凉的瓷枕，躺在藤床上小睡一会儿，然后又精神抖擞地出去游玩。苏轼在《归宜兴，留题竹西寺三首》中的其二写道：

> 道人劝饮鸡苏水，童子能煎莺粟汤。
> 暂借藤床与瓦枕，莫教辜负竹风凉。

竹西寺的外面，是一望无际的稻田。苏轼居住在竹西寺时，正赶上农忙时节，每天都有农民在田间劳作。累了，农人就蹲在一起休息。有时，他们还谈论一些时政。

此时，距神宗驾崩已经快两个月了，新君早已登基。苏轼听到百姓对新君议论说："听说是个好少年皇帝。"如此赞扬新君，苏轼十分高兴，便在《归宜兴，留题竹西寺三首》中的其三写道：

> 此生也觉都无事，今岁仍逢大有年。
> 山寺归来闻好语，野花啼鸟亦欣然。

正当苏轼沉浸在被朝廷放归阳羡的喜悦中时，朝中政局发生了翻天覆地的变化。由于年仅 10 岁的哲宗不能亲政，神宗的母亲宣仁高太皇太后垂帘听政。高太皇太后曾经是宫廷中反对变法派的后台，她掌权后，司马光、文彦博等保守派人士重回朝中，各种反变法的力量又聚集在了一起。从此，北宋历史进入了一个新的阶段，史称"元祐更化"。

朝廷这边是政坛雷声隐隐，山雨欲来风满楼，将变而未大变；而苏轼那边正在阳羡悠然自在地过着田园生活。他虽然也在仔细地阅读每一份宫廷邸报，关注着朝中发生的事情，但并不轻易发表意见，还写信劝朋友不要非议新法。显然，苏轼置身于政治之外，做一个超然闲逸的旁观者。

苏轼不时地往返于各地，和相知相得的朋友一起，做愉快的短途旅行。金山寺就是他常去的地方，这是因为与他性情相合、意气相投的佛印在那里。二人经常在一起风趣斗智，有时候还打打哑谜，趣事很多。

一次，苏轼和佛印对坐闲聊。苏轼忽然有意要戏弄一下对方，便说："古人常常以僧对鸟。"佛印不高兴了，便问："何以见得？"苏轼笑着说："比如'鸟宿池边村，僧敲月下门'；还有'时闻啄木鸟，疑是敲门僧'。是不是这样？"佛印听了，略加思索地说："今日老僧却与相公对。"苏轼本想把佛印和鸟归在一类，嘲讽一番，不想佛印机敏过人，一句话便把苏轼当成了鸟，苏轼一时竟无言可对。

还有一次，苏轼按捺不住激情，铺笺挥笔，写了一首诗："稽首天外天，毫光照大千。八风吹不动，端坐紫金莲。"这首诗的意思是，苏轼自己已俨然成佛，不仅佛光普照大地，而且佛性坚定如磐石，连八风（得、失、谤、扬、赞、嘲、忧、喜）也吹不动了。苏轼当下就差人过江去金山寺，将这首诗面交佛印禅师。没想到，佛印禅师在诗上批了"放屁"二字，交给来人带回。苏轼一看，当时气得暴跳如雷，遂乘船渡江前往金山寺找佛印理论。船到了岸边，佛印早已伫立等待。苏轼劈头便责问佛印："我写的诗，你为何说是放屁！"佛印双手合十，轻描淡写地回答："你不是已经'八风吹不动，端坐紫金莲'了吗？怎么还会被'放屁'两字吹过来呢？"苏轼才明白自己上了和尚的当了。

再有一次，苏轼去寺中拜访佛印。佛印见苏轼腰间玉带晶莹剔透，心中喜欢，便想设法骗来。于是说道："坡公何来？此间无坐处。"苏轼不明所以，笑道："借和尚四大禅床。"佛印笑道："我有一问，能答应借四大禅床于你，若稍有迟疑，便留下腰中玉带，如何？"苏轼笑道："问吧。"佛印道："四大本空，五蕴非有，坡公欲于何处坐？”苏轼一愕，未能立即回答，只得除下玉带。

苏轼输了玉带不服，时常想着报复。过了几天，他又去访佛印，二人在荷塘闲游。苏轼见荷花盛开，却有几枝光秃秃的荷杆竖在塘中，似是荷花被偷，便出言嘲讽道：“河里荷花，和尚摘去何人戴？”苏轼说完，暗暗得意。但佛印不慌不忙地道：“道旁稻草，盗贼偷来到处铺。”这巧妙的回答既回避了苏轼的问题，又对仗工整。苏轼暗服佛印之才，正欲再想之际，佛印却说道：“三年一闰，五年再闰，阴阳无差无错。”这可难不倒苏轼，他应声答道：“二月春分，八月秋分，冷热不长不短。”二人谁也难不倒谁，闹了个平局，相视片刻，哈哈大笑了起来。

一天，苏轼和佛印乘船在河中游览。苏轼笑着指了指河岸上正在啃骨头的一条狗。佛印反应很快，拿出一把题有东坡居士诗词的扇子，扔到河里。二人相视哈哈大笑。为何大笑？原来他们二人答对的是一副哑联。苏轼笑指河岸上正在啃骨头的狗，即出的是上联：狗啃河上（和尚）骨！佛印大师将一把题有东坡居士诗词的扇子扔到河里，是对的下联：水流东坡诗（尸）！

又一天，苏轼让书僮戴上一顶草帽，穿一双木屐，去佛印处取东西。书僮问：“老爷要取什么东西？”苏轼说：“老和尚一看你就知道了。”书僮去到佛印处说：“老爷让我来取东西。”佛印问：“取何物？”书僮说：“老爷说你一看见我就知道了。”佛印看了一下书僮，包了一包东西让书僮拿走了。书僮回家把那包东西给苏轼，问道：“老爷，是不是这包东西？”苏轼笑道：“正是正是！”是什么呢？是茶叶。书僮戴一顶草帽，穿一双木屐，藏一哑谜：茶。

佛印素知苏轼爱吃猪肉，每当苏轼来访，必定烧上一锅猪肉款待。不想有一天，烧得喷香的猪肉竟不翼而飞，不知被哪个馋嘴的和尚给偷吃了。苏轼因而作了一首《戏答佛印》：

> 远公沽酒饮陶潜，佛印烧猪待子瞻。
>
> 采得百花成蜜后，不知辛苦为谁甜。

无边的美景，无数次的欢乐相聚，苏轼与佛印二人互相嬉戏、玩耍、斗智、戏诗，充满了无限的艺术与乐趣。这段日子，是苏轼遭遇“乌台诗案”以来，最快活的一段时光。走过穷乡僻壤、熬过艰难苦楚的苏轼，完完全全被眼前的快乐美好陶醉了。苏轼在《溪阴堂》一诗中写道：

> 白水满时双鹭下，绿槐高处一蝉吟。
> 酒醒门外三竿日，卧看溪南十亩阴。

可是，这样的快乐幸福却是如此短暂。司马光既已拜相，自是一人之下万人之上，所以，大批因反对新法而遭贬黜的官员逐渐被起用。苏轼既以才高名世，又曾因讥讽新法而下狱遭贬，自然不会被人遗忘。

元丰八年六月初，京城就开始盛传苏轼即将被起用的消息。王巩听到消息后，火速寄书相报，其他朋友也纷纷写信给苏轼报告这个好消息。苏轼听到这个消息，并没感到十分高兴，反而感叹自己的命运无法被自己把握。

果然，六月下旬，苏轼就接到了朝廷诏令，以朝奉郎起知登州（今山东省蓬莱市）军州事。为此，全家人欣喜若狂。苏迈、苏过兄弟俩兴奋得仿佛不相信自己的眼睛，把诏令和当月的邸报翻来覆去地看，唯恐看错，使好梦成空。一些好朋友也纷纷前来庆贺。为此，苏轼在《次韵答贾耘老》一诗中写道：

> 五年一梦南司州，饥寒疾病为子忧。
> 东来六月井无水，仰看古堰横奔牛。
> 平生管鲍我知子，今日陈蔡谁从丘。
> 夜航争渡泥水涩，牵挽直欲来瓜洲。
> 自言嗜酒得风痹，故乡不敢居温柔。
> 空将泛爱救沟壑，衰病不复从前乐。
> 今年太守真卧龙，笑语炎天出冰雹。
> 时低九尺苍须髯，过我三间小池阁。
> 故人改观争来贺，小儿不信犹疑错。
> 为君置酒饮且哦，草间秋虫亦能歌。
> 可怜老骥真老矣，无心更秣天山禾。

此时，苏轼的心情极为复杂。他满以为自己可从此退出险恶的官场，依靠常州的薄田安身度日，终老此生。可是，终归身不由己，内心不免有些惆怅。

宋神宗元丰八年 (1085 年) 七月下旬，苏轼全家再次启程前往登州。苏轼一家经泰州，过扬州，抵楚州，九月初到淮口。不巧，在淮口遇上大风，整整三天无法开船。舟中无事，与儿子们谈诗论文，消遣时光。

一天，苏迨凭窗而立，心有所感地写下一首《淮口遇风》，描写万顷风涛横扫千山孤云的力量和气势，抒发自己的心灵感受，并请父亲指教。苏轼读后，大加赞赏，立即步韵和诗一首，题为《迨作淮口遇风诗，戏用其韵》：

> 我诗如病骥，悲鸣向衰草。有儿真骥子，一喷群马倒。
>
> 养气勿吟哦，声名忌太早。风涛借笔力，势逐孤云扫。
>
> 何如陶家儿，绕舍觅梨枣。君看押强韵，已胜郊与岛。

苏轼用杜甫的儿子宗武（小名骥子）作对比，用陶渊明的儿子作反衬，盛赞苏迨才气不凡，大有胜过中唐诗人孟郊，贾岛之势。

元丰八年十月，苏轼一家经过长途跋涉，到达密州境内。苏轼已阔别密州十年，此次可谓是旧地重游。密州的父老乡亲得知苏轼要重过密州，纷纷奔走相告，所到之处，人们扶老携幼，夹道欢迎。那数千名在大饥荒中幸存的弃婴，如今已长成了健壮的少年，他们早在父母的口中得知这位救命恩人，今天有幸见到，纷纷睁大了好奇的眼睛，仔细端详这位精神矍铄的老人。密州父老的盛情，令苏轼极为感动，他欣然作了一首《再过超然台赠太守霍翔》：

> 昔饮雪泉别常山，天寒岁在龙蛇间。
>
> 山中儿童拍手笑，问我西去何当还。
>
> 十年不赴竹马约，扁舟独与渔蓑闲。
>
> 重来父老喜我在，扶挈老幼相遮攀。
>
> 当时襁褓皆七尺，而我安得留朱颜。
>
> 问今太守为谁欤，护羌充国鬓未斑。
>
> 躬持牛酒劳行役，无复杞菊嘲寒悭。
>
> 超然置酒寻旧迹，尚有诗赋镵坚顽。
>
> 孤云落日在马耳，照耀金碧开烟鬟。
>
> 郱淇自古北流水，跳波下濑鸣玦环。
>
> 愿公谈笑作石堨，坐使城郭生溪湾。

现任密州太守霍翔，在超然台设宴热情款待苏轼一行。重上超然台，苏轼抚摸着超然台上保存得十分完好的碑文旧物，心中不禁感慨万千。席间，他回忆起十年前那场可怕的蝗旱之灾，殷切地嘱咐霍翔利用当地的水源，发展农田水利，防患于未然。

告别密州，苏轼一行于元丰八年十月十五抵达登州。苏轼在《登州谢两府启》中，用诗一样的语言表达了对登州山川胜景的赞赏：宾出日于丽谯，山川炳焕；传夕烽于海峤，鼓角清闲。

苏轼到达登州后，就入境问农，首见父老，深入了解民情地情。他敏锐地发现了有关军政与财税的两大弊政。正当苏轼准备大展宏图，尽心尽力为登州百姓办实事之时，他又接到朝廷诏命，任命他为礼部郎中，限期召还。

到任仅仅五天，苏轼又不得不携全家启程赴京任职。对于苏轼来说，人生真的是太多的不由自主。登州五日，匆匆离去。移交完政务后，苏轼便利用回京前有限的时间，饱览了登州山水。这座依山傍海的边远小城，其独具特色的风景让苏轼大饱眼福，赞叹不已。

蓬莱阁位于蓬莱城北丹崖山上，始建于宋英宗治平年间。阁下有狮子洞，洞前有泠然泉，潮声浪起则泉源淹没不见。水退则泉水甘冽如故，因此古时又称浪泉。登阁远眺，一望无际，目力所及，可以看到大小五个岛屿。其中沙门岛离岸最近，但是岛上一片枯黄，毫无生机。其余四岛则层峦叠嶂，郁郁葱葱，出没于波涛之间，若隐若现，缥缈迷离。苏轼登上蓬莱阁，海面风景如画，令人心旷神怡。遥望云水相隔的四座小岛，苏轼心中生出无限向往。为此，苏轼写下了《蓬莱阁记所见》这篇短文：

登州蓬莱阁上，望海如镜面，与天相际。忽有如黑豆数点者，郡人云："海舶至矣！"不一炊久，已至阁下。

让苏轼感到惊喜的是，他在游览蓬莱阁期间，奇迹般地看到了登州海市这一著名景观。这一景观，被登州人称为人间仙境。登州海市一般只有在夏季出现，而在初冬时节能够看到，也许是苏轼打动了东海龙王。那一天清晨，朝阳初升，蔚蓝的海面上，朵朵白云聚集在五岛周围，慢慢地，一个缥缈的世界出现在云海之中，高楼林立，树木葱茏，变化万端，美轮美奂。苏轼和闻讯赶来的登州百姓伫立海滨，一动不动地凝视着远方，心中暗暗称奇。于是，一首《登州海市》在苏轼笔下一挥而就：

> 东方云海空复空，群仙出没空明中。
> 荡摇浮世生万象，岂有贝阙藏珠宫。
> 心知所见皆幻影，敢以耳目烦神工。
> 岁寒水冷天地闭，为我起蛰鞭鱼龙。
> 重楼翠阜出霜晓，异事惊倒百岁翁。
> 人间所得容力取，世外无物谁为雄。
> 率然有请不我拒，信我人厄非天穷。
> 潮阳太守南迁归，喜见石廪堆祝融。
> 自言正直动山鬼，岂知造物哀龙钟。
> 伸眉一笑岂易得，神之报汝亦已丰。
> 斜阳万里孤鸟没，但见碧海磨青铜。
> 新诗绮语亦安用，相与变灭随东风。

这罕见的冬季海市持续了整整一天，到黄昏时候才慢慢散去。看着这繁华的海市倏然而来，又变幻而去，苏轼仿佛一瞬间顿悟了人世间无常的本质。什么荣华富贵，什么宠辱得失，不过都是梦幻泡影，过眼烟云。怀着这样一种平静超然的心情，苏轼踏上了回京的路途。

02 奉诏归京，职位飙升

宋神宗元丰八年（1085 年）腊月上旬，苏轼顺利抵达汴京，入朝就任礼部郎中。

可不到十天后，苏轼又接到朝廷诏令，迁为起居舍人。起居舍人与礼部郎中同为从六品官职，但其重要性却大有差别。自元丰改制以来，门下省的起居郎、中书省的起居舍人，同领修起居注的职责，共同记录皇帝言行，合称为左右史。皇帝御正殿时，起居郎与起居舍人分别侍立两侧；皇帝外出时，则分别随侍左右。凡礼乐法度的因革损益，文武百官的任免赏罚，群臣进对，临幸引见，以及朝廷所有大小事务，起居舍人皆参与其中。

此时，苏轼从一个遭遇贬谪的罪人，一跃登上众人欣羡、人所共争的起居舍人职位，自己唯恐高处不胜寒。因此，苏轼一连写了两道辞免状：

《辞免起居舍人第一状》：

右轼准阁门告报，已降告命，除臣依前官守起居舍人者。臣受材浅薄，临事迂疏。起于罪废之中，未有丝毫之效。骤升清职，必致烦言。愿回虚授之恩，庶免素餐之愧。所有告身，不敢祗受。

《辞免起居舍人第二状》：

右臣近奏乞辞免起居舍人恩命，准尚书省札子奉圣旨不许辞免者。天威在颜，不违咫尺。父命于子，惟所东西。况滋久废之余，敢有不回之意。伏念臣受性褊狷，赋命奇穷。既早窃于贤科，复滥登于册府。多取天下之公器，又处众人之所争。若此而全，从来未有。今者出于九死之地，始有再生之心。危迹粗安，惊魂未返。若骤膺非分之宠，恐别生意外之忧。纵无人灾，必有鬼责。伏望圣慈，廓天地包函之量，推父母爱怜之心。知其实出于至诚，止欲自处于无过。追还新命，更选异材。使之识分以安身，孰与包羞而冒宠。再伸微恳，伏俟重诛。所有告身，臣不敢祗受。

苏轼甚至还专程到宰相府当面提出辞呈，但均未得到批准。无奈之下，苏轼只得赴任。但早已不以功名为意的苏轼，心里保持着最初的超然与平静。

北宋前期，官分九品，每品分正、从，四品以下正、从之中又各分上、下，共计三十阶；服色分紫、红、绿、青四种。元丰改制以后，官分九品，共计十八阶；服色分紫、绯、绿三种，四品以上穿紫袍佩金鱼袋，五、六品官员穿绯袍，佩银鱼袋，七品以下官员穿绿袍，没有鱼袋。鱼袋是系在官府腰带后面的一个重要佩件，是高级文官的标志。

当苏轼穿着红色的官服，佩戴着银色的鱼袋出现在家人面前时，妻儿奴婢都不由地惊呼起来。大家欢天喜地地围在老爷身边欣赏着，欢笑着，幼小的苏过更是好奇地抚摸着父亲的新官服，摆弄着父亲佩戴的鱼袋不忍释手。看着家人幸福的笑脸，苏轼心中也涌起无限的喜悦与满足。

苏轼就任起居舍人一职不到三个月，又有一道特诏下达：诏令苏轼免试任中书舍人。中书舍人位居四品，例兼知制诰。中书舍人与翰林学士分掌内、外制，学士掌内制，舍人掌外制，称为两制。起草有关任免官员、改革旧政、宽赦俘虏等政令，都属于外制，由中书舍人负责起草。如果事有失当或除授非其人，可奏请皇帝重新考虑。实际上，苏轼任职中书舍人后，可以参与国策及官员的任免，地位已经相当显赫。更为重要的是，苏轼还例兼知制诰。按规定，知制诰应该走先考试再任命的路线。宋朝自开国以来，免试被任命为知制诰者，只有陈尧佐、杨亿、欧阳修三人，如今，苏轼也位列其中，显然成为朝廷宠儿。

宋哲宗元祐元年（1086 年）九月，苏轼奉诏荣升翰林学士知制诰。这是一个正三品的官阶，专掌内制，承命撰写有关任命将相大臣、册立皇后、太子等重大国事的文书，以及与周边国家往来的国书等，还可以参与对大臣奏章的批答。实际上，翰林学士知制诰就是皇帝身边最亲近的顾问兼机要秘书。这个官职，从中唐以来就有内相之称，往往是将相之储。品级虽然比宰相低一级，为正三品，但由于能比宰相更为亲密接近和影响皇帝，其重要性不亚于宰相。在苏轼之前，只有欧阳修、王安石、司马光等少数人担任过这一职务。

从礼部郎中到翰林学士知制诰这一连串的升迁，让苏轼在欣喜之余，又感到深深的不安。他深知祸兮福所倚、福兮祸所伏的道理，唯恐自己爬得越高，最后摔得越惨。于是，他再次向皇帝递交《辞免翰林学士状》，当然还是没有得到答复。

不仅如此，苏轼就任的当天，皇帝特赐给他官服一袭，金腰带一条，金镀银鞍辔马一匹，真是备极儒臣的尊荣。

而这样的荣宠，在苏轼心中激起的反应，除了愕然、惶恐与强烈的知遇之感，便是超然于功名之外的淡泊。再入都门万事空，对于一个彻悟生命本质的人来说，摒除常人难免的私心杂念，舍身报国的儒家济世精神，在苏轼身上表现得更为纯粹。

宋哲宗元祐二年八月，在原有官职的基础上，苏轼又兼任了经筵侍读。侍读就是皇帝的老师。对于这一任命，苏轼从内心深处是十分愿意接受的。致君尧舜，这是千百年来中国传统知识分子的最高理想，帝王之师则是实现这一理想的最佳位置。此时的苏轼，比当年的王安石环境还要优越：年仅 10 岁的小皇帝还是一名顽童，摄政的高太皇太后对苏轼极其尊崇，各种各样的赏赐接二连三地被送到苏轼府中。明眼人都能看出来：苏轼离位极人臣已经不远了。

就这样，苏轼在短短不到一年的时间里，便从一名投闲置散的谪官，一跃而成为朝廷之上举足轻重的人物。他变得异常忙碌。一方面，他要起草那么多重要的诏令，批答大量的奏章，还要绞尽脑汁，寻找富有启发性的教材和引人入胜的教学方法，为年少的哲宗皇帝讲述历朝历代治乱兴衰的缘由，帮助他培养辨别正邪得失的能力；另一方面，苏轼的平步青云，使他再一次成为舆论的焦点，成为政敌们的眼中钉、肉中刺，必欲除之而后快。因此，苏轼在繁忙的工作之余，每天还要疲于应对来自政敌的围攻与弹劾。

由于文人风骨的个性使然，无论苏轼身居何职，都不肯随波逐流。在遇到涉及百姓利益的方针政策时，他总是据理力争，不惜得罪他人。其实，像苏轼这样一个有着独立思想与自由精神的人，本来就不适合从政。高远的理想，与现实的政治大相径庭，刚正不阿的品格气节，又使他无形中成为庸碌官员的当然政敌。更何况他性不忍事，不肯违背自己的个性，去迎合微妙的官场。因此，他常常语含讥讽，不能做到谨言慎行。回到京师不久，苏轼就发现自己完全不适应朝廷中的政治气氛。

苏轼在担任起居舍人时，就与当时的三品大员司马光顶上了牛。主要原因就是苏轼反对司马光所代表的反对变法一派对废除新法一刀切，具有代表性的就是苏轼坚决反对废除免役法。

司马光字君实，号迂叟，陕州夏县（今山西省夏县）涑水乡人，世称涑水先生。宋仁宗宝元年间进士，初任奉礼郎、大理评事一类小官，后经枢密副使庞籍的推荐，入京为馆阁校勘，同知礼院，改并州通判。宋仁宗末年，任天章阁待制兼侍讲同知谏院。宋仁宗嘉祐六年（1061年），升迁至起居舍人同知谏院。立志编撰《通志》，作为统治者的借鉴。宋英宗治平三年（1066年），撰成战国迄秦的《通志》八卷，上进宋英宗，英宗命设局续修，并供给费用，增补人员。宋神宗以其书有鉴于往事，以资于治道，赐书名《资治通鉴》，并亲为写序。

王安石在宋神宗的支持下推行新政，司马光竭力反对，与王安石在皇帝面前争论，强调祖宗之法不可变。神宗皇帝任命司马光为枢密副使，他坚辞不就。宋神宗熙宁三年（1070年），他自请离京，以端明殿学士知永兴军（今陕西省西安市）。次年退居洛阳，任西京留守御史台，以书局自随，继续编撰《资治通鉴》，至宋神宗元丰七年（1084年）成书。书成后，司马光官升为资政殿学士。元丰八年（1085年）宋哲宗即位，高太皇太后听政，召他入京主国政。次年任尚书左仆射兼门下侍郎，数月间罢黜新党，尽废新法。

宋神宗熙宁初年，王安石刚刚推行免役法时，苏轼曾经是最激烈的反对者之一。但苏轼担任地方官以后，从多年所积累的实际经验中逐步认识到，原来以为不可取代的差役法积弊很深，早已是贪官酷吏用以残民的借口；而免役法虽然也不十分完美，但是它有钱出钱、有力出力的原则，可以有效杜绝官吏对百姓的盘剥。不仅如此，免役法在组建国家常备军队，加强军队战斗力方面，也起到显著的作用。

秦朝之前，我国是兵民不分的，是秦始皇创建了中国第一支专业部队。其后，历朝也就有了常备军。北宋开始实行的差役法，几乎毁掉了国家的常备部队，士兵由轮流当差的农民组成，造成了北宋军事力量的急速下降。王安石创立的免役法，纠正差役法的错误，使部队恢复了盛唐时期的专业性。当然，免役法也不可避免地增加了农民的负担，同时也增加了国家的税收与军事力量，但总的来说，免役法还是利大于弊。苏轼认为，废除免役法是亡国之道，尤其国家正处在大辽、西夏两大强敌的虎视眈眈之时。尽管苏轼当初因为反对新法而蒙受了极大的苦难，几乎是九死一生，颠沛流离，但他丝毫不从个人的好恶出发，而是处处从利国利民的客观效果来考虑问题。因此，他完全抛弃过去的偏见，成为免役法的大力维护者。

苏轼从登州返京后，第一次面见司马光时，就把自己十多年来对于两法利弊的深思熟虑和盘托出，希望司马光能有所吸取，更全面、更慎重地对待免役法的存废问题。可是，固执的司马光对新法的成见太深。他看不到这些利处，也根本听不进不同意见，任凭苏轼怎么辩说，他也只是板着面孔一言不发，待苏轼把话说完，便一摇头，一摆手，表示一种很不以为然的态度，让苏轼颇有挥拳击空之感。

苏轼十分敬重司马光的学识和人品，也感激他对自己的提携。他和所有政治观点相近的人一样，急切地盼望司马光执掌朝政，给国家带来安定和富强。可让苏轼没有想到的是，他重蹈王安石的覆辙，固执己见，刚愎自用。司马光如此专断地处理国家大事，让苏轼感到非常担忧。于是，他起草了《论给田募役状》一文，阐述了当年在密州推行免役法时，因法以便民的经验，准备在适当的时候上奏朝廷，以资参考。

宋哲宗元祐二年（1087年）二月初六，朝廷正式下诏，天下免役钱一切并罢。紧接着，又成立了负责研讨役法改订的专门机构——详定役法所，苏轼也被列为其中一员。事情到了这一步，朝堂上再也没有人敢发表不同意见。但此时，苏轼偏偏不肯见风使舵，随波逐流。尽管他回朝以来官位一直处于不断上升的趋势，但这些并没有换来苏轼无原则的追随。他把之前写好的《论给田募役状》送到详定役法所，又在政事堂与司马光当面理论，公开陈述他的反对意见。司马光听后很不耐烦，脸色非常难看。无论苏轼怎样晓之以理，司马光仍然置若罔闻。司马光的固执态度，让苏轼极为愤慨。退朝回家后，苏轼依然怒气冲冲，一边换衣服一边连声怒喊："司马牛，司马牛！"

苏轼因为坚持己见，不肯让步，因而遭到一帮紧跟司马光的朝臣的敌视。这种不容异见的政治氛围，让苏轼感到非常苦闷。他在《送吕行甫司门倅河阳》这首诗中感叹道：

> 结交不在久，倾盖如平生。识子今几日，送别亦有情。
> 子生公相家，高义久峥嵘。天才既超诣，世故亦屡更。
> 譬如追风骥，岂免羁与缨。念我山中人，久与麋鹿并。
> 误出挂世网，举动俗所惊。归田虽未果，已觉去就轻。
> 河阳岂云远，出处恐异程。便当从此别，有酒无徒倾。

之后，苏轼一再请求解除他参与详定役法的差事，同时要求离开朝廷，出任地方官。但这些请求，都没能得到朝廷的批准。

就在苏轼怀着对国家前途的深切忧虑，当廷力争，不惜跟德高望重的司马光闹翻时，朝中却不乏竭尽全力媚上邀宠之徒，开封府知府蔡京就是其中最为突出的一个。

蔡京字元长，是著名书法家蔡襄的堂弟，熙宁三年进士及第。他先为地方官，后任中书舍人，改龙图阁待制、知开封府。神宗皇帝驾崩后，群臣议立新君，蔡京附会蔡确，想害王珪并贪定策之功，未成。司马光掌权后，恢复差役法，限期五天，臣僚们都担心太急迫，只有蔡京如约，使其辖区全部改雇役为差役，没一人违反。蔡京到政事堂向司马光汇报，司马光高兴地说："若人人奉法如君，有什么行不通？"

正是这个蔡京，天性凶狠狡诈，舞弄权术，见利忘义，在此后政局再度翻覆时，以恢复新法为名，大兴元祐党祸，残酷迫害元祐诸臣，怂恿徽宗大兴土木，挥霍国币，最后导致北宋亡国。

03 恬淡简朴，天伦之乐

　　宋神宗元丰八年（1085 年）年底，苏轼的弟弟苏辙也以秘书省校书郎的官职，被朝廷召回。此时，距离苏轼返回京城还不到一个月。

　　宋哲宗元祐元年（1086 年）正月下旬，苏辙抵达京师。回朝不久，苏辙又改任左司谏。和哥哥苏轼一样，苏辙在此后的几年中，连续升迁，历任起居郎、中书舍人、户部侍郎、翰林学士知制诰、御史中丞等职。宋哲宗元祐六年，苏辙官拜尚书右丞，第二年再迁为门下侍郎，即为副宰相。

　　苏轼、苏辙兄弟俩自从踏上仕途，总是聚少离多。如今相聚京师，又同为朝中大员，可谓大喜之事。

　　俗话说：宋朝是官僚的乐园。在宋朝，一名中级官员的俸禄就已经相当可观，至于三四品以上的高官待遇，自然更加优厚。当初，宋太祖赵匡胤在开国功臣的庆功宴上，上演了一幕杯酒释兵权的好戏。他奉劝开国功臣，要多积金帛田宅以遗子孙，歌儿舞女以终天年。这番讲话，无异于对安逸享乐生活的提倡。所以，对一般的官员来讲，安逸享乐、歌舞升平，是最平常的生活状态。而大部分的官员家庭，都蓄养一些歌妓舞女，用以饮酒赏乐。即使是一些立朝刚正、功业赫赫的名臣贤相，也往往不能免俗。随着经济的发展，城市的繁荣，这股奢靡之风愈演愈烈，几乎成为士大夫中的一种普遍风尚。

苏轼被朝廷召回京城后，官职连续飙升，备受荣宠。他经历了黄州五年贬谪生活的穷困潦倒，重新回到京城完全可以好好地享乐一番，弥补一下这几年的缺憾。可是，二十多年宦海沉浮所得到的人生体验，再加上在黄州安国寺参禅礼佛的经历，苏轼早已看透一切、看淡一切，视所有的浮华如过眼烟云，已深谙一切皆空的佛理禅意。对于苏轼来说，佛道思想不再是脱离于思想意识之外的理论工具，也不再是召之即来挥之即去，仅仅用来忘忧解闷、聊以自遣的精神寄托，而是成为他生命中自觉的组成部分，与他固有的儒家思想水乳交融、相辅相成，构成他超然通脱的强大的内心世界。仕途的通达、生活的遂意、满眼的繁华、金玉满堂、美女如云等巨大的诱惑，苏轼都没有丝毫的沉溺与迷恋。在他看来，乐不足慕，苦亦不足畏，身历其中，苦乐一样平常。艰难困苦的日子既已过去，荣华富贵又何尝不是过眼烟云。所以，环境的改变没有使他迷失自我，荣华富贵中他也没有随波逐流，依旧过着恬淡简朴的生活。因为他明白，功名利禄、声乐酒色这些外在的东西，只能给人带来暂时的满足，过后仍然是无边的空虚。

当时，苏轼的收入，远远高于跟他平级的官员。他除了享有跟其他三品文官一样优厚的待遇外，还有撰写内外制所得的比较丰厚的润笔费。但是，由于苏轼交朋友从来不论富贵贫贱，又乐善好施，从来不吝惜财物，只要身边的朋友需要帮助，哪怕是毫不相干的人处于困境，他也极尽所能施以援手，因此，苏轼的生活并不是很宽裕，除了基本的家庭日用开销外，极少有奢侈的排场。

苏轼尽管不愿随波逐流，但也有不得已而为之的时候。按照时尚，宋朝一般的士大夫家里，都要蓄养一些歌姬舞女，用以饮酒赏乐。苏轼作为三品大员，自然也得适应这样的潮流。但是，苏轼并不是为了自己安逸享乐，而是为了不得已的交际和应酬。每有苏轼不喜欢却又不得不与其周旋的政客同僚或泛泛之交登门拜访，苏轼便推出这些歌姬舞女与他们宴饮赏乐。这样，既显得对客人重视，又避免与不喜欢的客人过多地交谈。得到这种待遇的客人，往往不明其意，反而心花怒放，自以为得到苏轼的另眼相看和盛情款待。可他们哪里知道，真正的贵客，苏轼从不以这种方式接待，总是摒去妓乐，与客人们开怀畅饮。

宋哲宗元祐元年（1086）春末，苏轼以中书舍人侍立迩英阁。同年秋冬之交，苏辙也以起居郎相继入侍。迩英阁是侍读给皇帝讲课的地方，在崇政殿西南方向，环境优雅，冬暖夏凉。阁前有两株百年古槐，盘根错节，状如龙蛇，被人称为凤凰槐。阁后是一片竹林，清风拂过，一片竹波随风时起时伏，犹如一片绿色的海洋，景色非常清幽。朝臣在如此优美的环境里侍立迩英阁，陪皇帝听讲，也是一种身份和地位的象征。苏轼、苏辙两兄弟同时荣膺此列，在当时的朝堂之上，被奉为美谈，苏轼内心也是颇感荣耀。他曾在《轼以去岁春夏，侍立迩英，而秋冬之交，子由相继入侍，次韵绝句四首，各述所怀》之一中写道：

> 瞳瞳日脚晓犹清，细细槐花暖自零。
> 坐阅诸公半廊庙，时看黄色起天庭。

苏轼在前两句中，描绘了朝阳初升，晓雾薄薄的初夏天气，阁前的古槐繁花满树，淡淡的幽香沁人心脾，片片凋零的花瓣随着清风漫天飞舞。这静谧幽雅的环境，不由得让苏轼油然升起一股淡淡的欣慰与自豪感。他知道，自古以来，有多少出将入相的名卿巨公都曾侍立迩英阁，由此被君王委以重任，成为股肱之臣。如今，他们两兄弟同时出入其中，按照以往的惯例，兄弟俩大展宏图的愿望即将实现了。他仿佛看到，象征吉祥与喜气的黄色，已经出现在弟弟的天庭之上。全诗格调娴雅自适，表现了苏轼心情的愉悦。

当年，兄弟俩江湖流落，生活惨淡；如今，同朝为官，彼此朝夕可见，荣辱自是不可同日而语。然而，这一切冥冥之中似乎都是命运的安排，并不值得为之悲与喜。经历了宦海沉浮，苏轼深谙人生之路波诡云谲。他希望历经坎坷之后，全家从此能够无波无澜地生活，自己也要继续修养身心，安逸闲适地度过余生。他在《轼以去岁春夏，侍立迩英，而秋冬之交，子由相继入侍，次韵绝句四首，各述所怀》之四中写道：

> 微生偶脱风波地，晚岁犹存铁石心。
> 定似香山老居士，世缘终浅道根深。

白居易在晚年隐居在洛阳香山寺，从此自号香山居士，以儒教饰其身，以佛教治其心，以道教养其寿。此处，苏轼用白居易自比，表达了对自己晚年生活的美好设想。

苏轼、苏辙兄弟俩先后离开京城已经十五六年。当年，父亲苏洵在京城置下的宅院，早因家里的穷困潦倒被迫卖掉。所以，这次回京，苏轼便在城西靠近皇城的地方，重新建造了一座住宅。这里浓荫蔽地，环境优雅，既有出行的便利，又有山居的宁静，苏轼非常喜爱这处宅院。苏辙的府邸，也建在城西，两家相距很近，既能相互照应，又彼此独立。每次退朝之后，苏辙总是顺道到哥哥家里盘桓一阵，有时与哥哥对饮闲聊，有时看着侄儿们读书作文，习字临帖。两家人的生活，好不惬意。

一天，寒流骤至，天色晦暗，像是要下雨雪天气。苏轼退朝回家，家人早已在书房升起了暖炉。炉上坐着一把精致的小酒壶，酒味满室飘香。苏轼随手拿起一本书，一边漫不经心地翻阅，一边静候苏辙的到来。此时的温暖与惬意，不由得让他心潮翻滚，思绪飘飞。他想起了故乡的青山绿水，想起了兄弟二人怀远驿中的那次临床夜话，想起了兄弟四处飘零中每一次难得的相聚。当时，是那样的无奈与凄凉，但只要兄弟俩相聚，就会感到无比的幸运与快乐。如今，同住一地，朝夕共处，是多么的幸福与满足。想到这里，苏轼铺开纸笔，写下了《出局偶书》这首诗：

急景归来早，浓阴晚不开。倾怀不能饮，待得卯君来。

诗中的"卯君"就是苏辙，因为苏辙生于宋仁宗宝元二年（1039 年）乙卯，还有一个乳名叫卯君。

苏轼兄弟间的友爱之笃堪称佳话，而彼此互爱子侄也是非同一般。元祐二年除夕，苏辙在宫廷里值夜，不能回家。孩子们过年见不到父亲，当然很失望。第二天大年初一，苏轼朝贺一毕，帽子上插了御赐的银幡，立刻赶往弟弟家去，陪侄儿们玩耍。《和子由除夜元日省宿致斋三首》其二，就表现了苏轼活泼幽默、志趣童真的一面：

白发苍颜五十三，家人强遣试春衫。
朝回两袖天香满，头上银幡笑阿咸。

兄弟之情、天伦之乐中，苏轼休养着疲惫的身心，精神上感到了极大的满足。

苏轼家里二十余口，除了长子苏迈尚在江西任德兴县尉外，还有王夫人、17岁的苏迨、15岁的苏过、侍妾王朝云等，一家团圆，其乐融融。对于亲人，苏轼长期以来都有一份愧疚感，尤其是夫人王润之，跟随自己东飘西荡，担惊受怕，没过上几天好日子。在黄州时经济最窘迫，王夫人每日都同家人一起锄田耕地，织布裁衣，精打细算地打理着一大家人的生活起居，把生活照样安排得有条有理。现在总算好了，再也不必为经济的窘迫而发愁了。而且，只要愿意，她完全有资格有条件去光顾京城里那些昂贵的店铺，买一些奢华的衣饰。不过，跟丈夫一样，王夫人也是一个天性淡泊、不喜奢华的女子，对于苏轼的乐善好施，夫人从来没表示过不满。

元祐元年六月，苏辙奏上《乞兄子迈罢德兴尉状》。不久，苏迈即解除现职，带着妻小回京与家人团聚。一时间，儿孙绕膝，三代同堂，苏轼家里又热闹了几分。这一年的八月，苏迈被任命为酸枣县尉。酸枣县位于京城西北方仅90里处，苏迈可以经常回家。这样，既能做官，又能照顾家里。对此，人们不无羡慕地赞叹道："翩翩苏公子，一官不远游。侍养两得意，人生复何求。"

此时，苏迨已年近弱冠，蒙皇上和高太皇太后的隆恩，赐官承务郎。承务郎为文散官第25阶，相当于校书郎的官职。当时，欧阳修的两个儿子欧阳棐、欧阳辩都在京城任职，苏轼兄弟常与他们一起交游。苏轼得知欧阳棐的女儿与苏迨年纪相当，气质性格也有很多的相似之处，可谓是天生的一对。于是，苏轼特意择了一个吉日，正式到欧阳府上拜见师母欧阳老夫人，为苏迨提亲。老夫人一听非常高兴，觉得孙女嫁到苏家是最好的归宿，既有师友之义，又成为儿女亲家，是两全其美的大好事。于是，当即便把婚事定了下来。

小儿子苏过正当少年，是读书上进的年纪。苏轼自己公务繁忙，所以请苏辙的女婿王适指导苏过的读书学习。苏轼的三个儿子中，苏过天资最聪慧，性情也最像父亲。苏过风趣幽默，且喜欢吟诗作文，长大后，翰墨文章定能传承家风。苏轼对这个聪颖好学的小儿子，自然也是偏爱几分。百忙之中，苏轼常抽时间悉心调教，教儿子体会辨别诗句的优劣，学习写诗作文的技巧。得到父亲真传的苏过，进步非常快。

苏轼每天下朝后，便躺在床上一边闭目养神，一边听着儿子朗朗的读书声。苏轼感觉，这是人生最大的幸福与享受。这悦耳动听的声音，让苏轼暂时忘却了朝堂上的烦恼，被政务绷紧的神经，也会在这一刻缓缓地松弛下来。跟儿子一起愉快地温习着这些年少时熟读的经典，有时会不由自主地回忆起小时候跟弟弟轮流站在父亲面前朗读的情形。时间过得真快，这一切仿佛都在昨天。苏轼清楚地记得，宋仁宗嘉祐二年（1057 年）的那个春日，兄弟俩披星戴月奔赴考场的情景。如今，几十年过去，当时的青年才俊，已然变成白发老翁。长江后浪推前浪，年轻一代很快又成长起来。在《和子由除夜元日省宿致斋三首》其三中，苏轼不无感慨地写道：

当年踏月走东风，坐看春闱锁醉翁。

白发门生几人在，却将新句调儿童。

04 亦师亦友，扶掖后生

　　苏轼回到京城后，家里的生活发生了根本性的变化。由于苏轼天性开朗，诙谐幽默，又乐于交友，所以，他的家里总是门庭若市，朋友之间相约小聚不断。聚会之时，苏轼总是以平和可亲的风度，诙谐幽默的谈吐，给宾客带来快乐，使每一次聚会的气氛，都营造得非常热烈。苏轼特别喜欢三五个知己在一起小聚，一边轻酌慢饮，一边谈诗论艺，随心所欲地挥毫泼墨。苏轼觉得，这样的小聚，是人生最大的享受。

　　在苏轼众多的门生和崇拜者中，"苏门四学士"是苏轼最引以为傲，也是最为人熟知的。这四位是：黄庭坚、秦观、晁补之和张耒，都是在北宋文坛上引人瞩目的杰出人物，列入苏门均已十多年的时间。最先将他们的名字并提和加以宣传的，就是苏轼本人。苏轼说："如黄庭坚鲁直、晁补之无咎、秦观太虚、张耒文潜之流，皆世未之知，而轼独先知。"这四人的才华，在各自的领域都焕发出了动人的光彩。后来，苏门四学子中，又加入了陈师道和李廌，成为著名的"苏门六君子"。

　　苏门六君子之所以汇聚在苏轼门下，首要的原因，是他们对苏轼的文学艺术成就非常钦佩。黄庭坚在评价苏轼时说："余谓东坡书，学问文章之气，郁郁芊芊，发于笔墨之间，此所以他人终莫能及尔。"他还说："以文章妙天下，忠义贯日月之气，本朝善书，自当推为第一。"黄庭坚作为北宋可与苏轼相提并论的大文人，他的评价自然具有一定的权威性。他把苏轼的诗文、书法，都推为当时天下第一，可以说是极尽推崇。

苏轼与苏门六君子之所以备受推崇，不仅仅因为他们个性洒脱自然，不拘礼法，还有一个更重要的原因，就是他们知大义、识大节，有君子的操守。他们既是文学之士，又是道德之士。他们在文学上风格各异，各领风骚；在道德操守上，肝胆相照，相互扶持。

苏轼作为当时的文坛盟主，拥有着海纳百川、有容乃大的胸怀与气度。他从来不把自己对文学的好恶，强加于他的学生，相反，他鼓励学生自由发挥自己的艺术风格。苏轼作诗以气运笔，放笔纵意，纵横驰骋，大开大阖，变化莫测，结构复杂，无迹可求，因此，苏诗成就相当高。

黄庭坚的诗，法度严谨，说理细密，最具宋诗艺术特色，因而追随者甚多，形成江西诗派。

秦观的词婉约感伤，擅长描摹清幽冷寂的自然风光，抒发迁客骚人的愤懑和无奈，营造出萧瑟凄厉的有我之境。在语法结构方面，秦观受到柳永的影响，创作了大量慢词。但是，他能把小令中含蓄缜密的韵味带进慢词长调，从而弥补了柳永以赋法填词所造成的发露有余、浅白单调的不足，显得跌宕有致，包蕴深层。在字法运用方面，秦观词作具有含蓄隐丽的特征。

晁补之、张耒、陈师道、李廌也都呈现出与苏轼不尽相同的艺术风格。张耒曾经十分形象地描述过苏门师弟的不同风采："长公波涛万顷海，少公峭拔千寻麓；黄郎萧萧日下鹤，陈子峭峭霜中竹；秦文倩丽若桃李，晁论峥嵘走珠玉。"

对于数位晚辈，苏轼极为爱重，多年来一直不遗余力地称扬，使他们得以顺利地崭露头角。作为一代宗师，苏轼对晚辈的热情培养、奖励提拔，并不仅仅出于彼此之间的私人情感、脾性的相得与投缘，更是出于一种对国家、民族文化传承的深切的责任感。

苏轼不仅鼓励门生大胆创新，发挥艺术个性，而且在苏门内部倡导自由议论与自由批评之风。苏门师生之间，往往畅所欲言，无所避讳。有一次，苏轼将自己所作的几首词拿给晁补之和张耒看，问他们："我的词作与少游

（秦观）相比如何？"这两位的回答颇为有趣："少游的诗就像小词，先生
您的小词写得像诗。"要知道，在苏轼的时代，词作一般是供人们在酒宴娱
乐场合演唱之用的，所写的内容也大都是与歌儿舞女、男女情爱有关的题材。
将小词写成诗歌风格，这绝对谈不上是对苏轼的赞誉，反而可能是一种善意
的揶揄。至于秦观的诗歌，却写得如同小词一般，更是比较低的评价了。可见，
晁补之、张耒二人对老师与秦观是各打五十大板。尤其是苏轼，他拿自己的
词作与学生争胜，让学生评价，这说明他意欲在婉约之外，另开一门词风。
却不料首先受到来自本门门生的批评，苏门开阔豁朗的风气由此可见一斑。

　　苏轼与黄庭坚都是当时知名的书法家，两人也经常在一起谈论书法。一
次，苏轼评论黄庭坚的书法说："鲁直近字虽清劲，而笔势有时大瘦，几如
树梢挂蛇。"黄庭坚反唇相讥："公之字固不敢轻议，然间觉褊浅，亦甚似
石压蛤蟆。"说罢，二人相对而视，不由得哈哈大笑起来。这种直击弊病所
在的坦率风气，实在是非常难得。

　　宋哲宗元祐三年（1088 年），又值三年一度的进士考试，苏轼任主考官。
黄庭坚、张耒等同入春闱，负责参详编排、点检试卷等工作。尚无功名的李
廌欣然应试，志在必得。为防止徇私舞弊，试卷都是密封的，根本看不到考
生的名字。阅卷时，苏轼读到一篇词华气古、事备意高的好文章，不禁拍案
叫绝，以为一定是李廌的文章，于是取为第一。谁知发榜后，第一却是章惇
的儿子章援，而李廌竟名落孙山。作为主考官，误失这一才华横溢、作文笔
墨翻澜、有飞沙走石之势的人才，苏轼心中自责不已，引为终身遗憾。在《余
与李廌方叔相知久矣，领贡举事，而李不得第，愧甚，作诗送之》一诗中，
苏轼这样写道：

> 与君相从非一日，笔势翩翩疑可识。
> 平生谩说古战场，过眼终迷日五色。
> 我惭不出君大笑，行止皆天子何责。
> 青袍白纻五千人，知子无怨亦无德。
> 买羊沽酒谢玉川，为我醉倒春风前。
> 归家但草凌云赋，我相夫子非臞仙。

　　诗歌前四句，苏轼自责虽与李廌交往日久，理应认识他的文风，却错过

了他在考场中写作的优秀文章。中间四句，表明李廌行止皆天的通达洒脱。后四句，正面描写饯别场面，希望李廌回家后潜心向学，并预言李廌不会被终生埋没。

李廌由于连年科场不顺，经济上十分窘迫，苏轼便时常周济他。元丰八年时，漂泊江淮的苏轼途径南都（今河南省南阳市），有位朋友听说他即将去常州安家，特意送来十匹帛、一百两丝作为安家之用。此时，正逢李廌前来拜谒。苏轼得知李廌家境清寒，祖母、父亲、母亲等先后病故，心中十分难过，便将朋友的馈赠帛丝悉数转赠李廌。元祐四年，苏轼出守杭州前夕，又将朝廷恩赐的一匹宝马赠给李廌。赠马之时，苏轼想到，李廌经常衣食不继，说不定哪天就要卖马救穷，必须写张公据给他，说明来源才好脱手。于是便亲笔写了一张马券，措辞婉转，不至于伤害到李廌的自尊心：

赠李方叔赐马券

元祐元年，余初入玉堂，蒙恩赐玉鼻骢。今年出守杭州，复沾此赐。东南例乘肩舆，得一马足矣，而李方叔未有马，故以赠之。又恐方叔别获嘉马，不免卖此，故为出公据。四年四月十五日，轼书。

这段话大意是说：早在元祐元年，朝廷就曾赐给我一匹宝马。这次我来杭州为官，朝廷又赐了一匹给我。在南方出门都是坐轿子，我有一匹马足够了。所以，现将宝马转赠给他。可是我又想，如果将来李廌有了更好的马，难免会将这匹马卖掉。所以，特别写此证明书，以便将来买家清楚这匹马，是朝廷恩赐之马。

从一张小小的纸条，可以窥见一代文豪那颗体察入微的心。

苏轼在京为官的这段时间，与他往来酬唱交往最密的，除了苏门六君子之外，还有王诜、李公麟、米芾等书画朋友。

王诜在"乌台诗案"中被连累，因为他是驸马，所以才未被远谪。尽管如此，公主还是因为这件事遭受打击，抑郁成疾，病重之时，神宗忙将王诜官复原职，但为时已晚，公主还是郁郁而终。公主死后，王诜失去靠山，不久就被外放均州。哲宗即位之后，才被允许回京。

曾经专程去黄州拜访苏轼的米芾，如今也在京城担任太学博士，他依旧气宇轩昂、傲骨天成，不仅书法沉着飞扬，自出新意，而且所画山水树木，也是信笔挥洒，不求工细但求神似，人称"米家山水"。

李公麟是苏轼这次回朝新交的朋友。李公麟生长于书画世家，见多识广，博学能文。他精于画马，擅长佛像与人物画。他曾为王安石画过像，形态逼真，后来被藏于金陵定林庵。元祐时期，李公麟曾经为苏轼画了一幅画像，至今仍然流传于世。画中苏轼，乌帽道服，轻松地斜坐在石头上，左手拿一根藤杖，横置膝前，眉目细长，神情疏朗，甚至右颊上的几颗黑痣都清晰可数，黄庭坚说："极似子瞻醉时意态。"

苏轼与这些书画名家经常相聚，诗酒流连。他们经常一起游山玩水，遇到美景，他们一边饮酒赋诗，一边欣赏名家作画。在这种洋溢着浪漫与自由气息的理想氛围中，苏轼创作了大量的题画诗。

一天，苏轼在晁补之家中欣赏表兄文同的一幅墨竹，不由得想起当年文同画竹的情景。于是，他在《书晁补之所藏与可三首》之一中写道：

> 与可画竹时，见竹不见人。岂独不见人，嗒然遗其身。
>
> 其身与竹化，无穷出清新。庄周世无有，谁知此凝神。

这首诗，形象地写出了艺术家创作时的精神状态，物我两忘，身与竹化。只有这样，才能达到艺术上的极致。

而在《书鄢陵王主簿所画折枝二首》中，苏轼又一次表明了他一贯的重"意"求"神"以及"诗画同源"的艺术理论：

其一
论画以形似，见与儿童邻。赋诗必此诗，定非知诗人。
诗画本一律，天工与清新。边鸾雀写生，赵昌花传神。
何如此两幅，疏澹含精匀。谁言一点红，解寄无边春。
其二
瘦竹如幽人，幽花如处女。低昂枝上雀，摇荡花间雨。
双翎决将起，众叶纷自举。可怜采花蜂，清蜜寄两股。
若人富天巧，春色入毫楮。悬知君能诗，寄声求妙语。

这两首诗，是苏轼用诗歌形式评论文艺作品的名篇，其中，关于形似的见解，颇受后人瞩目。在写作方法上，第一首诗几乎全用议论，是苏轼以议论为诗的一首代表作。

苏轼的一些题画诗，侧重于对画面作生动形象的描写，缘物寄情，抒发感慨。《惠崇春江晚景》就是最为脍炙人口的名篇：

> 竹外桃花三两枝，春江水暖鸭先知。
> 蒌蒿满地芦芽短，正是河豚欲上时。

这首诗的意思是，隔着疏落的翠竹望去，几枝桃花摇曳身姿。桃竹相衬，红绿掩映，春意格外惹人喜爱。江上春水荡漾，好动的鸭子在江水中嬉戏游玩。那满地蒌蒿、短短的芦芽，黄绿相间、艳丽迷人，呈现出一派春意盎然、欣欣向荣的景象。

画面虽未描写河豚的动向，但苏轼却从蒌蒿丛生、芦苇吐芽推测而知河豚欲上，从而画出河豚在春江水发时沿江上行的形象，用想象出的虚境补充了实境。苏轼就是通过这样的笔墨，把无声的、静止的画面转化为有声的、活动的诗境。

在苏轼眼里，这幅画已经不再是画框之内平面的、静止的纸上图景，而是以内在的深邃体会和精微的细腻观察给人以生态感。前者如画，后者逼真，两者混同，不知何者为画境，何者为真景。苏轼的艺术联想，拓宽了绘画所表现的视觉之外的天地，使诗情、画意得到了完美的结合。

苏轼还曾为王诜创作的《烟江叠嶂图》写过一首长篇歌行，这幅图一直被王巩所收藏。苏轼在《书王定国所藏烟江叠嶂图》中写道：

江上愁心千叠山，浮空积翠如云烟。
山耶云耶远莫知，烟空云散山依然。
但见两崖苍苍暗绝谷，中有百道飞来泉。
萦林络石隐复见，下赴谷口为奔川。
川平山开林麓断，小桥野店依山前。
行人稍度乔木外，渔舟一叶江吞天。
使君何从得此本，点缀毫末分清妍。
不知人间何处有此境，径欲往买二顷田。

君不见武昌樊口幽绝处，东坡先生留五年。

春风摇江天漠漠，暮云卷雨山娟娟。

丹枫翻鸦伴水宿，长松落雪惊画眠。

桃花流水在人世，武陵岂必皆神仙。

江山清空我尘土，虽有去路寻无缘。

还君此画三叹息，山中故人应有招我归来篇

　　这首诗，以《书王定国所藏烟江叠嶂图》为题，首先是给藏画的王定国和作画的王晋卿看的。诗中的"君"也首先指王定国和王晋卿，王定国就是王巩，王晋卿就是王诜。返回京城后，苏轼常与二人相聚，感叹之余，作诗相属，托物悲慨。这首诗，就是托物悲慨之作。

05 苏程结怨，元祐党争

宋哲宗元祐元年（1086 年）九月初一，为相仅仅八个月的司马光病逝。在祭奠司马光的丧礼上，率性的苏轼结下了一个敌人，这就是后来被称为"洛党"领袖的程颐。

程颐是洛阳人，世称伊川先生。青少年时期，程颐与哥哥程颢一起，师从北宋理学创始人和代表周敦颐。程颐自幼承家学熏陶，18 岁时就以布衣身份，上书仁宗皇帝，阐明以王者为心，生灵为念。宋仁宗嘉祐元年（1056 年），24 岁的程颐随父入京师，到太学读书。当时，主管太学的教育家胡瑗尝以《颜子所好何学论》为题试诸生。程颐在文章中写道："君子之学，必先明诸心，知所养，然而力行求至，所谓自明而诚也，故学必尽其心。尽其心，则知其性，反而诚之，圣人也。"程颐的这篇文章，受到太子中舍、光禄寺丞胡瑗的赏识，被授予"处士"身份。此后，他的名声和影响越来越大，并开始在京师授徒讲学。英宗、神宗两朝，大臣屡次举荐程颐，但程颐始终不肯出仕。

授徒讲学三十余年，门人弟子遍及朝野，在当时学术界影响深远，声誉日著。程颐为人拘谨、刻板，动辄诵说三代古礼，不容变通，处处讲存天理、灭人欲，与天性通脱豁达、不拘形式、率性自然的苏轼，风格有着截然不同。

程颐受命主理司马光的丧礼。而丧礼这一天，正是皇帝率领文武百官到京城的南郊举行祭祀天地神灵之日。祭祀天地时，还举行了安放神宗灵位的仪式，并且按规矩随乐唱典歌，这在古代叫做吉礼。仪式一共进行了 6 天。

仪式结束之后，文武百官随即更换衣服，赶往司马光家中参加吊唁。而此时，程颐不让文武百官进府，说这是"子于是日哭，则不歌"。意思就是，你在一天内参加了葬礼等悲伤的活动，就不能再参加一些喜庆的活动，这在礼节上说不过去。

程颐的这番话，马上引起了文武百官的争论。大家认为，孔子说参加了悲伤的活动后不能参加喜庆的活动，但并没说参加了喜庆的活动就不能参加悲伤的活动。程颐据理力争，苏轼内心起了反感，忍不住就说了一句："此乃麋糟陂里叔孙通所制礼也。"显然，苏轼话中有话。叔孙通是秦汉时候的一个儒生，刘邦打败项羽得了天下以后做了皇帝，需要有人为他制礼作乐，也就是定规矩。叔孙通就为刘邦定了一整套朝廷的规矩。麋糟陂则是开封府郊区的一处沼泽地，这话听起来像夸人，实际是骂人。意思是从脏乱之地而来的冒牌叔孙通，再直白一点就是骂他土鳖。此言一出，一针见血，入木三分，极为恰当。百官哄堂大笑，程颐满面通红。程颐是皇上的老师，是有头有脸的人物，被苏轼如此羞辱，岂不怀恨在心。从此，苏程结怨，遗下了无穷后患。

苏轼的这番话，表面上来看似乎只是同事之间的口角之争，无关国家大体，最多不过反映了苏轼、程颐两个人之间的思想、志趣和性格上的歧异。但是，就是这一句话，拉开了"洛蜀党争"（又称"洛朔蜀党争"）的序幕。从此，程颐与苏轼之间的党争就没完没了地进行着。这场口角之争，只是苏轼的一句取笑之语引起的，怎么会引起后来洛蜀两派激烈的党争呢？他们争来争去究竟是为了什么呢？如果追究起来，这件事确实比较复杂。

宋哲宗即位后，以司马光为首的旧党人物上台。司马光、吕公著、韩绛等联名上疏，推荐程颐。宋哲宗元祐元年（1086 年），程颐以布衣受诏，任崇政殿说书，成为帝王之师。

程颐不苟言笑，对赵煦这个年仅 10 岁的小皇帝，动辄以师道自居，除灌输儒家正统思想之外，还要求小皇帝不近酒色。不仅如此，就算作为小孩子的一些顽皮的小动作被他看见，也要小题大做训导一番，这让赵煦对他十分反感，就连司马光也觉得程颐有些过分。

一次，程颐在经筵为皇帝讲书。课间休息时，移坐殿旁小轩，君臣喝茶赏春。当时，莺飞草长，杨柳依依，小皇帝非常高兴，顺手折下了一根柳枝拿在手里挥舞玩耍。这本是相当平常的一件小事，可是程颐立即站起身来，拉长了脸教训道："现在正是春天，莺飞草长，万物生发，皇上不可无缘无故摧折生命，为君者以仁为本，爱惜万物须从小事做起。"

此时，哲宗皇帝正是小孩子贪玩的年纪，没想到这么一个小动作，竟被程颐喋喋不休搬来这么多大道理，小皇帝心里很不高兴。他一赌气，把柳枝狠狠地扔到地上。

司马光本来就对程颐不善变通的迂夫子模样有些反感，听说这件事后，他不无感慨地对门人说："人主不愿接近儒生，正因为有这样一些迂腐之人的缘故。"

对于程颐的拘泥古板，天性通脱豪爽、崇尚精神自由的苏轼，自然是看不惯的，所以才有了司马光葬礼上的那句嘲弄。

司马光的葬礼之后，苏轼与程颐的关系变得更加格格不入，两人的门生故吏也紧随其后。因程颢、程颐兄弟是洛阳人，苏轼、苏辙兄弟是四川人，"洛蜀党争"便由此而得名。

宋哲宗元祐元年冬月，苏轼作为翰林学士，首次主持进士候选馆职的考试。他在试题《策问·师仁祖之忠厚，法神考之励精》中这样说道：

今朝廷欲师仁祖之忠厚，而患百官有司不举其职，而或至于欲法神考之励精，而恐监司守令不识其意，流入于刻。

这本来只是对仁宗、神宗两朝施政方针不同特点的准确概括，但是，却被程颐的门生、左谏官朱光庭断章取义加以笺注。朱光庭借机生事，上表弹劾苏轼，说他谤讪先朝，要求朝廷予以惩治。

高太皇太后虽是一介女流，但她历经丈夫英宗、儿子神宗两朝，对于政界的恩恩怨怨早已了然于心。她看惯了那些谏官们为了打击异己而不惜吹毛求疵，鸡蛋里挑骨头。因而，她读过谏章，并不相信苏轼真有不臣之心。但是，大宋朝廷为广开言路，有尊重台谏意见的传统，为君者不便出面反驳谏官的奏议，因而，便将此事淡化处理，下诏对苏轼免罪。

对于高太皇太后的知人善任，稳健宽仁，苏轼心中万分感激。但是，他仍然不甘心平白无故被人诬陷，忍不住上章为自己辩白。他在《辩试馆职策问札子》中写道：

臣之所谓媮与刻者，专指今日之百官有司及监司守令不能奉行，恐致此病，于二帝何与？至前论周公太公，后论文帝宣帝，皆为文引证之常，亦无比拟二帝之意。

高太皇太后看到这封辩状之后，再次下诏免罪。但是，朱光庭始终不肯罢休，继续上章攻击，认为苏轼罪不可免。

言者无罪，是谏官的特权。大臣对于谏官的指责，只能自辩，不能反击。因此，无论朱光庭如何出言不逊，苏轼只能辩解而不能以牙还牙。殿中侍御史吕陶看不下去了。吕陶是苏轼的同乡好友，见此情形，很为苏轼愤愤不平。于是，吕陶上疏弹劾朱光庭假借事权以报私隙，并且一针见血地揭发出这件事情的真实背景："议者谓轼尝戏薄程颐，光庭乃其门人，故为报怨。夫欲加轼罪，何所不可！必指其策问以为汕谤，恐朋党之弊自此起矣。"

于是，吕陶被指实为蜀党。此后，朔党诸公纷纷卷入，围攻苏轼。本来这件案子并不复杂，不过是洛学弟子想为他们的老师报一箭之仇，为老师挽回颜面。高太皇太后对这件案子的处理也算公断，不偏不向。

谁知，恰在此时，有传言说，朝廷认为朱光庭所言非是，将要罢去他的左正言之职。谣言一出，一石激起千层浪。当初苏轼为维护免役法而得罪的那些反变法派官员，纷纷站出来合力围攻苏轼，洛蜀党争由此公开爆发。洛党以程颐为首，朱光庭、贾易为辅；蜀党以苏轼为首，吕陶等为辅；朔党以刘挚、梁焘、王岩叟、刘安世为首。这场元祐党争，响应跟随的人很多，苏轼深陷其中而无法自拔。

其实，洛朔二党联合起来攻击苏轼，除了报复旧怨，还有另外的不可告人的政治目的。刚到京师时，苏轼升为中书舍人，在宰相手下干活。半年后，再升翰林学士知制诰，负责起草圣旨的工作，官三品，位在六部尚书之上。升迁如此之快，百官为之瞩目，苏轼自己也晕头转向。他年过半百，居翰林院要职，这不是明摆着要当宰相吗？中唐及北宋翰林院，均被视为储备宰辅之地。而苏轼具备宰相的才能，宋仁宗早就讲过，可那是二十多年前的事了。返京不到一年，苏轼就成为舆论的焦点，众人关注的中心。于是，拆台的小人应运而生，由小人的逻辑所推动，站到苏轼的对立面，百般与他纠缠。

苏轼回汴京 3 年多，避小人如避苍蝇。然而，苍蝇却一直盯他，围着他嗡嗡叫，赶都赶不走。

论实力，苏轼的团队力量确实不算小。当时，著名的苏门四学士，已经尽数来到京师，当年"乌台诗案"的被牵连者，也大多回朝并被委以要职，其中包括驸马王诜、张方平的女婿王巩等。在朝中，苏辙担任御史中丞，他的两个朋友吕公著和范纯，也居朝廷的宰相及左丞之位。

其实，苏轼根本无心参与党争，置身于污浊的官场之中。他亲历现实利害冲突中翻云覆雨的人情诡变，越来越怀念黄州，怀念那里单纯的生活、淳朴的民风和那些患难之中结识的真挚的朋友。苏轼在《如梦令》二首中深情地写道：

为向东坡传语，人在玉堂深处。别后有谁来，雪压小桥无路。归去，归去。江上一犁春雨。

手种堂前桃李，无限绿阴青子。帘外百舌儿，惊起五更春睡。居士，居士。莫忘小桥流水。

　　苏轼设想着别后东坡的寂寞与冷清：积雪覆盖了小桥，淹没了曲曲弯弯的小路，已经看不到人行的痕迹。严冬过后，温润和煦的春天很快就来了。苏轼心中不禁归思潮涌，回想起了当初在雪堂时那闲适美好的生活场景：雪堂前面，是苏轼亲手种植的桃李，繁花落尽，树上早已缀满了青涩的果子，百舌鸟清脆婉转的鸣叫将自己从清晨的睡梦中唤醒，那熟悉的一切仿佛依稀在眼前，却又那么遥远。最后，苏轼不住地提醒自己，千万不要忘了那里的一草一木，以及生活在那里的淳朴的乡亲们。

　　无谓的党争，纷扰的政治，污浊的官场，让苏轼倍感厌倦与疲惫。他希望远离这一切。于是，他接连上了四道奏章，请求离朝外任。但是，却一直得不到朝廷的批准。

　　当苏轼陷入党争漩涡，一再以疾病为由请求外任时，高太皇太后特予召见。这一天，高太皇太后找来苏轼说："爱卿前年时官居何职？"

　　高太皇太后所说的前年，是元丰八年。那时，苏轼正携家眷漂泊江淮。苏轼不知何意，便如实回答："臣为汝州团练副使。"高太皇太后问："那么，今为何职？"苏轼回答："备员翰林充学士。"高太皇太后问："怎么会有今天的地位？"苏轼回答："因遇太皇太后、皇帝陛下。"高太皇太后摇摇头说："不是。"苏轼只好试探着问道："是有大臣推荐吗？"高太皇太后说："与他们无关。"苏轼大惊说："臣虽不肖，但从不走旁门求取官职。"高太皇太后缓缓地说："这是先皇的意思。先皇在世之时，每当用膳时举箸不下，侍臣们便知道是在看你写的文字。他常说起你的奇才，只是没来得及起用学士，便撒手西去了。"

　　讲到这里，太皇太后喉头哽咽了，再也说不下去了，苏轼更是忍不住失声痛哭，哲宗以及左右伺候的人也都泣不成声。过了一会儿，高太皇太后赐座、赐茶，又以托孤的口吻对苏轼说："内翰，你一定要尽心侍奉官家，以报先帝知遇之恩。"苏轼拭泪领旨告退，高太皇太后还觉意犹未尽，竟把御案上的莲花金烛赏赐给了苏轼。

　　赐予大臣金莲花烛，是对大臣极高的荣宠，苏轼深谙此意。从此，他更加勤于公事，直抒己见。在他看来，朝廷既以国士待我，此身已非己有，唯有以死相报。苏轼这种自幼培养起来的社会责任感和历史使命感，再一次得到强化。

一场元祐党争，引发了无休无止的人事倾轧。不止苏轼动辄被弹劾，连他的朋友、门人、学生等，都跟着遭殃，不断被台谏弹劾，几乎无一幸免。虽然这些人从来不埋怨、不疏远苏轼，但苏轼心中的遗憾和痛苦远远超过自己受到的侮辱与损害。

元祐党争对苏轼产生了极大的影响。一方面，洛、朔二党对苏轼穷追不放；另一方面，由于弟弟苏辙担任谏官时曾连章攻伐吕惠卿、蔡确、章惇等人，这些人等虽已遭贬谪，但他们执政多年，党羽遍及朝野，仍然拥有相当大的潜在势力，这些人无不视苏轼兄弟为仇敌，他们接二连三上奏章弹劾苏轼，使他难以安于朝中。

于是，苏轼在请求离朝外任的奏章中说："臣若不早去，必致倾危。"经过苏轼的一再请求，宋哲宗元祐四年（1089 年）三月十六，朝廷终于批准苏轼以龙图阁学士身份，出任浙西路兵马钤辖（管辖隶属于浙西路的六个州郡）兼杭州知州。

06 赴任杭州，造福百姓

宋哲宗元祐四年（1089 年）七月初三，苏轼带领一家人，抵达杭州任上。此次离京外任，他是以龙图阁学士兼杭州知府的身份亮相，锦衣玉食的日子依然得到保证，飞黄腾达也自然不在话下。

但苏轼这个人，个性就是为官要做事，绝不是为了享受。苏轼刚到杭州时，就遇到严重的自然灾害。冬春水涝，之后又遇大旱。苏轼决定把用来修葺官舍的钱，先买米赈济饥民。同时，他又反复上疏，奏请朝廷减轻本路赋税，免除积欠，加大常平仓米的购入，以备饥荒。由于苏轼反复请求，朝廷决定拨本供米 20 万石赈饥，宽减上供米三分之一，并赐度牒 300 道以助赈饥。度牒，是官府发给出家僧尼以证明其合法身份的凭证，可免赋役。元丰年间规定，每道度牒为 130 千钱。这些措施，确保了杭州米价稳中有降，元祐五年春没有人被饿死。

但是，一些地方官吏无意恤民，专事献媚。看到元祐五年春天没有被饿死的灾民，就立即报告朝廷，声称本年丰收，别无流民，要求收回度牒钱粮。对此，苏轼反驳道："去年的灾情非常严重，这是众所周知的事。即使今年秋天获得丰收，也恐怕不能弥补去年的损失。更何况此时处于春夏之交，稻禾未熟，不知道各路提刑转运官，如何断定今年就是个丰收之年？"

元祐五年（1090年）五六月间，浙西数郡突然大雨不止，造成太湖泛滥，庄稼被淹。六七月份，米价大幅上涨，灾情之势，重于上年。由于上年之灾已如人之初病，而今年之灾便如疾病复发。即使病情恢复得差不多，但因上年元气大伤，最终也很难支持。加之这年春夏之交之时的风调雨顺，家家典卖财产以负债的方式投入于农事，想夺取一个大丰收，现在淫雨风涛，把将熟的农作物摧折摧毁殆尽。即便是这样，一些地方官仍忌讳言灾。而苏轼接连多次向朝廷报告灾情，要求宽减本路上供米，并高价收购常平米，以备来年救饥。在苏轼的再三请求下，朝廷拨上贡米二十万石。苏轼把这些粮食有计划有步骤地投放市场，再一次平抑了物价。

百姓吃饭的问题解决了，另一个严峻的问题又出现了。那就是瘟疫开始困扰着老百姓，这是水旱灾害带来的另一个灾难性后果，比灾荒甚至更加可怕。面对疯狂而来的疫情，人们毫无对抗的能力，大多数人只能坐以待毙。此时，苏轼手里所拥有的"圣散子"药方解决了大问题。苏轼自费购买了大批药材，根据药方配制成药剂，命人在街头架起大锅熬制汤剂。凡是过往行人，无论男女老少，各服一大碗。同时，苏轼还组织懂医术的僧人，由官吏带领走街串巷为民治病。

圣散子是苏轼谪居黄州时，从老友巢谷那里得来的专治瘟疫的药方。据说这一药方，专门救急，其验特异。病情严重的，连饮数剂，则汗出气通，饮食稍进，神守完复。病情轻微的，更不在话下。即使没有染病的人，只要空腹喝一大碗，也能增强免疫力，百病不生。最主要的，这药方里的药，都是中下品药，每服大约一钱，廉价高效，便于在普通百姓中推广使用。苏轼的老友巢谷将此方视为珍宝，绝不外传，就连亲生儿子也不舍得传授。他看见苏轼对医药十分感兴趣，知道这药方将来苏轼或许能用得上，便决定倾囊相授。巢谷还一再嘱咐苏轼，此方绝不能外传。但苏轼口头应允，心中却不以为然。他认为，好的药方就应该广为流传，得以救治更多的受病痛折磨的人。所以，不久后，苏轼便将此方传给曾为他治臂痛的黄州名医庞安常，让他写入医书，流传后世。这次杭州瘟疫横行，也正是这个药方解救了杭州百姓。

在苏轼有条不紊的指挥部署下，这场可怕的瘟疫终于被战胜了，数千人免于死难，杭州百姓无不充满感激。但是，苏轼却又陷入了深深的思考。他认为，杭州地处交通要塞，水利枢纽，客商来往频繁，疾病的传播比其他地方更为迅速，应当未雨绸缪，采取措施做到早控制、早预防。于是，一个伟大的宏图在苏轼脑海中逐渐成型。苏轼决定，创立一所方便民众的病坊。

苏轼随即拨出公款两千缗——一缗为十串铜钱，一般每串为一千文，又自掏腰包拿出五十两黄金，并带动富豪捐赠了一部分，在众安桥创置了一所慈善医院。这所医院取名为安乐坊，延请懂医的僧人坐堂诊治，并规定每年从地方税收中，拨出少许资金作为维持病坊的经费。对于医术高明、医德高尚、三年之内治愈病人上千名的僧人，便由官府呈报朝廷，赐紫衣以示奖励。安乐坊不仅平时开业看病，收留贫困病人，而且每年由专人配置圣散子，从立春后直到第二年春夏之交，免费为全体民众发放。据说，安乐坊是中国历史上第一座面向民众开放的官办医院，后来改名为安济坊，直到苏轼去世时依然存在。

灾荒和瘟疫过去后，苏轼要做的工作就是兴修水利，疏河治湖。苏轼经过认真细致的实地考察，发现茅山河、盐桥河各自接受湖水，就决定首先疏通二河来通航运。这两条河，是沟通大运河与钱塘江的要道。其中，盐桥河横穿繁华热闹的城区，茅山河则绕经人口稀少的东郊。两河在城北相接，注入大运河，把内河航运与海运连接在一起。但是，一旦涨潮，就有大量泥沙被海水裹挟倒灌，造成河道淤塞。苏轼利用钤辖浙西兵马的便利，调集一千多名地方军开始疏河。杭州军民从元祐四年十月开始，到第二年四月竣工，仅仅半年时间，就疏浚两河长各达十余里，深八尺以上。一时间，舟船畅通无阻。

然而，钱塘江潮日落日涨，淤填如旧。如此发展下去，不出三五年，又将恢复原来的样子。为了解决这一问题，苏轼采纳了属下苏坚的建议，在两河交汇处建造堰闸，以控制潮水的进入。这样，以后便只需定期疏浚城外的茅山河，节省人力、物力，又便利施工，不会影响居民的日常生活。

宋神宗熙宁年间，苏轼在任杭州通判时，曾与知州陈襄一道疏浚六井。如今十多年过去了，六井重又淤塞。于是，苏轼派人去寻访当年参与治井的四位僧人，想请他们再次主持六井的修治。但没想到的是，四人中已有三人亡故，只有年已70岁的子珪依然健在。苏轼采纳了子珪的建议，把以前用毛竹做的水管，改换成用瓦筒引水。这种办法虽然耗资巨大，但坚固耐用，可谓是一劳永逸。苏轼还在北郊新挖了两口大井，将湖水引到以前难以得水的地方。于是，整个杭州城的百姓，便得以遍饮西湖甘水。

苏轼上任不到一年，就战饥荒，驱疾疫，疏浚两河，整治六井，行动雷厉风行，政绩卓著，赢得了杭州百姓一致的爱戴与信赖。老百姓深信，有这位脚踏实地、急民之所急的好知州做主，没有什么事情是办不到的。苏轼第一次来杭州时，西湖淤塞的面积就已占了百分之二三十。十五年以后，当苏轼再次来到杭州重游西湖的时候，发现西湖淤塞荒芜的面积已占了一半。苏轼想，如果再过二十年，西湖必将全部被淤塞填平，西湖美景不复存在。如此景况，只要是稍有远见的人，都会为此忧心忡忡。因此，苏轼决心整治西湖。

但是，治理西湖是一个宏大的工程，需要很大的财力、物力和人力。尽管这样，苏轼也决心克服一切困难，将这件事办成。他首先向哲宗皇帝呈上了《乞开杭州西湖状》的奏议。在奏议中，苏轼首先指出了西湖的严重形势。其次，苏轼从养鱼、蓄水、灌溉、助航、酿酒等五个方面，指出西湖的重要性。

后来，苏轼得到哲宗皇帝的准奏后，便开始动工治理西湖。他首先进行全面的调查走访，广泛征求水利专家的意见，制定治湖规划。然后，苏轼利用手头尚存的救灾钱款，召集民工以工代赈，趁黄梅雨后葑草浮动之时动工，开掘葑滩，疏浚湖底。可是，由于西湖当时的葑田面积很大，被挖出的淤泥无处存放。如果把淤泥堆在岸上，既费工又费时。苏轼考虑良久，终于想到一个两全之策。西湖的南北两岸绕湖相距有30里，对两岸的居民来往很不方便。于是，苏轼决定，用无处安置的淤泥与葑草混合，筑一条跨越西湖南北的长堤。这样，既可以去掉淤泥，又能便于交通。长堤南起南屏山，北至栖霞岭，长提上建有映波、锁澜、望山、压堤、东浦和跨虹六桥，用以沟通里湖和外湖。从此，南北往来极为便利，再也不用绕湖 30 里了。

为赶工期，苏轼不分昼夜在工地巡视。他吃民工饭，喝民工水，一点都不勉强。端午佳节时，杭州百姓抬猪担酒，前来表达他们对这位为民造福的好知州的感激与爱戴。苏轼实在推辞不过时，便收下这些厚礼。他命人将猪肉切成方块，采用他在黄州摸索出来的烹调方法，把精心烹制出来的猪肉，送到工地分发给浚湖的民工。从此，苏轼的这种烹调方法就在民间流传开来，东坡肉便成了杭州的特色名菜。苏轼的这种关怀，让广大民工们万分感动，他们只有用更加努力的劳动，来报答他们可亲可敬的知州大人。苏轼站在湖边，看着热火朝天的劳动场面，便开始憧憬着工程竣工那一天，眼前的西湖，变成碧波万顷，一望无际。想到这里，苏轼高兴地唱出了一首《南歌子》（湖景）：

古岸开青葑，新渠走碧流。会看光满万家楼。记取他年扶路入西州。

佳节连梅雨，馀生寄叶舟。只将菱角与鸡头。更有月明千顷一时留。

西湖经过半年的整治后，湖面波光粼粼，碧波万顷，一条长八百八十丈、宽五丈的长堤贯穿南北，横跨湖中。苏轼命人在长堤两岸遍植芙蓉杨柳，修建了九座精致小巧的亭子，让原本美丽怡人的西湖，更加增添了几分温婉与灵动。竣工那天，杭州百姓纷纷奔走相告。一时间，湖畔堤上游人如织，美女如云。此番盛况，让苏轼几年以后离开杭州时，依然回味无穷。

杭州人民为了纪念苏轼，把这道长提称为"苏公堤"，后人简称为"苏堤"。历经千年后，"苏堤春晓"依然是引人入胜的"西湖十景"之一。

为了防止水草泛滥、再度淤塞，苏轼采取钱塘主簿许敦仁的建议，将岸边的湖面划分成若干片，以每片为单位，租给民户种植菱角。由于每年春天农户在种菱时，都必须要把湖里的藻荇清理干净，做到寸草不留才可下种，因此，凡是种菱的地方，杂草都不易生长。这个办法，一则可使沿岸湖面每年都得到一次清理；二则可收取租金和税收，用于西湖的疏浚和维修；三则可以解决一些农户的生计问题。可谓是一举三得。为了防止湖面被过度种植，苏轼又在湖上造小石塔三座，禁止人们在石塔以内的水域种植菱荷茭白之类。这一景就是今天著名的"西湖十景"之一"三潭印月"。

作为一方父母官，苏轼除了解决救灾驱疫等迫在眉睫的问题、主持浚河治湖等大事外，每天还要处理一些征税判案等琐细繁杂的小事。作为一位爱民如子的地方官，苏轼总是怀着一颗充满仁爱与慈悲的心，极为慎重地处理哪怕是最微不足道的民间诉讼。苏轼希望尽可能做到国法与人情两相兼顾。

一天，苏轼从筑堤工地刚回到府衙，就遇到了一件债务纠纷案。原来，一个绸缎商人，将一个制扇商人告到了公堂。原因是制扇商曾向绸缎商赊了价值两万贯钱的绫绢，用来制作团扇。谁知当年夏天杭州多雨凉爽，制扇商做好的扇子根本卖不出去，而且又赶上家中老父病故，治病和办理丧事花费了一大笔银子，眼看着货款赊账期限已过，可他实在没有能力偿还。这样的窘境之下，无可奈何的绸缎商只得拖着制扇商，找到了当时负责审理案件的苏轼。

苏轼听罢两人的陈述，觉得双方都情有可原。对绸缎商来说，欠债还钱本是天经地义。可是，如果硬逼着制扇商偿还，他势必家破人亡，终会酿成惨剧。

苏轼思来想去，突然计从心来。他让制扇商取来 20 把上好的团扇。苏轼拿起一把扇子，反复观赏，发现这扇子选料上乘，堪称精品，即命左右递上文房四宝。只见他信笔挥洒，在扇面点染竹石草木、题写诗词小文，最后署上自己的名号。一转眼，素白的团扇变成了东坡字画艺术品。然后，他嘱咐制扇商将这 20 把扇子拿去集市上售卖，并且每把一定要卖到一千文。

苏轼画扇的消息不胫而走，仰慕苏轼字画的人闻讯赶来，聚在衙门口。制扇商抱着扇子刚出衙门口，扇子就被抢购一空，而没有买到扇子的人，站在那里遗憾得直跺脚。绸缎商见此情形，也上前抢购一把，并说："你还我一万九千钱就好了。"

时隔不久，苏轼又遇到了一桩涉嫌欺诈、偷税的案子。嫌疑人是一位年近六旬、须发花白的老翁。

税务官查获这位老翁随身携带的两个巨大的包裹，装的全是上好的麻纱，包裹外写着：翰林学士知制诰苏某封寄京师苏侍郎收。而翰林学士知制诰苏某，不恰恰就是苏轼吗？看来，这个人不仅偷税，居然还斗胆冒用了苏轼的名义。

苏轼强压怒火，细问究竟。原来，这个老翁是福建的一个乡贡举人，名叫吴味道，准备上京参加科举。因苦无资助，亲戚朋友便凑钱买了两百匹当地特产建阳纱，让他带到开封变卖，作为盘缠。依照北宋税务制度，携带上好麻纱从福建到外地，沿途都得抽税，等到开封变现时，除去税费就所剩无几了。

吴味道素闻苏轼兄弟名气大又乐于奖掖文士，于是，他便出此下策，盗用其名以达到避税的目的，谁料到被真正的苏轼在这里抓了个正着。

面对这个贫寒落魄的老书生，苏轼的怒气很快烟消云散。他揭去包裹上的旧封，提笔重新写下：龙图阁学士、钤辖浙西路兵马知杭州府苏某封寄京师竹竿巷苏学士。

原来，此时苏辙已迁任翰林学士，老翁的消息并不灵通，之前写的都是旧职。

苏轼笑着安慰吴味道说："前辈，这回真是苏知府寄给苏学士的包裹，你可以放心了，以后不会有人为难你了。"

说完，苏轼还写了一封信，让吴味道带给弟弟苏辙，嘱咐苏辙好好关照这位不坠青云之志的老者。

吴味道喜出望外，感恩涕零，又踏征途。

第二年，吴味道不负众望，高中进士，便立刻写信给苏轼，表达自己的感激之情。后来，他路过杭州时，苏轼还特意请他到自己家中小住了几日。

苏轼在工作上有一个很好的习惯，就是常将需做的公事，按轻重缓急记录在备忘录上，做完的事情当晚勾销。因此，不但事情从来没有拖压积欠，而且还能抽出一些时间来四处游玩。公余之暇，苏轼也会约客携伎纵游湖上，因此在民间流传下一段苏轼与琴操的故事。

琴操原系官宦大家闺秀，从小聪明伶俐，得到良好的教育，琴棋书画、歌舞诗词都有一定的造诣。13岁那年，琴操因遭家庭变故，父母俱亡，沦为艺人。但她天资聪颖，才华出众，16 岁那年，把秦观的《满庭芳·山抹微云》改韵重作一首，由此在杭州城红极一时，受到苏轼的赏识。

有一次，苏轼与琴操两人同游西湖，说笑甚欢。苏轼说："我来做长老，你来参禅好吗？"琴操笑着答应了。于是，苏轼问她："何谓湖中景？"琴操答道："落霞与孤鹜齐飞，秋水共长天一色。"苏轼又问："何谓景中人？"琴操回答："裙拖六幅潇湘水，髻挽巫山一段云。"苏轼又问一句："何人中意？"琴操回答："随他杨学士，鳖杀鲍参军。"苏轼问："如此究竟如何？"琴操不语。苏轼代为解答说："门前冷落车马稀，老大嫁作商人妇。"

才情极高的琴操，当然对诗中的深意了然于心。那是百余年前，一个与她身世相仿的琵琶女唱与一位诗人听的，而今苏轼借此来点化她。一时间，琴操大彻大悟，一颗本系于烟波画舫中的芳心，就这样看破红尘。从此，琴操出家为尼，常伴玲珑山的青灯古佛。后来，琴操听说苏轼远谪海南，便郁郁而终，时年不过 24 岁。

当然，关于苏轼与琴操的故事民间流传很多，因为没有载入正史，所以无据可考。但是，他们之间的故事，却打动了民国才子郁达夫。郁达夫曾专程到杭州，但看完了八卷《临安志》，也没找到关于琴操的记述。

在此期间，高僧辩才以及金山寺住持佛印，都是苏轼经常交游的对象，而且老友参寥也从于潜来到杭州，在孤山之上的智果精舍做住持。智果精舍这座庙宇虽小，但环境相当清幽。苏轼在《参寥上人初得智果院，会者十六人，分韵赋诗，轼得心字》一诗中写道：

涨水返旧壑，飞云思故岑。念君忘家客，亦有怀归心。

三间得幽寂，数步藏清深。攒金卢橘坞，散火杨梅林。

茶笋尽禅味，松杉真法音。云崖有浅井，玉醴常半寻。

遂名参寥泉，可濯幽人襟。相携横岭上，未觉衰年侵。

一眼吞江湖，万象涵古今。愿君更小筑，岁晚解我簪。

元祐六年寒食节后的一天，苏轼与朋友从孤山出发，泛舟西湖，去见参寥。智果精舍下有一泉水从石缝间汩汩流出，是刚刚凿石而得的。泉水清澈甘甜，参寥子便撷新茶，钻火煮泉，招待苏轼和朋友们。此情此景，让苏轼不由得想起九年前在黄州时梦见参寥吟诗的情形。没想到，当年梦中的情景，今天竟然全都应验。苏轼提及旧梦，众人感到惊奇。由此，苏轼在《参廖泉铭》写道：

余谪居黄，参寥子不远数千里从余于东城，留期年。尝与同游武昌之西山，梦相与赋诗，有"寒食清明""石泉槐火"之句，语甚美，而不知其所谓。其后七年，余出守钱塘，参寥子在焉。明年，卜智果精舍居之。又明年，新居成，而余以寒食去郡，实来告行。舍下旧有泉，出石间，是月又凿石得泉，加冽。参寥子撷新茶，钻火煮泉而瀹之，笑曰："是见于梦九年，卫公之为灵也久矣。"坐人皆怅然太息，有知命无求之意。乃名之参寥泉，为之铭曰：

在天雨露，在地江湖。皆我四大，滋相所濡。

伟哉参寥，弹指八极。退守斯泉，一谦四益。

余晚闻道，梦幻是身。真即是梦，梦即是真。

石泉槐火，九年而信。夫求何神，实弊汝神。

第八章

世事一场大梦

人生几度秋凉

01 厌倦官场，向往归隐

苏轼以龙图阁学士兼杭州知府的身份重回杭州后，当年与苏轼同游的旧友都已不在。先是李常、孙觉相继去世，接着滕元发也在真定仙逝。这些好朋友的先后离去，让苏轼的心头涌起一股深深的悲凉。他不由得想起当年任杭州通判时，与杨绘、张先、陈舜俞、刘述、李常等相聚湖州，欢饮数日。当时，张先还作了《定风波令》。如今，"六客"之中，五人均已作古，剩下的苏轼也已是知命之年，真乃世事无常，人生如梦。因此，这一时期苏诗描写西湖景物的诗词，常常把对杭州的热爱与对故乡的思念纠结在一起，抒发了一种淡淡的乡愁，读来真挚感人。如宋哲宗元祐五年（1090 年）写的《寄蔡子华》，就把一抹乡愁巧妙地融入其中：

> 故人送我东来时，手栽荔子待我归。
>
> 荔子已丹吾发白，犹作江南未归客。
>
> 江南春尽水如天，肠断西湖春水船。
>
> 想见青衣江畔路，白鱼紫笋不论钱。

霜髯三老如霜桧，旧交零落今谁在。

莫从唐举问封侯，但遣麻姑更爬背。

265

第八章 世事一场大梦 人生几度秋凉

诗歌开篇四句语浅情深，乡思乡愁深蕴其中。早在宋神宗熙宁元年，苏轼最后一次离别家乡时，父老乡亲就在纱行老屋的庭院里，种下了一棵荔枝树苗，祈愿荔枝开花结果之日，便是苏轼兄弟衣锦还乡之时。可是，如今年华已逝，荔枝树早已硕果累累，兄弟俩却依旧漂泊江南，归期难定。然而，苏轼接下来却笔锋一转，描写江南美景以及对江南美景的无限留恋。这种既思念家乡又留恋江南美景的复杂矛盾心理，在诗歌中表现得淋漓尽致。

对岁月的感喟和对现实的倦怠，只是苏轼思想的一个方面，而大多时候，苏轼的思想是积极向上的。他的诗歌，大多表现他的坚强不屈和独立不倚的精神气质。他在《次韵杨公济奉议梅花十首》（其三）中写道：

绿发寻春湖畔回，万松岭上一枝开。

而今纵老霜根在，得见刘郎又独来。

唐顺宗永贞元年（805年）时，刘禹锡参加王叔文政治革新失败，被贬为朗州司马。唐宪宗元和十年（815年），刘禹锡被召回京，作《元和十年自朗州至京戏赠看花诸君子》："紫陌红尘拂面来，无人不道看花回。玄都观里桃千树，尽是刘郎去后栽。"刘禹锡的这首诗，通过描写人们在玄都观看花的事，含蓄地讽刺了当时掌管朝廷大权的新官僚。因诗语激情触怒当权者，刘禹锡因此又遭贬逐。14年后，刘禹锡再次被召回后，又写了《重游玄都观绝句》："百亩中庭半是苔，桃花净尽菜花开。种桃道士归何处？前度刘郎今又来。"

苏轼的这首咏梅诗，化用了刘禹锡诗作的这一典故，以极为凝练的笔墨，浓缩了自己15年间的坎坷经历。15年前，梅花傲然独立；15年后，霜根犹在，苏轼寻梅赏梅。而梅，恰恰是苏轼自我人格的化身。

尽管苏轼仕途坎坷，饱经风霜，但他对于国家和民众的挚爱，却始终如一，丝毫没有消减。他所淡漠的，只是个人的荣辱得失；他所厌倦的，也只是无休无止的恩怨争斗，政权倾轧。也正因为如此，他在杭州劳心赈灾，慈世济民，疏河治湖，勤于政务，创造了千秋伟业。同时，他也赢得了杭州人民的衷心爱戴。以至于人们自发地在苏堤上建起了生祠，家家户户悬挂着他的画像，虔诚地为这位勤政爱民的好知州祈求福寿。

宋哲宗元祐四年八月时，弟弟苏辙奉命出使契丹，祝贺辽国国主生日。此时，远在杭州的苏轼，寄诗《送子由出使契丹》为弟弟送行：

> 云海相望寄此身，那因远适更沾巾。
> 不辞驿骑凌风雪，要使天骄识凤麟。
> 沙漠回看清禁月，湖山应梦武林春。
> 单于若问君家世，莫道中朝第一人。

诗中，苏轼饱含深情地对弟弟说：我寄身此地，和你隔着云海遥遥相望，何必因为你要远行又泪湿衣巾？你不辞劳苦充当信使去冒风雪，为的是要让异族认识朝廷杰出的精英。你将在沙漠回望京都夜月，梦魂定会越过湖山见到杭城春景。辽国国主若是问起你的家世，可别说朝中第一等人物只在苏家门庭。

苏轼的这首诗，写出苏轼对弟弟子由出使辽国的复杂心理。他一再劝勉，谆谆嘱咐，殷殷盼归。诗歌以寻常之题材，寄兄弟之亲情，明国家之大义，堪称苏诗中抒写爱国情怀的佳作。

光阴似箭，转眼之间，苏轼在杭州的任期已满。宋哲宗元祐六年（1091年）二月廿八，朝廷以翰林学士职位将苏轼召还。苏轼依命卸任后，对朝廷内部的明争暗斗厌恶至极，实在不愿回京任职。而且此时，苏辙已经位居尚书右丞，兄弟同居高位必然遭人忌恨。因此，苏轼上了一道奏章，请求继续外任。他在《辞免翰林承旨第一状》中写道：

> 窃观邸报，臣弟辙已除尚书右丞，兄居禁林，弟为执政，在公朝既合回避，于私门实惧盈满，伏望除臣一郡，以息多言。

但苏轼的请求并没有得到朝廷的批准。皇命难违，苏轼不得不再次离开挚爱的杭州，以及深爱着他的杭州父老，启程返京。临别时，苏轼作了一首《八声甘州》（寄参寥子），以此来表达复杂的心情：

有情风万里卷潮来，无情送潮归。问钱塘江上，西兴浦口，几度斜晖？不用思量今古，俯仰昔人非。谁似东坡老，白首忘机。

记取西湖西畔，正春山好处，空翠烟霏。算诗人相得，如我与君稀。约它年、东还海道，愿谢公雅志莫相违。西州路，不应回首，为我沾衣。

这首词，起笔即以磅礴的气势，展现出钱塘江上潮起潮落的壮观图景。写江潮"有情"而来，却终"无情"而归，似有情而实无情。苏轼以钱塘江潮，暗喻人世的聚散分合，充分地表现了词人的豪情。"几度斜晖"的发问，又写出了天上阳光的无情。地上潮水无情而归，天上夕阳无情而下，则是天地无情，万物无情。"俯仰昔人非"写人世转瞬万变，如同梦幻，这又是社会人生的无情。对此无情的人生，苏轼的态度是乐观的。"不用思量今古"，就是不必替古人伤心，也不必为现实忧虑，因而他能超脱世俗，"自首忘机"。这种达观的思想，在苏轼词中表现得极为普遍，而在这首词中，则更是明显。苏轼俯仰天地，纵览古今，得出的结论是一切无情。因此，他的"忘机"，带有深刻的了悟性。

词的下阕，苏轼回想起在西湖与参寥子和诗饮酒、饱览春山美景、谈禅说理、流连忘返的日日夜夜，不禁从内心深处对这位友人以知己许之。苏轼看穿了古今万物，已无意再去名利场上角逐。但他并没有完全忘世，更没有忘情，尤其对参寥子的友情，苏轼更加珍视。"约他年、东还海道"以下这几句，表现了苏轼归隐之志的坚定，进一步写二人的友情。苏轼被朝廷召还，且被委以翰林学士的要职，但他却"白首忘机"，志在归隐。因此，他安慰友人，说自己一定不会像谢安一样雅志相违，使老朋友恸哭于西州门下。当年谢安东山再起后，时时不忘归隐，但终究还是病死于西州门，未能实现归隐的雅志。苏轼从自我的感情落笔，却表现了两人情谊的深切。

其实，高太皇太后执意要把苏轼调回京城委以重任，除了对苏轼非常赏识外，还有另外一个重要因素，就是制衡之术。高太皇太后虽然是个女流之辈，但她历经丈夫英宗、儿子神宗两朝，对朝廷的统治术领会极深。当时，朝中右相范纯仁已被台谏弹劾去职，吕大防与刘挚分任左、右相。吕大防耳软无能，没有主见，极容易被人利用。而刘挚作为朔党领袖，其羽翼极丰。程颐离朝之后，洛学弟子朱光庭、贾易等均已投至刘挚门下。苏轼兄弟立朝刚正，有独立的见识与气节，不会为任何人所左右。所以，高太皇太后想利用他们起到权力制衡的作用。

苏轼兄弟的进用，无疑对具有个人野心的政客构成极大的威胁。但是，苏辙为人谨慎，不容易被人抓住把柄；而苏轼性情率真，心无城府，自然而然成为政敌的重点攻击对象。因此，苏轼刚一回京，就被一些人视为眼中钉肉中刺。他们甚至效仿乌台诗案的伎俩，翻出苏轼在元丰八年所写的《归宜兴，题扬州竹西寺三首》大做文章。这三首诗的其一是：

> 此生已觉都无事，今岁仍逢大有年。
> 山寺归来闻好语，野花啼鸟亦欣然。

这些人上疏说，先帝崩逝，作为臣子，理应"泣血号墓"，而苏轼竟写诗庆贺，视先帝去世的消息为"好语"，连野花啼鸟都高兴，其义安在？是可谓痛心疾首而莫之堪忍者也！

而事实上，这首诗作于元丰八年五月哲宗策立之初，距离神宗崩逝已经过去两月有余。这种不分青红皂白乱咬一通，让苏轼厌恶至极。于是，他一刻都不想留在朝中，频频上疏坚请外任。最终，苏轼获准以龙图阁学士出知颍州（今安徽省阜阳市）。

宋哲宗元祐六年（1091年）八月二十五，苏轼抵达颍州任上。颍州风景秀丽，物产丰饶，清澈的颍水穿城而过。苏轼泛舟颍水之上，只有孤帆远影、朗月疏星相伴，一缕孤寂之风迎面扑来。回想京师，虽然波诡云谲，人心险恶，但却有子由相伴。想起几十年来兄弟俩总是离合聚散，苏轼不禁感慨万千，一首《满江红·怀子由作》随性而成：

> 清颍东流，愁目断，孤帆明灭。宦游处，青山白浪，万重千叠。孤负当年林下意，对床夜雨听萧瑟。恨此生，长向别离中，添华发。
> 一尊酒，黄河侧。无限事，从头说。相看恍如昨，许多年月。衣上旧痕余苦泪，眉间喜气添黄色。便与君，池上觅残春，花如雪。

这首词的上阕即景抒情，抒发了对兄弟之间长期不得相见的深深感慨和对弟弟的深切怀念。下阕写梦境，入梦时既未说破，到结尾也不写出梦，更不点明。苏轼由梦中相见的喜气重重，而回顾上阕的孤负林下，读来有一种凄凉的况味。苏轼以兄弟的情谊为主线来写景抒怀，情动于中而形于言，其中夹杂着对官场的厌倦和人生不得意的感慨。这是当时苏轼复杂心情的真实写照，因而感人肺腑。

颍州也有西湖，素与杭州西湖齐名。43年前，欧阳修曾担任颍州知州。欧阳修酷爱这里的风土人情，他在告老归田后，就定居在颍州。苏轼曾经在赴任杭州通判途中，与弟弟一起来看望恩师欧阳修，三人泛舟西湖，留下美好的回忆。

如今，苏轼重游西湖，月夜泛舟，忽听烟波微渺之处传来悠扬婉转的歌声。侧耳细听，原来是当年欧阳修的那首《木兰花令》："西湖南北烟波阔，风里丝簧声韵咽。舞余裙带绿双垂，酒入香腮红一抹。杯深不觉琉璃滑，贪看六幺花十八。明朝车马各西东，惆怅画桥风与月。"

半个世纪的时光过去了，如今尚能熟识欧公音容笑貌、诗词佳作的，恐怕只有欧公的老门生苏轼了。于是，他即兴步韵一首《木兰花令次欧公西湖韵》：

> 霜余已失长淮阔，空听潺潺清颍咽。
> 佳人犹唱醉翁词，四十三年如电抹。
> 草头秋露流珠滑，三五盈盈还二八。
> 与余同是识翁人，惟有西湖波底月。

苏轼月夜泛舟，不免触景生情。秋夜景物的冷漠，烘托了苏轼内心的凄凉，并在时光流逝的慨叹中，引发了对恩师深情的怀念。

颍州是一个小小的州郡，官闲事少，政务清简。尤其让苏轼高兴的是，同僚部属大都是他的至交好友。通判赵德麟是宗室子弟，不仅精明干练，而且才华出众，与苏轼性情相投。州学教授陈师道是"苏门六君子"之一，与苏轼的感情更不在话下。尤其是师母欧阳太夫人因病离世，欧阳耒、欧阳辩兄弟俩扶柩离京，如今都在颍州闲居守制，两家既是姻亲又是世交，关系自然更为密切。他们几个人经常聚在一起饮酒论诗，生活自然惬意。

远离党争的苏轼，泛舟颍水之上，生活恬适，心境平和，有如归隐一般悠闲自在。他在《泛颍》中写道：

> 我性喜临水，得颍意甚奇。到官十日来，九日河之湄。

　　吏民笑相语，使君老而痴。使君实不痴，流水有令姿。
　　绕郡十余里，不驶亦不迟。上流直而清，下流曲而漪。
　　画船俯明镜，笑问汝为谁？忽然生鳞甲，乱我须与眉。
　　散为百东坡，顷刻复在兹。此岂水薄相，与我相娱嬉。
　　声色与臭味，颠倒眩小儿。等是儿戏物，水中少磷缁。
　　赵陈两欧阳，同参天人师。观妙各有得，共赋泛颍诗。

　　这首诗文字虽然浅显，但妙趣横生，相比那些用典用据的诗词作品，别有另一番风味，堪称苏轼颍州任期最为人称道的佳作。

　　宋哲宗元祐六年临近年关时，颍州下了一场大雪，大雪纷纷扬扬，连日不断。很快，淮河流域与浙江境内便有灾民往颍州流动。如果官府无力赈济这些灾民，那么，横尸布路、盗贼群起的局面将不可避免。苏轼躺在床上辗转反侧，彻夜未眠，一直在考虑如何赈济灾民。后来，在夫人的提醒下，苏轼找来赵德麟，很快商定了一个切实可行的救济方案，从而解了燃眉之急。

　　灾民得到救助，颍州民众生活恢复到往日的安定与祥和，颍州民众无不感念苏轼的恩德。转眼已是元祐七年（1092 年）二月，天气逐渐回暖。一个月圆之夜，苏轼携夫人在庭院散步。只见庭前盛开的梅花，在月色中显得尤为妩媚。夫人王润之脱口说道："春月色胜过秋月色，秋月色令人凄惨，春月色令人和悦。如此良辰美景，何不邀赵德麟他们一道花下饮酒？"

　　苏轼听罢，拍手称好："想不到夫人还能作诗，刚才这番话真乃诗家之语！"

　　于是，苏轼让夫人花下置酒，邀赵德麟、陈师道等前来小酌。席间，苏轼情不自禁地向朋友们夸耀夫人，并用其语意乘兴作了一首《减字木兰花·春月》：

　　春庭月午，摇荡香醪光欲舞。步转回廊，半落梅花婉娩香。
　　轻云薄雾，总是少年行乐处。不似秋光，只与离人照断肠。

　　时隔不久，苏轼又接朝廷诏命，以龙图阁学士充淮南东路兵马钤辖知扬州军州事。苏轼本打算等颍州任期结束后，就伺机求退，没想到这么快就下达新的任命。对于朝廷的这种频繁的调动，苏轼心里颇感厌倦。

元祐七年二月下旬，苏轼携全家再次启程赴扬州就任。行至中途，时任扬州通判的晁补之，听说苏轼前来上任，便以诗相迎。苏轼心中大喜，觉得能与自己的得意门生同治一郡，无疑是件非常高兴的事。

宋哲宗元祐七年（1092 年）三月二十六，苏轼到达扬州任上。扬州也是苏轼恩师欧阳修的旧治之一。欧公曾在扬州修建了江南胜境平山堂，成为专供文人士大夫吟诗作赋的场所。苏轼置身于壮丽清幽的平山堂，极目远眺，江南诸山，尽览无余，对恩师的追思与怀念也越发浓郁起来。他在《次韵和晁无咎学士相迎》一诗中，无限感慨地写道：

> 每到平山忆醉翁，悬知他日君思我。
> 路傍小儿笑相逢，齐歌万事转头空。

苏轼由颍州转知扬州的途中，看到庄稼长势很好，便屏去吏卒，亲入村落，访问父老。但乡亲们都面有忧色，话语沉痛，说是丰年还不如凶年好。凶年虽是天灾难熬，只要节衣缩食，还能够将就着糊口；丰年虽然多打了点粮食，因为要缴纳历年的积欠，胥吏在门，枷棒在身，反而活不下去。说到伤心处，父老们泪如雨下；听到动情时，苏轼两眼汪汪，按捺不住悲愤的心情，到府署后连夜挑灯上书。苏轼在《论积欠六事并乞检会应诏所论四事一处行下状》中写道："淮南东西诸郡，累岁灾伤，近者十年，远者十五年矣。今来夏田一熟，民于百死之中，微有生意，而监司争言催欠，使民反思凶年。"苏轼还说原来不相信孔子所说的苛政猛于虎，现在看来是："殆有甚者。水旱杀人，百倍于虎。而人畏催欠，乃甚于水旱。"而积欠不除，现行的赋税也收不起来，这样是公私两困。苏轼要求朝廷暂时停止催欠："使久困之民，稍知一饱之乐。"但苏轼的建议，遭到了朝廷的拒绝。

到了六月中旬，扬州附近的几个州瘟疫开始蔓延，死了很多人，但政府的官吏，还在下面催逼积欠。于是，苏轼便呈上《再论积欠六事四事》。这次上书的时机较好，赶上哲宗皇帝册封皇后，准备天下大庆。七月，朝廷就颁布诏令："不论新旧，各种积欠一律宽免一年。"

虽说各种积欠并没有免除，只是放宽期限一年，但老百姓毕竟可以喘一口气了。消息在扬州传开后，老百姓奔走相告，喜形于色。苏轼面对暂时解脱沉重负担的民众，感到十分欣慰，接连写了二十首和陶渊明的《饮酒》诗。

其中，有一首写道：

> 民劳吏无德，岁美天有道。诏书免积欠，父老颜色好。

扬州盛产芍药，与洛阳牡丹齐名，并称名花双绝。宋仁宗时，钱惟演为西京留守，始创洛阳万花会，每年花盛之时，在城区风景佳胜处用数万朵牡丹装点，放眼望去，一片花的海洋。此前几年，蔡京任扬州知州时，效仿洛阳办万花会，一次要用绝品芍药十余万枝。此后，历任知州相沿成习，年年举办。而所有的经费开支，都以税赋的方式按百姓人头收取，官吏奸商借此牟取暴利，百姓因此怨声载道。

苏轼抵达扬州，正赶上一年一度的万花会在紧张热烈的筹备之中。主事官员将历年办会惯例禀告苏轼，包括如何筹措经费，如何组织花源等。苏轼一听，便觉得不妥。他经过调查走访，发现果然因开办万花会，百姓民怨沸腾。苏轼虽然喜欢热闹和游宴，但如果因为游玩赏乐而伤害百姓的利益，他坚决不做。于是，他毅然决定停办万花会。令下当日，扬州百姓就奔走相告，欢欣鼓舞。

花会虽罢，但并不妨碍扬州的芍药仍然是当地一绝。公余之暇，苏轼也会赞叹流连花间，用心细细品赏。他在一首《浣溪沙·扬州赏芍药樱桃》中写道：

> 芍药樱桃两斗新，名园高会送芳辰。洛阳初夏广陵春。
> 红玉半开菩萨面，丹砂浓点柳枝唇。尊前还有个中人。

花如美人，美人如花，芍药花朵硕大，樱桃花瓣小巧，两相映衬，有如风格各异的美人，争奇斗艳。

苏轼入世愈深，便越来越向往世外桃源般的田园生活，也越来越推崇明彻达观、洁身自好的陶渊明。于是，在这一时期，苏轼诗歌创作的主题和风格都发生了相应的变化，他开始写作"和陶诗"。

苏轼在《和陶饮酒诗二十首》其一中写道：

> 衰荣无定在，彼此更共之。邵生瓜田中，宁似东陵时。
> 寒暑有代谢，人道每如兹。达人解其会，逝将不复疑。

忽与一觞酒，日夕欢相持。

我不如陶生，世事缠绵之。云何得一适，亦有如生时。

寸田无荆棘，佳处正在兹。纵心与事往，所遇无复疑。

偶得酒中趣，空杯亦常持。

苏轼在《和陶饮酒诗二十首》其十中写道：

在昔曾远游，直至东海隅。道路迥且长，风波阻中途。

此行谁使然，似为饥所驱。倾身营一饱，少许便有余。

恐此非名计，息驾归闲居。

篮舆兀醉守，路转古城隅。酒力如过雨，清风消半途。

前山正可数，后骑且勿驱。我缘在东南，往寄白发余。

遥知万松岭，下有三亩居。

苏轼在《和陶饮酒诗二十首》其十五中写道：

贫居乏人工，灌木荒余宅。班班有翔鸟，寂寂无行迹。

宇宙一何悠，人生少至百。岁月相催逼，鬓边早已白。

若不委穷达，素抱深可惜。

去乡三十年，风雨荒旧宅。惟存一束书，寄食无定迹。

每用愧渊明，尚取禾三百。顾然六男子，粗可传清白。

于吾岂不多，何事复叹息。

02 政局翻覆，主事定州

宋哲宗元祐七年（1092 年）八月下旬，朝廷诏命再次下达，以兵部尚书兼差充南郊卤簿使的职位诏苏轼还京。差充南郊卤簿使这个官职，是掌管帝王驾出时扈从的仪仗队的。此时哲宗皇帝即将亲政，而且已在前一年的十月举行了初幸太学的大典。当年四月，哲宗又举行了大婚仪式，册立了皇后。紧接着，冬季的郊祀之礼也开始紧锣密鼓地进行筹备。郊祀之礼就是皇帝在郊外举行祭祀天地的仪式。

苏轼这次被诏命回京，就是来掌管这次大典的仪仗队。由此，苏轼丝毫不敢拖延，匆匆卸任启程。但在归途中，苏轼写了好几道辞免状，请求祭礼过后依然外任知州。

此时，朔党领袖刘挚已被弹劾去职，吕大防、苏颂分任左、右二相。苏辙此次升任门下侍郎，即为副宰相。苏轼以兵部尚书之职被召还，兼端明殿学士又兼侍读，做皇帝的老师。此前，苏轼已是龙图阁学士，现又兼端明殿学士，一身双学士，自有宋以来的翰林院是不多见的。兄弟二人同居高位，内翰外相，有些官员便坐不住了，认为苏轼和苏辙兄弟二人是把持朝政。如果苏轼或者苏辙有一天真的当上宰相，他们必定没好果子吃。于是，这些人便先下手为强。

苏轼还在从扬州到汴京的路上时，种种诬陷就像箭一般地射向了他。元祐八年三月至五月，御史黄庆基、董敦逸连上七道弹章，重提洛蜀党争的老话题。他们还从六七年前苏轼任中书舍人时所撰写的制诰中，摘取了只言片语，断章取义，指责他谤讪先帝。

对于这种毫无新意的诬陷坑害，连一向善于和稀泥的老好人吕大防都看不下去了，在宰辅大臣当庭讨论的时候，他仗义执言："当年真宗皇帝即位，宽免百姓积欠，仁宗皇帝即位，罢休宫观，都是因时施宜，以弥补前朝的缺失，从来不曾听说当时的士大夫说过这是毁谤先帝。唯有元祐以来，言事官每每以此为借口中伤士人，动摇朝廷，可谓用意极为不善。"

这场闹剧，最终以黄庆基、董敦逸二人降职贬黜而宣告收场。尽管这些小人的攻击诬陷并未伤及苏轼的一根毫毛，但苏轼实在是厌倦了这种无休止的党派斗争。于是，他再次请求外放越州（今浙江省绍兴市一带），但没有得到朝廷批准，他只得硬着头皮留在京师。

苏轼之所以不安于朝，除了厌恶党争之外，还有另外一个原因，就是对哲宗皇帝的失望。作为帝师，又受高太皇太后的拳拳相托，苏轼对哲宗的教育可谓是尽心尽力，不敢有一丝懈怠。可是，这位成长中的少年皇帝，早已不同于当年。他性情暴躁，好色懒惰，对于祖母的严加管教以及对政务上过多涉入，产生了极度的逆反。每次上朝，祖母在前他在后，他便抱怨说："朕只见她臀背。"凡是高太皇太后赏识信任的人，他都不喜欢。苏轼煞费苦心准备的教材，他却听得心不在焉。小小年纪，哲宗对女色的经验却积累了不少。苏轼在这边绞尽脑汁施教，而哲宗在那边与宫女滚作一团。苏轼在竭诚进谏、尽履忠心的同时，不免心灰意冷，仰天长叹。

正当苏轼对小皇帝一筹莫展之际，一个天大的不幸降临到了苏轼的头上。元祐八年（1093 年）八月初一，与他同甘共苦 25 年的贤妻王润之因病去世，享年 46 岁。夫人的去世，让苏轼悲痛万分。回想过去的岁月，夫人跟随自己在政治的风涛浪谷中起伏升沉，饱受磨难，始终保持着善良质朴的品格。她穷而不怨，家境潦倒时，与丈夫一起采摘野菜，赤脚耕田，变着法子为丈夫解闷；她富而不骄，身为京城高官的夫人，她生活依旧恬淡简朴，令人感佩；她仁德宽厚，将苏迈视如己出，使家庭融洽和睦，手足相亲。苏轼一直梦想有一天辞官归隐，与夫人携手荣归故里，共度余年。可惜，她却终归没有等到这一天就撒手西去。想到这些，苏轼在无法抑制的悲痛中，写下了《祭亡妻同安郡君（注：王润之封号）文》：

维元祐八年，岁次癸酉，八月丙午朔，初二日丁未，具位苏轼，谨以家馔酒果，致奠于亡妻同安郡君王氏二十七娘之灵。呜呼！昔通义君，没不待年。嗣为兄弟，莫如君贤。妇职既修，母仪甚敦。三子如一，爱出于天。从我南行，茹水欣然。汤沐两郡，喜不见颜。我日归哉，行返丘园。曾不少须，弃我而先。孰迎我门，孰馈我田。已矣奈何，泪尽目干。旅殡国门，我实少恩。惟有同穴，尚蹈此言。呜呼哀哉！

福无双至，祸不单行。刚刚经历了丧妻的剧痛后，苏轼生命中另一位重要的女人——高太皇太后于九月初三突然病逝，苏轼在政治上的唯一靠山轰然倒塌。好在高太皇太后有先见之明，知道哲宗这个桀骜不驯、处事轻率的孙子一旦执掌朝政，必定会自行其是，尽改旧政。于是，她临终前嘱咐丞相吕大防、范纯仁等人及早隐退，免得引火烧身。

苏轼也在高太皇太后临终前，被获准以端明殿学士、翰林侍读学士充河北西路安抚使兼马步军都总管，知定州军州事。由于家国变故，有太多事情需要处理，苏轼直至九月下旬才离京赴任。而按照惯例，苏轼离京前要面辞皇帝。可是，哲宗却偏偏找借口不见他。于是，苏轼无可奈何地留下一篇《朝辞赴定州论事状》，给皇帝最后的忠告。

九月十四，苏辙在东府为哥哥饯行。东西二府是熙宁、元丰年间，神宗皇帝为宰执大臣所修建的八座观邸的总称，东府掌文事，西府掌武事。寒风瑟瑟，秋雨潇潇，庭前的梧桐树叶在凄风冷雨中纷纷坠落，隔着窗棂，苏轼听雨打梧桐的凄凉声响，他不禁心潮翻滚，黯然神伤。此时，一种不祥的预感瞬间向苏轼袭来，兄弟俩在此一别，不知何日才能得见，恐怕是茫茫前路再无有归期。想到这，苏轼挥笔写下《东府雨中别子由》一诗：

> 庭下梧桐树，三年三见汝。前年适汝阴，见汝鸣秋雨。
>
> 去年秋雨时，我自广陵归。今年中山去，白首归无期。
>
> 客去莫叹息，主人亦是客。对床定悠悠，夜雨空萧瑟。
>
> 起折梧桐枝，赠汝千里行。重来知健否，莫忘此时情。

宋哲宗元祐八年十月二十三，苏轼抵达定州任上。当时的定州（地域相当于今天保定大部分和石家庄、衡水一部分）为宋北边陲之重镇，河朔之咽喉，宋辽之战场。九十多年前，辽兵从这里长驱直入，攻入澶州，大兵压境，情势危急，御驾亲征的宋真宗被迫签订《澶渊之盟》，以每年30万岁币的代价，买得边境暂时的安宁。签订了丧权辱国的条约，但朝廷并没有从中汲取教训，反而以为从此可以高枕无忧了。于是，君臣苟且偷安，军备日渐松弛。

而此时的苏轼身兼数职，虚实头衔包括端明殿学士兼翰林侍读学士、左朝奉郎、定州路安抚使兼马步军都总管、知定州军州及管内劝农事、轻车都尉、赐紫金鱼袋等，可谓是定州的军政大权都归于他一人之手。因此，苏轼一上任，就立即采取有力措施整顿军纪。与此同时，他又差派部属带领工匠，逐一检查年久失修的军营，做出合理预算，请求朝廷拨款维修，尽量改善士兵的生活条件。经过一番极为辛苦的努力，终于使军队士兵的生活条件大大改善，从此军心稳定，军容肃整。

但是，军队长时间以来的骄惰涣散状况，不是短时间能够转变过来的。由于长时间缺乏艰苦训练，士兵体能极差。苏轼有心让他们昼夜勤习苦练，又怕辽国生疑，徒然引发战争。既然官军不堪重用，苏轼只得另寻良策。他经过调查走访，了解到原来的弓箭社在过去保卫边境的过程中，曾发挥了非常积极的作用，但后来组织不力被解散。了解这一情况后，苏轼决定重新组建弓箭社，并且扩大规模，计划整编一支 3 万人的民兵武装，在物质上给予优待，使其配合官军防务。这样，极大地增强了边防的军事力量。

苏轼出知定州之前，向哲宗皇帝奏请李之仪为定州通判，哲宗准奏。苏轼到定州就任不久，李之仪便前来就任。在任期间，李之仪不仅在文章造句上收益多多，也从苏轼身上学到了许多为官为人之道。李之仪协助苏轼整顿军纪，惩治军中腐败，又领兵演练，学习兵法布阵。时日不长，定州军政便焕然一新，民众赞誉之声不绝于耳。

苏轼在整顿军务的同时，内心一直伴随着隐隐的不安。虽然他还不知道定州即将是他一生仕途的终点，但他已经预感到一场更加猛烈的风暴即将向他袭来。因此，他在作品中表达的激流勇退、归隐田园的愿望更加迫切。

无意间，苏轼得到一块奇石，黑色有白纹，白纹如水在石间奔流，形似雪浪，遂以大盆盛之欣赏，并将其居室名为"雪浪斋"。他在《雪浪石》一诗中写道：

> 太行西来万马屯，势与岱岳争雄尊。
> 飞狐上党天下脊，半掩落月先黄昏。
> 削成山东二百郡，气压代北三家村。
> 千峰石卷蘦牙帐，崩崖凿断开土门。
> 揭来城下作飞石，一炮惊落天骄魂。
> 承平百年烽燧冷，此物僵卧枯榆根。
> 画师争摹雪浪石，天工不见雷斧痕。
> 离堆四面绕江水，坐无蜀士谁与论？
> 老翁儿戏作飞雨，把酒坐看珠跳盆。
> 此身自幻孰非梦，故国山水聊心存。

这首诗虽然是咏物诗，但苏轼并不止于描摹物体本身的形貌特征，而是从雪浪石的来历、遭遇、处境等，寄托了报国不得的感慨，可见其立意之深、构思之巧。苏轼由石的遭遇，联想到自己被贬的处境，深感到世事变化，一切似在梦境之中，只能以石寄托思乡之情。全诗风格雄伟，却又基调沉郁，这正是苏轼心境的真实写照。

一天，苏轼到定州城北的苏泉、西坡、大西丈、小西丈村一带巡访，看到这些地方地势低洼，沼泽片片，茂密丛生的杂草掩盖着肥沃的泥土，于是，他便想到盛产水稻的老家四川眉山，如果来个南稻北移，定会将定州变为富庶之地。想到这，苏轼便责成专人，火速到南方运来稻种，并亲自向农民传授水稻的插秧、栽培和管理技术，使昔日的荒野水滩，变成了一块块稻禾飘香的水田。

过些日子，苏轼下乡巡访又路过这里，听到插秧的农民在唱："蛟子咬哇蚂蟥钻，挠洼苦哇插秧难，眼看水荒变成了米粮川。唱不尽的插秧歌，心里喜滋滋的甜。"

生动朴实的歌词和活泼动听的曲调，吸引了这位既擅长诗画、又精通音律的大文豪。于是，苏轼将词曲记录下来，稍加整理，定名为"插秧歌"。从此，插秧歌在定州北部男女老幼间传唱不息。插秧歌开始时为民间歌舞，后来发展为有人物、有情节的河北地方戏曲"定州秧歌"。

在定州，苏轼除了鼓励农民改良土壤、治理荒滩外，还广为植树造林。他非常喜欢北方的大槐树。这种树木质坚实，枝叶茂盛，夏季里白花满枝清香怡人，并且耐严寒抗风雪。他曾在他的雪浪斋院里栽种了两棵。这两棵树历经千载，至今枝繁叶茂。东面那棵的侧枝向两侧伸展，犹如凤凰展翅；西面那棵则挺拔高耸，犹如神龙游天，故定名"舞凤""神龙"，成为当今定州市一大景观。

政务闲暇之时，苏轼还迷上了造酒。当时，河北一带到处是葱葱郁郁的松树，尤其是真州、定州一带，包括西部的太行山区，松树十分普遍。所以，特产松香闻名全国。苏轼是行动派，而且还有中医知识，酿酒之事说干就干。他先从汉朝医书《神农本草经》中找到了关于松树做酒的记载，并反复研究，最后决定主要采用松脂、松花、松子、松叶。为了提高发酵程度，苏轼适当增加了黄米和面饼，另外还加入了山姜、枸杞、陈皮、地黄、甘菊、肉桂、杏仁、山楂等中药。他还特别总结了投料和加曲的经验，米为母，曲为父，加曲是关键。总之，苏轼这次是真下了功夫。这期间，他的家里到处是坛坛罐罐，热气腾腾，酒香四溢。按说酿酒是冬酿夏接，但是苏轼等不到夏天。他看看差不多了，就打开一罐一饮而尽，结果非常成功，一家人争相品尝。苏轼兴奋极了，给这种酒起名"中山松醪"。看到自己能够亲手酿酒，苏轼便一挥而就，写出了千古名文《中山松醪赋》：

始余宵济于衡漳，车徒涉而夜号。燧松明而识浅，散星宿于亭皋。郁风中之香雾，若诉予以不遭。岂千岁之妙质，而死斤斧于鸿毛。效区区之寸明，曾何异于束蒿。烂文章之纠缠，惊节解而流膏。嗟构厦其已远，尚药石之可曹。收薄用于桑榆，制中山之松醪。救尔灰烬之中，免尔萤爝之劳。取通明于盘错，出肪泽于烹熬。与黍麦而皆熟，沸春声之嘈嘈。味甘余而小苦，叹幽姿之独高。知甘酸之易坏，笑凉州之蒲萄。似玉池之生肥，非内府之蒸羔。酌以瘿藤之纹樽，荐以石蟹之霜螯。曾日饮之几何，觉天刑之可逃。投拄杖而起行，罢儿童之抑搔。望西山之咫尺，欲褰裳以游遨。跨超峰之奔鹿，接挂壁之飞猱。遂从此而入海，渺翻天之云涛。使夫嵇、阮之伦，与八仙之群豪。或骑麟而翳凤，争榰翠而飘飖。颠倒白纶巾，淋漓宫锦袍。追东坡而不可及，归哺歠其醨糟。漱松风于齿牙，犹足以赋《远游》而续《离骚》也。

这首赋，是苏轼的著名书法墨迹之一，也是他的散文中很经典的一篇。

03 五改谪命，远赴岭南

宋哲宗元祐八年（1093年）九月，赵煦亲政。从此，新法派又重新得势，新法派代表人物章惇也顺其自然地登上了历史舞台。

章惇字子厚，福建浦城人，曾是苏轼的好朋友。仁宗嘉祐四年（1059年）中进士，初任商洛令。宋神宗熙宁二年（1069年），时任参知政事的王安石赏识章惇之才，用为编修三司条例官，协助推行新法。后来，高太皇太后临朝，启用司马光、吕公著主政，尽罢新法，章惇因力争推行新法而冒犯高太皇太后，被黜出外郡。

宋哲宗亲政后，随即起用章惇为尚书左仆射兼门下侍郎，并决定暂不设尚书右仆射兼门中侍郎。这样，章惇以独相的身份辅佐哲宗长达六七年。其间，他复行新法，先后恢复了被司马光废除的熙宁、元丰新法。

哲宗绍圣元年（1094年），门下侍郎李清臣主持科考，出题批驳元祐政事。于是，苏辙上书坚决反对哲宗恢复熙宁新法。结果，哲宗大怒，削去苏辙的职名贬任汝州知州。过了几个月，再贬苏辙为左朝议大夫、袁州知州。未等苏辙到任，又于绍圣元年七月，将苏辙降为左朝议大夫、试少府监，分司南京，筼州居住。

在哲宗的心里，苏轼毕竟曾为帝师，本无意对苏轼发难。但章惇做宰相，已把矛头直指苏轼。章惇的动机，就是要及早除掉这个潜在的政敌、宰相位的竞争者。他三番五次地对苏辙进行贬官，显然有些醉翁之意不在酒。

绍圣元年四月，苏轼终于接到被贬为"责知英州（今广东省英德市）军事州"的诰命。接此诰命，苏轼并不感到意外。半年前，苏轼就已预感到这场风暴即将到来。该来的总归要来，只有坦然面对。但苏轼回想起自己颠沛流离的一生，心中不免凄然悲怆。他知道，有章惇当权，怎样的辩白都没有任何意义，不如保持一份镇定与从容。

宋制有规定，被贬某地，马上就要起程，不像升迁可以拖延一些时日。于是，一夜间，苏轼全家便收拾行囊，天亮即刻启程赶赴英州。

苏轼一家沿着太行山一路南行。当时正是梅雨季节，连日天色阴沉，能见度很低，连太行山也看不清楚，一家人的心情都十分沉重。但到了赵州临城时，天气突然晴朗起来，能清楚地看见太行山上的草木，这让苏轼非常高兴。去年冬天，苏轼出知定州时，也是走这一条路，但当时连日刮风，灰尘很大，整个天空灰蒙蒙的，连太行山的样子也看不清。而现在，离开定州远适岭外，却终于看到此山北走的雄姿。苏轼历来都崇拜山岳，他见天气晴朗起来，认为这是一个吉祥的征兆，马上又想起了韩愈。唐德宗贞元十九年（803 年），韩愈在任监察御史时，关中天旱人饥，他上疏请宽民徭。因为党派之间的排挤，韩愈被贬为广东阳山令。贞元二十一年，韩愈又改任江陵法曹参军。遇赦北归过衡山时，他便在《谒衡岳庙遂宿岳寺题门楼》一诗中写道："我来正逢秋雨节，阴气晦昧无清风。潜心默祷若有应，岂非正直能感通。须臾净扫众峰出，仰见突兀撑青空。"

苏轼心想，自己的经历不正好和韩愈一样吗？想到这里，苏轼精神为之一振，觉得眼前出现了韩愈《谒衡岳庙遂宿岳寺题门楼》一诗的吉兆。于是，他提笔写下了《临城道中作（并引）》：

（予初赴中山，连日风埃，未尝了了见太行也。今将适岭表，颇以是为恨。过临城、内丘，天气忽清彻，西望太行，草木可数，冈峦北走，崖谷秀杰。忽悟叹曰：吾南迁其速返乎，退之衡山之祥也。书以付迈，使志之。）

逐客何人著眼看，太行千里送征鞍。

未应愚谷能留柳，可独衡山解识韩。

苏轼默默祈祷上苍的保佑，希望自己不会像柳宗元一样长留贬所，而能像韩愈一样尽快北还。可是，事实与苏轼想象的完全相反。当他还在赴英州的途中，政敌章惇、蔡京、来之邵等人，又不断在哲宗皇帝面前攻击苏轼，说苏轼罪大恶极，贬谪英州这样的惩罚太轻了。于是，哲宗皇帝又两次对苏轼加重处分，把苏轼贬为宁远军节度副使，惠州（今广东省惠州市）安置，不得签书公事。这时的苏轼，已经变成了一个地地道道的囚犯。

绍圣元年闰四月十四，苏轼到达河南滑州。此时，天气越来越炎热，一个年近60岁的老人，经此长途跋涉，其艰难程度可想而知。苏轼已疲惫不堪，两眼昏花，左臂肿痛的毛病也跟着复发，再加上他平时不善积累钱财，如今已是贫病交加。此时，英州来接应的人还未到，而定州送行的人又不肯前进，自己又无钱雇车买马，苏轼一行几乎到了穷途末路。无奈之下，苏轼只得上疏朝廷，希望哲宗念在八年经筵之旧臣的份上，准许他乘船赶赴英州。

绍圣元年闰四月十八，苏轼抵达汴京附近的陈留，准备由此绕道汝州，与苏辙话别，并顺便求得经济上的援助。苏辙送给哥哥七千缗，以帮助苏迈带领大半家子人回到宜兴居住，靠那里的一点田产维持生活，以解除苏轼的后顾之忧。因为罪官的身份，两人相聚不过三四天，就匆匆话别了。

看在曾是帝师的情分上，哲宗准了苏轼的请求。于是，苏轼从陈留登舟出发，继续南行。一路上，多遇亲朋故旧前来相见。雍邱县令米芾带病出城相迎，老友马正卿也在此与苏轼依依惜别。途经扬州时，润州知州张耒特意选派两名亲兵前往照料老师，并嘱咐他们专程护送，直到贬所。

半个月后，苏轼到达安徽当涂时，朝廷的第三道谪命又来了，苏轼被责授建昌军司马，惠州安置，不得签书公事。接到这道贬命后，苏轼只能对家人作了重新安排：让苏迨一家及苏过的妻儿去宜兴，和大儿子苏迈住在一起，而自己与小儿子苏过、侍妾王朝云奔赴贬所。

在古代，岭南是比较落后的，人们称之为蛮荒之地。再加上气候炎热，疾病较多，人们又称之为瘴疠之地。所以，历代的封建统治者，都是把不同政见的罪大恶极者贬谪到岭南。本来，苏轼打算只带苏过一人前往贬所，但由于王朝云态度坚决，誓要追随心爱之人去往任何地方，就像王巩的爱妾柔奴一样："此心安处是吾乡。"

绍圣元年七月，苏轼行湖口、达九江、过庐山、经南康、赴都昌，沿路的风光，苏轼都不放过游玩观赏。同时，沿途的友人照样相见，再深重的苦难，也没有将苏轼身上的英迈豪爽、洒脱自如消减半分，正像他在《慈湖夹阻风五首》中所表现的一样：

> 捍索桅竿立啸空，篙师酣寝浪花中。
> 故应菅蒯知心腹，弱缆能争万里风。
>
> 此生归路愈茫然，无数青山水拍天。
> 犹有小船来卖饼，喜闻墟落在山前。
>
> 我行都是退之诗，真有人家水半扉。
> 千顷桑麻在船底，空余石发挂鱼衣。
>
> 日轮亭午汗珠融，谁识南讹长养功。
> 暴雨过云聊一快，未妨明月却当空。
>
> 卧看落月横千丈，起唤清风得半帆。
> 且并水村欹侧过，人间何处不巉岩。

经过长期跋涉，绍圣元年九月，苏轼一行终于进入岭南广东境内。当乘坐的船行至清远时，他看见岭南到处是青山绿水，气候宜人，心情十分高兴。更令他高兴的是，一位姓顾的秀才还热情地向苏轼介绍了惠州的情况。苏轼听了，禁不住写下了一首《舟行至清远县，见顾秀才，极谈惠州风物之美》：

> 到处聚观香案吏，此邦宜著玉堂仙。
> 江云漠漠桂花湿，海雨翛翛荔子然。
> 闻道黄柑常抵鹊，不容朱橘更论钱。
> 恰从神武来弘景，便向罗浮觅稚川。

诗中的"香案吏"，是指宫廷中随侍帝王的官员。苏轼曾任中书舍人，故自称香案吏。"玉堂"本是宫殿名，宋太祖曾写了"玉堂之仙"四个字赐给翰林学士苏易简，所以翰林学士又称玉堂。苏轼曾任翰林学士，故自称"玉堂仙"。一场新雨过后，湿润的空气中荡漾着桂花的清香，满树的荔枝鲜艳夺目，恍如燃烧的火焰。黄柑朱橘更是漫山遍野，随处可见，听当地人说常常顺手摘来用于掷打鸟雀，就像扔小石子一样随便。

绍圣元年九月廿三，苏轼携家人从广州坐船沿东江溯江向惠州进发。路上，苏轼一直在盘算着游览罗浮山的事情。罗浮山在博罗县境内，素有"岭南第一山"之称。九月二十六，苏轼一家乘坐的船停靠在泊头镇。第二天早晨，苏轼父子二人便乘肩舆直至罗浮山。他们游览了长寿观、冲虚观，饮了卓锡泉，还为葛洪的丹灶题了字。晚上，他们住在宝积寺中阁。第二天早上，父子吃了早餐，便回到船上。

这次游罗浮山，苏轼写有 6 篇散文和 1 首诗，盛赞罗浮山"山不甚高，而夜见日，此可异也"。尤其让苏轼高兴的是，随侍身旁的幼子苏过也常与父亲同题赋诗，才华初露，出语不凡。苏轼回想起 34 年前，与父亲苏洵、弟弟苏辙自蜀还京，父子三人江行酬唱，情形仿佛和现在差不多，只是人世已非。好在如今苏过颇为懂事，与父亲形影不离，随侍左右。而且小小年纪，跟父亲一样酷爱养生之术，每天半夜起来打坐，俨然有世外超尘之志。因此，苏轼在《游罗浮山一首示儿子过》一诗中，不无骄傲地称许道：

> 小儿少年有奇志，中宵起坐存黄庭。
> 近者戏作凌云赋，笔势仿佛离骚经。
> 负书从我盍归去，群仙正草新宫铭。
> 汝应奴隶蔡少霞，我亦季孟山元卿。

绍圣元年十月初二，苏轼一家到了目的地惠州。惠州在古代有岭南名郡之称。春秋战国时期，惠州这一带就曾建立过一个小国，名叫"缚娄"。五代南汉时期，统治者于梁乾化元年（911 年）将惠州之地称为祯州。宋朝建立以后，于天禧五年（1021 年）为避太子赵祯名字之讳，改祯州为惠州。惠州之名由此沿用下来。

十月初二这一天，天气晴朗，阳光普照。岭南的初冬气候，不冷不热，清爽宜人。刚到达惠州的苏轼从船舱中走出来时，他惊呆了。只见码头上站满了人，大家都用奇异的眼光望着他，有些人还向他问好。顿时，苏轼热泪盈眶，一首《十月二日初到惠州》由此诞生：

> 仿佛曾游岂梦中，欣然鸡犬识新丰。
> 吏民惊怪坐何事，父老相携迎此翁。
> 苏武岂知还漠北，管宁自欲老辽东。
> 岭南万户皆春色，会有幽人客寓公。

苏轼的一生中，有过很多次初来乍到却觉得仿佛曾游的这种奇怪感觉。"鸡犬识新丰"是一个典故。当年刘邦建都长安后，将父亲接到京城，尊为太上皇。为解父亲乡愁，在长安附近仿照家乡沛郡丰邑（今江苏省丰县）建造一个新丰（今西安市新丰镇），就连丰邑的鸡犬也一块运来了，而且还找到了各自的家。苏轼借这个典故，说明自己虽在异乡，却感觉像在家乡一样快乐自在。惠州的父老乡亲扶老携幼，都出来迎接苏轼，并问苏轼因为什么被贬到这里。苏轼还想到自己可能会像苏武那样最终回到中原去，或者会像管宁迁居辽东那样老死在惠州。"岭南万户"本为酒名，但"岭南万户皆春色"一句却包含多重意思，既借指惠州家家户户都有美酒，又比喻这里的民众热情好客，给人一种如沐春风之感。

在惠州府衙役的指引下，苏轼到惠州府办理了报到手续。

惠州府衙在桵山上，桵山因山上多桵木而得名。宋代时的惠州是一个小镇，人口不多，但地理环境和风景却很特别。四面环水，北边有东江东西方向流过，城的四周是组成西湖的五个湖：南湖、丰湖、平湖、菱湖和鳄湖。城中有数座青山，整座惠州城就在绿水青山之间，风景十分美丽。

惠州太守詹范，字器之。以前，詹范虽然不认识苏轼，但久仰苏轼大名，非常佩服苏轼的人格和才华。苏轼报到后，詹范马上把苏轼一家安排到合江楼居住。

其实，合江楼是朝廷官员的驿馆。按理，苏轼作为一名贬官，是不能住进合江楼的。而现在，詹太守居然安排苏轼一家住进了合江楼，足见对苏轼敬仰的程度。

搬进合江楼后，苏轼发现这里的风景特别雄壮优美，心中赞叹不已。他在《寓居合江楼》中写道：

> 海上葱胧气佳哉，二江合处朱楼开。
> 蓬莱方丈应不远，肯为苏子浮江来。
> 江风初凉睡正美，楼上啼鸦呼我起。
> 我今身世两相违，西流白日东流水。
> 楼中老人日清新，天上岂有痴仙人。
> 三山咫尺不归去，一杯付与罗浮春。

（自注：罗浮春是自家酿的酒）

苏轼的这首诗，极赞合江楼所处环境的美丽，把它比作蓬莱仙山。在这样怡人的环境中美美地睡上一觉，让人觉得有走进仙山之感，旅途的劳顿一扫而空。

但行衙毕竟不可久留，苏轼在合江楼住了十多天后，又像初贬黄州时一样，在一座叫嘉祐寺的佛寺里暂住。

一天，苏轼在寺庙周围漫步闲游，信步来到了离住处不远的松风亭下。只见一树梅花在那里兀自开放，这情景，不由得让苏轼想起了贬谪黄州的途中，在春风岭上遇见的那一簇孤独的梅花。想到此，苏轼压抑很久的伤感与悲凉，不由得在《十一月二十六日，松风亭下梅花盛开》一诗中展现出来：

> 春风岭上淮南村，昔年梅花曾断魂。
> 岂知流落复相见，蛮风蜒雨愁黄昏。
> 长条半落荔支浦，卧树独秀桄榔园。
> 岂惟幽光留色夜，直恐冷艳排冬温。
> 松风亭下荆棘里，两株玉蕊明朝暾。
> 海南仙云娇堕砌，月下缟衣来叩门。
> 酒醒梦觉起绕树，妙意有在终无言。
> 先生独饮勿叹息，幸有落月窥清尊。

这首诗，意象优美，语言清新，感情至纯，想象合理。每四句诗自成一个片段，由春风岭上的昔年梅花，到荔支浦的半落长条和桄榔园的独秀卧树，逐步引出松风亭下玉雪般的两株梅花，并以一句"岂知流落复相见"为全篇眼目。全诗声情跌宕，妙造自然，是苏轼晚年得意之作。他采用同一韵脚，又写了《再用前韵》《花落复次前韵》这两首七言歌行。

再用前韵

罗浮山下梅花村，玉雪为骨冰为魂。

纷纷初疑月桂树，耿耿独与参横昏。

先生索居江海上，悄如病鹤栖荒园。

天香国艳肯相顾，知我酒熟诗清温。

蓬莱宫中花鸟使，绿衣倒挂扶桑暾。

抱丛窥我方醉卧，故遣啄木先敲门。

麻姑过君急扫洒，鸟能歌舞花能言。

酒醒人散山寂寂，惟有落蕊黏空尊。

花落复次前韵

玉妃谪堕烟雨村，先生作诗与招魂。

人间草木非我对，奔月偶桂成幽昏。

暗香入户寻短梦，青子缀枝留小园。

披衣连夜唤客饮，雪肤满地聊相温。

松明照坐愁不睡，井华入腹清而暾。

先生年来六十化，道眼已入不二门。

多情好事余习气，惜花未忍都无言。

留连一物吾过矣，笑领百罚空罍尊。

诗中可以看出，苏轼不再因花的幽独飘零而自伤身世，而是以一种清澈澄明的心态来看待世间的无常。

04 惠州履职，红颜早逝

　　苏轼被贬寓惠州后，俨然成了一个囚犯。平日无事，苏轼便到处走走，了解一下惠州的民情风俗。经过一段时间的调查研究，苏轼首先发现惠州城虽然四面环水，风景秀美，但居民出行非常不方便，甚至有些人出行的时候，不小心掉到湖里。

　　针对这一问题，苏轼提出了"两桥一堤"计划。苏轼认为，惠州城被西枝江分为两半，江流湍急，两岸居民往来十分不便。苏轼经过反复调查和思考后，觉得在这里修一座用船只串联起来的船桥比较可行。其方法是：用 40 只小船连为 20 舫，每 2 只船为一舫，然后用锁石碇把它们固定在江中，随水涨落。这样，不管江水如何变化，行人都可以从舟桥上走。在平湖门到西山之间的湖面上，原来有一座长桥。但由于水面较宽，所用的一般木料又容易腐烂，故屡建屡坏。苏轼建议在平湖门和西山这两端各筑进一段堤，中间造飞楼九间以作桥，而造桥的木料全部改用罗浮山出产的坚硬如铁的盐木。按照这个方案建造的桥梁，气势宏伟，既可作为一个景点，又可作为一条交通要道，方便居民到西山去砍柴割草和耕作。

苏轼的"两桥一堤"建议，得到了太守詹范的支持。随后，苏轼请罗浮山冲虚观道士邓守安来具体操办，请栖禅院僧人希固来操办西湖的楼桥和筑堤之事。

宋哲宗绍圣二年（1095年）十月，"两桥一堤"工程正式开工。西枝江渡口距平湖不远，两里地左右。而在这小小的惠州城中，就有那么多民工在搞建筑，人声鼎沸，热闹非常。作为工程的倡导人苏轼，每天都要到这"两桥一堤"工地走走，了解工程进度，研究解决一些实际问题。这样一来，惠州城和城郊的老百姓，都喜欢到工地来观看。

此时，苏轼对自己提出的"两桥一堤"建议能够实现，感到十分高兴。而且，苏轼到工地和民工聊聊，也能更好地深入了解惠州的风土民情。因此，苏轼每天都坚持到工地看看。工程开工之初，苏轼住在合江楼时，到这"两桥一堤"工地看看还算方便。可自从搬回到嘉祐寺后，离这"两桥一堤"工地就远了。再加上这一段时间王朝云的身体不好，自己的痔疾又时常发作，因而苏轼的心情不算太好，行动也不太方便。但是，苏轼始终是一个对事业执着的人。他虽然被贬在外，无钱无权，可他对自己认定的事业依旧乐此不疲，每天仍坚持到"两桥一堤"工地察看，几乎风雨无阻。

工程进展到一半左右的时候，出现了资金不足的问题，致使工程无法正常运作。举步维艰时，苏轼把家中最值钱的东西，包括皇帝赏赐的一条犀带，都一并捐了出来。即使这样，资金仍不够，苏轼就马上给弟弟苏辙去信，向他的弟媳史夫人求助。苏辙接到哥哥的信后，看到哥哥在贬谪的困境中仍热心为百姓做好事，心里非常高兴。此时，弟媳史夫人也被苏轼为民办好事的热情所感动，毫不犹豫地把以前内宫赏赐的黄金数千两都捐了出来。

绍圣三年六月，"两桥一堤"工程终于建成，自动工以来，工程整整历时八个月时间。在惠州府城东面的、西枝江上的桥叫东新桥；西面的、西湖上的桥叫西新桥。"两桥一堤"工程竣工之日，惠州百姓欢欣鼓舞，兴奋不已，自发举行了庆祝活动。庆祝活动上，老百姓邀请惠州太守詹范和苏轼一同参加。许多人从家里带来了酒肉，带来了土特产。大家纷纷向太守和苏轼敬酒，表达自己对太守和苏轼的感激之情。盛大的庆祝活动，一直持续了好几天。看着百姓欣喜若狂的样子，苏轼挥毫写下一首《两桥诗（并引）》：

（惠州之东，江溪合流，有桥，多废坏，以小舟渡。罗浮道士邓守安始作浮桥，以四十舟为二十舫，铁锁石碇，随水涨落，榜曰东新桥。州西丰湖上有长桥，屡作屡坏，栖禅院僧希固筑，进两岸为飞阁九间，尽用石盐木，坚若铁石，榜曰西新桥。皆以绍圣三年六月毕工，作二诗落之。）

其一 东新桥

群鲸贯铁索，背负横空霓。首摇翻雪江，尾插崩云溪。
机牙任信缩，涨落随高低。辘轳卷巨索，青蛟挂长堤。
奔舟免狂触，脱筏防撞挤。一桥何足云，欢传广东西。
父老有不识，喜笑争攀跻。鱼龙亦惊逃，雷雹生马蹄。
嗟此病涉久，公私困留稽。奸民食此险，出没如凫鹥。
似卖失船壶，如去登楼梯。不知百年来，几人陨沙泥。
岂知涛澜上，安若堂与闺。往来无晨夜，醉病休扶携。
使君饮我言，妙割无牛鸡。不云二子劳，叹我捐腰犀。
我亦寿使君，一言听扶藜。常当修未坏，勿使后噬脐。

其二 西新桥

昔桥本千柱，挂湖如断霓。浮梁陷积淖，破板随奔溪。
笑看远岸没，坐觉孤城低。聊因三农隙，稍进百步堤。
炎州无坚植，潦水轻推挤。千年谁在者，铁柱罗浮西。
独有石盐木，白蚁不敢跻。似开铜驼峰，如凿铁马蹄。
岌岌类鞭石，山川非会稽。嗟我久阁笔，不书纸尾鹥。
萧然无尺棰，欲构飞空梯。百夫下一杙，椓此百尺泥。
探囊赖故侯，宝钱出金闺。父老喜云集，箪壶无空携。
三日饮不散，杀尽西村鸡。似闻百岁前，海近湖有犀。
那知陵谷变，枯渎生茭藜。后来勿忘今，冬涉水过脐。

后来，惠州人民为了铭记苏轼的功德，便把丰湖的那两段堤称为苏堤，以作永久纪念。

解决了惠州人民出行的困难之后，瘴毒流行、缺医少药的问题，便一直牵动着苏轼的心。就像当年在杭州那样，苏轼多方搜购药物，施药救人。

苏轼对医学是下了一定功夫的。这主要得力于他在朝廷时，曾得到一本《惠民济众方》。早在黄州时，他又结交了医学造诣较深的庞安常，两个人经常一起研讨医学上的问题。而且，他每到一地，都喜欢搜集民间医药验方，加上他本人经常研习道家的养生之道，所以，每当他遇到亲友或患者向他求药时，他都能向他们提供或推介方药。

在惠州，苏轼已经是一个被贬的罪臣。昔日的朝廷高官，现在已无事可做了，只能在江边郊野走走。他发现郊外到处都有野死者的枯骨时，便深感不安。于是，苏轼就和太守詹范商量，筹集经费，收拾枯骨，建造丛冢。为此，苏轼还亲自写了一篇饱含激情的《惠州祭枯骨文》：

> 尔等暴骨于野，莫知何年。非兵则民，皆吾赤子。恭惟朝廷法令，有掩骼之文，监司举行，无吝财之意。是用一新此宅，永安厥居……

苏轼非常关心农业生产，关心农具改进。当时，苏轼在赴惠州贬所的途中，舟泊江西太和县时，当地一位叫曾安止的退休官吏，拿着一本自己编撰的《禾谱》书稿来向苏轼请教。苏轼看后，认为此书写得很详实，对各种农作物的生长特点、生产管理方法都作了介绍，对农民很有参考价值。美中不足的是，书中没有介绍耕作农具和改良农具的内容。苏轼认为，生产工具的改良和进步，不亚于种植技术的提高。看完书稿后，他便向曾安止介绍了他在武昌时见到的一种插秧工具——秧马，并在《秧马歌并引》中极力赞美秧马的好处：

> （过庐陵，见宣德郎致仕曾君安止，出所作《禾谱》，文既温雅，事亦详实，惜其有所缺，不谱农器也。予昔游武昌，见农夫皆骑秧马。以榆枣为腹，欲其滑，以楸桐为背，欲其轻；腹如小舟，昂其首尾；背如覆瓦，以便两髀。雀跃于泥中，系束藁其首以缚秧，日行千畦。较之伛偻而作者，劳佚相绝矣！《史记》："禹乘四载，泥行乘橇。"解者曰："橇形如箕，擿行泥上。"岂秧马之类乎？作《秧马歌》一首，附于《禾谱》之末云。）
>
> 春云濛濛雨凄凄，春秧欲老翠剡齐。
> 嗟我妇子行水泥，朝分一垄暮千畦。
> 腰如箜篌首啄鸡，筋烦骨殆声酸嘶。

我有桐马手自提，头尻轩昂腹胁低；

背如覆瓦去角圭，以我两足为四蹄。

耸踊滑汰如凫鹥，纤纤束藁亦可贲；

何用繁缨与月题，揭从畦东走畦西。

山城欲闭闻鼓鼙，忽作的卢跃檀溪。

归来挂壁从高栖，了无刍秣饥不啼。

少壮骑汝逮老鬐，何曾蹶轶防颠隮。

锦鞯公子朝金闺，笑我一生踏牛犁，

不知自有木驮骊。

    苏轼不仅为惠州百姓解决了好些生活上的困难，更为难能可贵的是，当他听说广州城居民都饮咸的地下水时，还指导广州太守王仲敏建造了自来水设施。由于广州历来北靠越秀山，南濒珠江和南海，故地下水多为咸苦的海水。而普通居民只能在家里打一口井，饮用地下水，对健康极为不利。绍圣三年夏天，罗浮山道士邓守安向苏轼谈起，广州一城人因为饮用咸苦的井水，春夏之交瘟疫流行时，不少人都染上了疾病。苏轼听后，非常着急，马上将自己设想的自来水供水计划告诉广州太守王仲敏，并建议他请罗浮道士邓守安来操办这一造福广州百姓的善事。在信中，他不仅交代了修建的方法，连修建的经费来源以及可以直接操办这件事情的人选等问题也都想到了。这件事情，也可以说明苏轼无时无刻不把百姓的疾苦放在心上。

    王仲敏也确实是一个实干型的好官。他接纳了苏轼的建议，马上派人实地测量，并着手施工。他又在苏轼的指导下，有效解决了如何对付自来水管堵塞的办法。从此以后，广州百姓都喝上了清凉甘甜的山泉水。

    事实上，苏轼在惠州的生活非常艰苦，经常缺米断酒。当时，多亏了惠州太守詹范和循州太守周文之等人经常馈送薪米。

    在这样的困境下，苏轼想到自己在黄州依靠种地解决困境的经历，便向一位姓王的参军借了半亩地来种菜。此外，苏轼还种些人们经常用来滋补的中草药，以备不时之需。

    宋哲宗绍圣三年（1096年）三月，苏轼买下了白鹤峰上的几亩隙地。这里原是白鹤观的旧址，环境优雅，出入方便，苏轼依地就势在这里建造新居。让苏轼感到悲痛的是，新居还没建成，他的爱妾王朝云就病逝了，年仅34岁。

王朝云漂亮、聪颖、能干，一直被苏轼视为知己。自从苏轼外放到颍州、扬州，家姬已陆续离开了几个。等到苏轼接到贬谪岭南的诰命后，家姬和侍女几乎都走光了，只剩下三两个。苏轼心肠慈善，认为南蛮瘴疠之地，常人都难以生存，更何况是弱女子？所以，他决计将所有的姬妾全部遣散。正是在这个时候，唯独王朝云不肯离去，并对苏轼说：王夫人已经去世了，我不跟随你去，谁来照顾你这个孤独的老翁？王朝云的执着坚定，使苏轼大为感动。

苏轼初到惠州一个多月时，就曾忍不住写下了《朝云诗（并引）》：

（世谓乐天有《鹦鹉马》《放杨柳枝》词，嘉其主老病，不忍去也。然梦得有诗云："春尽絮飞留不住，随风好去落谁家。"乐天亦云：（小蛮——作者注）"病与乐天相伴住，春随樊子一时归。"则是樊素竟去也。予家有数妾，四五年相继辞去，独朝云者，随予南迁。因读乐天集，戏作此诗。朝云姓王氏，钱塘人。尝有子曰干儿，未期而夭。）

不似杨枝别乐天，恰似通德伴伶玄。

阿奴络秀不同老，天女维摩总解禅。

经卷药炉新活计，舞衫歌扇旧因缘。

丹成逐我三山去，不作巫阳云雨仙。

白居易曾有美妾樊素，擅唱杨柳词，人皆称其为杨柳。后来，白居易年老体衰，樊素就自己溜走了。于是，白居易在诗中说："春随樊子一时归。"晋人刘伶元在年老时，曾得一名叫做樊通德的小妾，二人情笃意深，并经常谈诗论赋，议古说今，时人称二人为刘樊双修。苏轼用这两例典故，说明他与王朝云生死相随、心意相通，正如刘樊二人。而同为舞姬出身，王朝云的坚贞完全不同于樊素的薄情，这让苏轼尤为感动。只是王朝云命苦，没有晋朝重臣周颛的生母李络秀的好福气，有儿子阿奴一直陪在身边。王朝云生了儿子，却意外夭折了。于是，王朝云的生活就像天女维摩一般，每天不是念经就是煎药。她抛却了从前长袖的舞衫，远离了悦耳的歌板，一心礼佛，唯望有朝一日，仙丹炼就，与苏轼一同登仙山，再也不为尘世所羁绊。

宋哲宗绍圣二年（1095年）端午节时，正是王朝云33岁生日。苏轼为了感谢王朝云的不离不弃，又写了一首《殢人娇》，或云《赠朝云》：

白发苍颜，正是维摩境界。空方丈，散花何碍。朱唇箸点，更髻鬟生彩。这些个，千生万生只在。

好事心肠，著人情态。闲窗下，敛云凝黛。明朝端午，待学纫兰为佩，寻一首好诗，要书裙带。

苏轼仍嫌这首词不足以表达他对王朝云的感激和赞美之情，于是，他又写下了一首新词《浣溪沙·端午》：

轻汗微微透碧纨，明朝端午浴芳兰，流香涨腻满晴川。
彩线轻缠红玉臂，小符斜挂绿云鬟，佳人相见一千年。

在惠州，王朝云经常为苏轼唱些歌或词，以此来慰藉苏轼寂寞愁苦的心情。苏轼与王朝云一起来到惠州的第二年秋天，嘉祐寺一带的天气开始转凉，户外树木的叶子有些变黄，有些已开始脱落，周围的环境有些凄凉。苏轼与王朝云闲坐在一起，顿时觉得心里沉闷。于是，苏轼便央求王朝云为他唱一阕他最心爱的，也是他贬谪惠州之前填写的《蝶恋花·春景》：

花褪残红青杏小，燕子飞时，绿水人家绕。枝上柳绵吹又少，天涯何处无芳草。

墙里秋千墙外道，墙外行人，墙里佳人笑。笑渐不闻声渐悄，多情却被无情恼。

在苏轼的请求下，王朝云站了起来，清了清嗓子，愣愣地站在那里，却一个字也唱不出来。苏轼走到她身旁，低声问她是什么原因。王朝云低下了头，眼泪簌簌地掉了下来。过了一段时间，王朝云才平静下来，低声说："奴不能歌，是因为'枝上柳绵吹又少，天涯无处无芳草'这两句。"

苏轼听王朝云这样一说，更加感到王朝云理解自己、关心自己，是自己人生难得的知音。因为他这首词的主旨，是借伤春抒发自己坎坷失意的人生际遇的。它化用了屈原《离骚》中"何所独无芳草兮，又何怀乎故宇"的诗句，所以，这首词表达了苏轼与王朝云两人的共同感受和体悟。顿时，苏轼心里有一种不祥的预感。

如果说王弗是在苏轼的仕宦生活与处理人际关系工作中，给予苏轼深深的关注和帮助，王润之是在苏轼经历大起大落的人生沉浮过程中，认同了苏轼的人生价值观，让他感到家庭的温暖与和谐，那么，王朝云就是以其艺术气质，能歌善舞，对佛教的兴趣和对苏轼内心的了解，与苏轼默契相投。

王朝云的离世，让苏轼非常悲痛。他食不甘味，睡不安稳。为了表达对王朝云的思念，苏轼又依《朝云诗（并引）》诗韵，写了一首《悼朝云》：

苗而不秀岂其天，不使童乌与我玄。驻景恨无千岁药，赠行惟有小乘禅。
伤心一念偿前债，弹指三生断后缘。归卧竹根无远近，夜灯勤礼塔中仙。

王朝云一生向佛，颇有悟性和灵性，这也是她能与苏轼心灵想通的重要基础。早在苏轼任徐州太守时，王朝云就曾学过《金刚经》，后来在惠州又拜当地名僧为俗家弟子。临终前，王朝云执着苏轼的手，朗诵了《金刚经》四偈："一切有为法，如梦幻泡影，如露亦如电，应作如是观。"

苏轼尊重王朝云的遗愿，于宋哲宗绍圣三年（1096 年）八月初三，将她葬在惠州西湖南畔栖禅寺的松林里，并亲笔为她写下了《朝云墓志铭》：

东坡先生侍妾曰朝云，字子霞，姓王氏，钱塘人。敏而好义，事先生二十有三年，忠敬若一。绍圣三年七月壬辰卒于惠州，年仅三十四。八月庚申，葬之丰湖之上，栖禅山寺之东南。生子遁，未期而夭。盖尝从比丘尼义冲学佛法。亦粗识大意。且死，诵金刚经四句偈以绝。铭曰：浮屠是瞻，伽蓝是依，如汝宿心，惟佛之归。

也许是王朝云感动了上帝，在她葬后的第三天，惠州突起暴风骤雨。第四天早晨，苏轼带着小儿子苏过前来探墓，发现墓的东南侧有五个巨人脚印。于是，苏轼再设道场，为之祭奠，并写下《惠州荐朝云疏》：

轼以罪责，迁于炎荒。有侍妾王朝云，一生辛勤，万里随从。遭时之疫，遘病而亡。念其忍死之言，欲托栖禅之下。故营幽室，以掩微躯。方负浼渎精蓝之愆，又虞惊触神祇之罪。而既葬三日，风雨之余，灵迹五踪，道路皆见。

是知佛慈之广大，不择众生之细微。敢荐丹诚，躬修法会。伏愿山中一草一木，皆被佛光；今夜少香少花，遍周法界。湖山安吉，坟墓永坚⋯⋯

在王朝云逝去的日子里，苏轼不胜哀伤。他除写了《朝云墓志铭》《惠州荐朝云疏》外，还写了《西江月·梅花》《雨中花慢》和《题栖禅院》等许多诗词、文章，以此来悼念这位红颜知己。其中，著名的《西江月·梅花》一词，更是着力写出了王朝云的精神风貌和高尚情操：

玉骨那愁瘴雾？冰肌自有仙风，海仙时遣探芳丛，倒挂绿毛么凤。
素面常嫌粉涴，洗妆不褪唇红，高情已逐晓云空，不与梨花同梦。

苏轼还在墓上筑六如亭，以此来纪念王朝云，并亲手写下楹联：

不合时宜，惟有朝云能识我；
独弹古调，每逢暮雨倍思卿。

这副亭联，不仅透射出苏轼对一生坎坷际遇的感叹，更饱含着他对一位红颜知己的无限深情。

05 谪居海岛，传播文化

王朝云去世半年后，苏轼所建造的 20 间白鹤新居宣告落成，他终于在惠州有了安居之所。宋哲宗绍圣四年（1097 年）闰二月初，苏迈携苏过两房家小来到惠州。此时，苏迈的大儿子箪已经 20 岁了，次子符也已 18 岁了。苏迈、苏过两家的到来，使白鹤新居内笑声盈室，热闹非凡。正如苏轼在《和陶时运四首》诗中所写的："旦朝丁丁，谁款我庐。子孙远至，笑语纷如。"此时，王朝云离世的伤痛虽然未尽，但一家人得以团聚，实现了苏轼来到惠州后一直渴望的"明年更有味，怀抱带诸孙"。

可是，意想不到的事情又发生了：苏迈本已授仁化令，但仁化辖属韶州，而韶州与惠州为邻郡。按当时朝廷的规定，贬官的亲属不得在责地的邻邑做官，因此，苏迈还未到任，就被罢免了。这样一来，苏轼一家的生活就更加艰苦了。但不管经济上有多么困难，苏轼看到眼前这个家，子孙团聚在一起，心里感到这是人生难得的天伦之乐。

白鹤新居从买地到落成，足足费时一年。这一年间，苏过曾到河源购料请工人，而苏轼每天都要上山监工，历尽艰辛。有了一个属于自己的家，实在是不容易。苏轼感慨万千，禁不住老泪纵横，在绍圣四年三月二十九这一天，写下了他在惠州最后的一首诗：

> 南岭过云开紫翠，北江飞雨送凄凉。
> 酒醒梦回春尽日，闭门隐几坐烧香。
>
> 门外橘花犹的皪，墙头荔子已斓斑。
> 树暗草深人静处，卷帘敧枕卧看山。

诗中表达出苏轼的恬静和与世无争。经过劫难的苏轼，把人生和社会都看透了。他对一家人能住上自己建造的房子，心里还是非常高兴的。平时，他可以到邻居翟秀才家去聊聊天，到林婆家去赊酒喝，还可以到白鹤峰下的东江边去钓鱼。正如他在《答毛泽民书》中所说的那样："新居在大江上，风云百变，足娱老人。"

可惜好景不长，苏轼在这倾囊建造的新居中，才住了两个月多一点，一道皇命把他贬往天涯海角的儋州（今海南省儋州市）。从此，他再也没有回过白鹤峰的居所。

章惇拜相后，马上把自己这一派的老党徒扶回高位，还设立特殊的机构来整治元祐大臣。他们把元祐年间官方通讯全部归档分类，谁要是开口反对过王安石的财经政策，就算毁谤神宗。他们先后处罚了830位官吏。当时，吕大防、刘挚、苏辙、范纯仁都先后遭到贬谪。王安石变法的斗争，最后已经演变为党派的斗争和宗派的斗争。

章惇曾是苏轼的朋友，早在凤翔为官时，苏轼就预言章惇以后一定会杀人。现在他得势了，便疯狂报复，真的杀起人来了。在元祐大臣中，章惇最忌怕的三个人，就是苏轼、范祖禹和刘安世。章惇所惧怕的，是苏轼的才气声望、范祖禹的学问气节、刘安世的刚强敢言。因此，章惇时刻都在考虑置这三个人于死地。当大权在握之时他便疯狂地报复起来。宋哲宗绍圣四年闰二月，章惇重提旧说，认为苏轼、范祖禹、刘安世三人虽谪岭南，责尚未足，于是有再贬之命：范祖禹徙宾州；刘安世徙高州；苏轼则徙海外，责授琼州（今海南省）别驾、移昌化军安置，乃责罚最重的。

当诰命颁到惠州，惠州太守方子容怀着沉痛的心情，将诰命交给苏轼，并说了好些安慰的话。

在宋代，儋州是没有开化的极其荒凉的地方。《儋县志》中说："盖地极炎热，而海风苦寒。山中多雨多雾，林木阴翳，燥湿之气不能远，蒸而为云，停而为水，莫不有毒。"

但谪令紧迫，苏轼只能草草地处理了家事。四月二十九，苏轼就带着小儿子苏过匆匆赶到惠州码头，奔赴儋州。看到苏过又要与刚刚见面的妻子分别，苏轼的心里非常难过。苏迈等诸子孙看见年老的苏轼还要奔赴远方，个个都流下了热泪，都坚持要送他一程。正当苏轼一家人赶到码头时，太守方子容也赶到了。他牵着苏轼的手，又说了许多安慰的话。

让苏轼最感头痛的是，身上带的钱不够开支。贬官本来有点薄俸，但三年来分文没有领到。于是，他只好再去函请广州太守王古帮忙。

船行到博罗（今广东省博罗县）时，博罗县令林抃已早早站在江边，要为苏轼送行。苏轼上岸与林抃聊了一会儿，方知广州太守王古因按照自己的建议设立医院、赈济贫民，而被治以"妄赈饥民"之罪，降调袁州的命令已下。

到了广州，苏轼特意与王古作别，千言万语，难以表达互相安慰的心情。第二天一早，苏轼与苏迈等人在广州江边诀别。骨肉分别，子孙数人齐集江边痛哭，一家老小肝肠寸断。苏轼在给王古太守所写的信中说：

某垂老投荒，无复生还之望，昨与长子迈诀，已处置后事矣。今到海南，首当作棺，次便作墓，乃留手疏与诸子，死则葬于海外，庶几延陵季子嬴博之义。父既可施之子，子独不可施之父乎？生不挈棺，死不扶柩，此亦东坡之家风也。此外宴坐寂照而已。所云途中邂逅，意谓不如其已，所欲言者，岂有过此者乎？故视缕此纸，以代面别尔。

绍圣四年五月，苏轼溯江而上直抵梧州，他听说弟弟苏辙再贬雷州，现已到达滕州，相距不过250里。原来，兄弟俩都是接到诰命来不及通信就匆匆启程，所以互相不知道。现在听到消息，苏轼惊喜异常，决定加快步伐赶到滕州。而且，苏轼马上题诗《寄子由》，以诗代柬，派快马送给苏辙。他在诗中写道：

九疑联绵属衡湘，苍梧独在天一方。

孤城吹角烟树里，落月未落江苍茫。

幽人抚枕坐叹息，我行忽至舜所藏。

江边父老能说子，白须红颊如君长。

莫嫌琼雷隔云海，圣恩尚许遥相望。

平生学道真实意，岂与穷达俱存亡。

天其以我为箕子，要使此意留要荒。

他年谁与作地志，海南万里真吾乡。

　　绍圣四年五月十一，苏轼、苏辙这对患难兄弟终于在滕州相聚。此时，苏辙身边只有史夫人与幼子苏远一房随行，长子苏迟与次子苏适两房都留在颍川，守着原来置下的一点田产过活。兄弟俩能在赴贬途中聚在一起，实属不易。他们又跟少年求学时期一样，同睡同起，形影不离，并有意放慢行程，以期尽量延续这难得的快乐时光。

　　绍圣四年六月初五，兄弟两家一行人抵达雷州。雷州知州张逢、海康县令陈谔出城迎接，并安排他们住入行馆。3天后，苏轼离开雷州，苏辙送哥哥过徐闻至海边。当晚，苏轼痔病发作，呻吟不止，苏辙一夜不睡，陪守在侧，并诵读陶渊明《止酒》诗劝哥哥戒酒。苏轼于是和陶渊明止酒诗，作为与弟弟的临别留言。苏轼在《和陶止酒（并序）》中写道：

　　（丁丑岁予谪南海，子由亦贬雷州。五月十一日相遇于藤，同行至雷。六月十一日相别渡海。余时病痔呻吟，子由亦终夕不寐，因诵渊明诗，劝予止酒。乃和原韵，因以赠别，庶几真止矣！）

时来与物逝，路穷非我止。与子各意行，同落百蛮里。

萧然两别驾，各携一稚子。子室有孟光，我室惟法喜。

相逢山谷间，一月同卧起。茫茫海南北，粗亦足生理。

劝我师渊明，力薄且为己。微病坐杯酌，止酒则瘳矣。

望道虽未济，隐约见津涘。从今东坡室，不立杜康祀。

　　六月十一清晨，兄弟俩依依不舍地在海边告别。不曾想，这也成了兄弟俩最后的诀别。

　　绍圣四年七月初二，苏轼父子经过两个多月的颠簸，行程数千里，抵达了儋州。

昌化军使（由儋州知州兼任）张中从小就十分钦佩苏轼，而今苏轼落难来到他的辖区，便将苏轼奉为上宾，盛情款待。苏轼来儋州虽然挂着"琼州别驾"的头衔，但明眼人一看就知是个虚职。况且，当权的政敌对贬谪到儋州的苏轼有三不禁令：不得食官粮、不得住官舍、不得签公事。然而，文人气十足的张中没有理会朝廷的红头文件，不仅好酒好肉供应苏轼，而且还经常将公事请教一二。张中的做法，让苏轼的心里终于有了一丝慰藉。

张中酷爱下棋，苏过也颇谙棋道，两个人一见如故，常常通宵对弈。每每这时，苏轼在一旁观战，从早到晚不觉厌倦。棋盘落子的清脆声响，常使他回想起宋神宗元丰八年（1085 年），他独自游览庐山白鹤观时的情景。于是，他在《观棋》一诗中这样写道：

> 五老峰前，白鹤遗址。长松荫庭，风日清美。
> 我时独游，不逢一士。谁欤棋者，户外屦二。
> 不闻人声，时闻落子。纹枰坐对，谁究此味。
> 空钩意钓，岂在鲂鲤。小儿近道，剥啄信指。
> 胜固欣然，败亦可喜。优哉游哉，聊复尔耳。

然而，好景总是不长久。苏轼来到儋州半年后，湖南提举董必察访广西，闻知张中善待苏轼父子一事，即遣使者渡海，先将苏轼父子逐出官舍，随后又罢了张中的官。

自己遭受责罚不要紧，还连累好人丢官，苏轼一时十分沮丧，对张中既感激又愧疚。张中临别前，苏轼写了一首《和陶与殷晋安别》赠送给他：

> 孤生知永弃，末路嗟长勤。久安儋耳陋，日与雕题亲。
> 海国此奇士，官居我东邻。卯酒无虚日，夜棋有达晨。
> 小瓮多自酿，一瓢时见分。仍将对床梦，伴我五更春。
> 暂聚水上萍，忽散风中云。恐无再见日，笑谈来生因。
> 空吟清诗送，不救归装贫。

此时，苏轼称自己已经到了"食无肉，病无药，居无室，出无友，冬无炭，夏无寒泉"的地步，可他必须要活下去，哪怕活得很艰难。不得已之下，苏轼用手里仅存的一点点积蓄，在城南面的桄榔林下，买了一块薄地，躬耕其处，自食其力。苏轼还在当地百姓的帮助下，建了几间茅屋，起名为"桄榔庵"。父子俩与当地百姓尤其是黎族人相处得非常融洽，他们常常给父子俩送来芋头、蚶蛤、时鲜蔬菜、槟榔、木棉等，对父子俩关怀备至。城东南的黎子云兄弟对苏轼父子非常照顾，父子俩也非常亲近他们，不时跟他们共饮椰子酒。苏轼在《和陶田舍始春怀古二首》（其一）中写道：

> 退居有成言，垂老竟未践。何曾渊明归，屡作敬通免。
> 休闲等一味，妄想生愧赧。聊将自知明，稍积在家善。
> 城东两黎子，室迩人自远。呼我钓其池，人鱼两忘反。
> 使君亦命驾，恨子林塘浅。

黎家兄弟居临大池，水木幽茂，使客人们怡然自适，流连忘返。只可惜黎家兄弟家中贫穷，房屋破陋。为了聚会方便，大家商议一起凑钱建屋，苏轼欣然赞同，并取《汉书·扬雄传》中"载酒问字"的典故，将这新建的陋室取名为"载酒堂"，并以诗《和陶田舍始春怀古二首》以记之，其二写道：

> 茅茨破不补，嗟子乃尔贫。菜肥人愈瘦，灶闲井常勤。
> 我欲致薄少，解衣劝坐人。临池作虚堂，雨急瓦声新。
> 客来有美载，果熟多幽欣。丹荔破玉肤，黄柑溢芳津。
> 借我三亩地，结茅为子邻。鴃舌倘可学，化为黎母民。

苏轼真心喜欢黎家兄弟，喜欢他们居住的地方，愿意与他们成为邻居，和他们一起学说儋州方言，努力使自己成为黎族百姓中的一员。

苏轼看到当地黎族百姓生产生活的原始，决定不遗余力地向当地的黎族百姓传播中原文化。

当时，儋州一带的荒地很多，但这里的土著居民却只停留在刀耕火种的水平，不会耕种土地，而以卖香为生，收获甚少。他们遇到疾病，也不懂请医用药，却相信巫师。因此，这里的人们思想封闭，文化落后，疾病流行，祖祖辈辈都直接饮用沟塘里的积水。苏轼克服起初语言不通的困难，极力劝说当地黎族百姓以农业为生存的根本，指导大家耕作的方法，并写了《和陶劝农六首》，真诚地告诉大家"听我苦言，其福永久"。苏轼还耐心引导大家讲究卫生，指导当地人勘察水脉，掘土打井。从此，人们开始饮用清澈甘甜的井水，并亲切地把这些水井统称为"东坡井"。

除此之外，苏轼还是墨的制作与鉴赏的行家。当时的海南缺笔缺墨，尤其是墨，十分昂贵。苏轼的小品文《书潘衡墨》中记载，金华墨商潘衡来儋州制墨，得到的松烟很多，但是墨的质量很差。苏轼教他把炉灶与烟囱之间的距离拉大一些，让炉灶再宽大一些，结果得到的松烟虽然只有原来的一半，但是墨却比以前更黑，质量更好，这就是著名的"海南松煤，东坡法墨"的由来。

苏轼作为一位天才美食家，有办法把最普通的食材，做成最美味的食物。当地人以山芋为主食，苏轼父子俩便自创了一道美食，名叫"玉糁羹"。对此，苏轼以诗《过子以山芋作玉糁羹》记之：

> 香似龙涎仍酽白，味如牛乳更全清。
> 莫将北海金虀鲙，轻比东坡玉糁羹。

在吃的问题上，苏轼还是一位不折不扣的冒险家。苏轼在《闻子由瘦》一诗中写道：

> 五日一见花猪肉，十日一遇黄鸡粥。
> 土人顿顿食薯芋，荐以熏鼠烧蝙蝠。
> 旧闻蜜唧尝呕吐，稍近虾蟆缘习俗。
> 十年京国厌肥羜，日日胾花压红玉。
> 从来此腹负将军，今者固宜安脱粟。
>
> 人言天下无正味，即且未遽贤麋鹿。
> 海康别驾复何为，帽宽带落惊僮仆。
> 相看会作两臞仙，还乡定可骑黄鹄。

吃鼠类也就罢了，居然蝙蝠也敢吃，再怎么入乡随俗，这也是需要极大的勇气的。有一次，当地的土著百姓送来一些生蚝，父子俩把它们剖开，把肉放进锅里，又突发奇想，倒进一些酒煮了起来，结果，味道十分鲜美。苏轼一边吃，一边嘱咐儿子苏过不要对外人谈起，恐北方君子闻之，争欲为东坡所为，求谪海南，分我此美也。为了一道美食而求贬孤岛，估计也就苏轼想得出来。可见，苏轼沧桑阅历的背后，依然藏着一颗充满童趣的心。

在儋州，苏轼还结合气候条件与生活起居，发明了"养生三法"：晨起梳头，中午坐睡，夜晚濯足。后来，苏轼写成了《谪居三适》，虽然写的都是一些生活琐事，却体悟颇深，给人以启迪。

尤其值得称道的是，在儋州艰苦的生活环境中，苏轼以著书写诗为乐。据统计，苏轼在儋州共写诗 127 首、词 4 首，各种表、赋、颂、碑铭、论文、书信、杂记等 182 篇。同时，苏轼还续写完成了从黄州开始动笔的《易传》《书传》《论语说》三部经学著作。这时期的作品，已没有了大江东去那样的博大精深，也不再指点江山、激扬文字，而是在大量的农家生活的纪实中，追求陶渊明式的悠扬自乐的隐逸生活。

此时，让苏轼最为惬意的，就是他的载酒堂。这里不仅有鱼鸟亲人的怡悦，还有载酒问字的神圣与庄严。载酒堂从表面上看，是苏轼与朋友饮酒求乐的场所，实际上是他以文会友、问奇请益、敷扬文教的地方。这个看起来十分简陋的载酒堂，实现了中原文明和海南文化的有效对接，是海南文明进程的重要标志。

在儋州的三年里，苏轼不遗余力地传播着中原文化。这期间，他最大的贡献，就是亲手培育了几个优秀的本土学子。在这些学子中，有几位是苏轼非常满意的。像笃学上进、侠义好客的黎子云兄弟，词义兼美、忠厚正直的琼州佳士姜唐佐等人。姜唐佐曾是海南当地有点名气的作家，可因为交通闭塞、信息不灵，又缺乏名师指点，所以屡考不中。闻知大学士苏轼落难儋州，姜唐佐便携母来到载酒堂拜苏轼为师，并侍奉苏轼左右达八个月之久。儋州当地学子符确也是苏轼的学生。这两人先后成为第一个中举和登进士的海南人。

在此之前，隋、唐两朝长达 326 年的历史中，海南没有出过一个举人或进士。而此后，经宋、元、明、清几代，海南共出举人 767 人，进士 97 人。这样的结果，不能不说与苏轼的教化有关。

最为值得一提的是苏轼的学生姜唐佐。这位苏轼的得意门生忠厚正直、器宇不凡，且文章文风雄伟磊落，倏忽变化，言行气和而言遒，有中州人士之风，因而颇受苏轼的器重。当姜唐佐要去广州应考时，苏轼在他的扇子上题写了两句诗："沧海何曾断地脉，白袍端合破天荒。"并说，待你中举后再续完。姜唐佐果然不负老师的厚望，一举成名，成为海南第一个举人，并光宗耀祖回到故里。正当他要去儋州拜谢恩师时，却闻知老师已获赦北归，他只好悻悻地回到琼山，潜心温习功课，以备明年的会试。

第二年，姜唐佐北上参加会试，途经河南汝州时，拜会了苏轼之弟苏辙，这才知道恩师苏轼在北归后就已仙逝。姜唐佐得知这个消息后，心酸不已，默默拿出老师的题扇。苏辙见亡兄遗作，沉痛片刻，便在扇子上挥毫："生长茅间有异芳，风流稷下古诸姜。适从琼管鱼龙窟，秀出羊城翰墨场。沧海何尝断地脉，白袍端合破天荒。锦衣不日千人看，始信东坡眼力长。"

在苏轼谪居惠州和儋州的七年间，有很多好友都写信说要来看他，但大多被他婉拒。老友陈慥得知苏轼迁谪岭海，便忧心如焚，立即写信要步行去惠州探望苏轼。苏轼知道陈慥年事已高，马上回信加以劝阻。与他相好的僧道朋友，也不远万里从苏杭和成都等地来探望他。其中有：卓契顺、法舟、法荣、吴复古、吴惟忠、法芝（昙秀）、惠诚等。参寥子（道潜）也一直坚持要来探望苏轼，由于年老体弱，也被苏轼制止。

苏轼的同乡巢谷对待苏轼的态度尤为感人。巢谷这位奇侠般的人物，年轻时中过进士，但他一不要功名，二不要田产，专好行侠仗义。苏轼兄弟风光时，他毫无音信；苏轼兄弟落难后，他总是及时出现。18年前，苏轼谪居黄州时，巢谷到黄州帮助苏轼耕地建屋，陪他度过最艰难的岁月。元祐年间，苏轼、苏辙官运亨通，仕途如日中天，巢谷却回到故乡眉山。后来听说苏轼兄弟又遭不幸，远谪岭海，他竟以73岁的高龄，拖着瘦瘠多病的身体，毅然徒步从四川远赴岭外。见到苏辙后，继续往海南进发。当船行至新会时，当地土贼偷走了他的包裹。后来，土贼在新州被抓获，巢谷马不停蹄赶往新州，只是想拿回自己那点可怜的盘缠。但不幸的是，巢谷因年事已高，旅途劳顿，一病不起，最后客死他乡。苏轼北归途中听到这一消息，悲伤不已，马上写信告知眉山老家的杨济甫，请他资助巢谷的儿子巢蒙远来迎丧。锦上添花他不在，雪中送炭他自来，巢谷这样的朋友，让苏轼、苏辙兄弟俩感动不已。

06 奇才离世，光照后人

宋哲宗元符三年（1100 年）正月初九，赵煦崩逝，年仅 24 岁，在位 15 年。由于哲宗没有儿子，便由弟弟赵佶继位，是为徽宗。随之，神宗皇后向氏以皇太后身份垂帘听政。就这样，形势向着有利于元祐臣僚的方向发展。元符三年二月，宋徽宗大赦天下，元祐诸臣纷纷内移。

元符三年五月，朝廷诏下儋州，苏轼以琼州别驾，廉州（今广西合浦县）安置，不得签书公事。消息一经传开，苏轼家里顿时门庭若市，邻里群集，人们真诚地向苏轼道贺，同时又舍不得苏轼离开。

元符三年六月，苏轼即将离开谪居三年的海岛。当地的朋友们纷纷前来送行，场面让人感动。而苏轼此时的心情却异常复杂。既有将与子孙团聚的喜悦，又有对儋州父老的不舍。于是，他提笔写下一首《别海南黎民表》，以此来表达自己对儋州父老的依依深情：

> 我本海南民，寄生西蜀州。忽然跨海去，譬如事远游。
> 平生生死梦，三者无劣优。知君不再见，欲去且少留。

苏轼以诗明志，把海南当作故乡，而把出生之地蜀州，看成是寄生之地。由此可见，苏轼已经深深地爱上了这片异乡的土地和这里的父老乡亲。

几天后，苏轼到达海岛北面的澄迈。苏轼登上通潮阁，面对眼前的碧海滔滔，不禁心潮翻滚。他日思夜想的中原大地，此时就在对面，隔海相望，仿佛已近在咫尺。想到就要与亲人们团聚，怎能不让人心潮澎湃。为此，苏轼写了《澄迈驿通潮阁二首》，来表达激动振奋的心情：

其一

倦客愁闻归路遥，眼明飞阁俯长桥。

贪看白鹭横秋浦，不觉青林没晚潮。

其二

余生欲老海南村，帝遣巫阳招我魂。

杳杳天低鹘没处，青山一发是中原。

第一首诗中，苏轼描绘了登通潮阁所见的情景，闲雅的笔触中隐然透出羁旅愁绪。第二首诗中，苏轼着意抒发思乡盼归的心情。

元符三年六月二十夜，苏轼终于登上了渡海北归的大船。他不禁百感交集，几乎一夜无眠。他倚着船舱欣赏海上的夜色，耳畔的涛声，使他不由联想起轩辕黄帝在洞庭湖边演奏的《咸池》乐曲。他思绪如潮，不禁脱口吟出了在海南的最后一首诗《六月二十日夜渡海》：

参横斗转欲三更，苦雨终风也解晴。

云散月明谁点缀？天容海色本澄清。

空余鲁叟乘桴意，粗识轩辕奏乐声。

九死南荒吾不恨，兹游奇绝冠平生。

这首诗的意思是，三更过后迎来黎明，风雨久作也有放晴的时候。云散月明，天海澄清，多年颠沛流离的生活终于结束。虽然命运又一次出现转机，但自己已粗识老庄齐得失、等荣辱的哲理，早已看透翻云覆雨的政坛。他希望余生能扁舟散发，归隐江湖。回首过去，虽然自己在荒僻的岭海历尽磨难，九死一生，但他一点也没有怨恨，因为这次远游是他一生最奇绝的经历。

元符三年六月二十一，苏轼顺利渡过琼州海峡，停靠在徐闻。此时，秦观早已等在那里。宋徽宗即位大赦天下，在苏轼获诏北归的同时，其他元祐大臣也纷纷获诏，或内迁，或重新启用。"苏门四学士"当然也不例外，张耒通判杭州，晁补之签书武宁军判官，黄庭坚差鄂州在城盐税。他们三人贬所均在岭北，此时相继赶赴新命。唯有秦观编管雷州，与苏轼仅一海之隔。秦观蒙恩量移英州，得知恩师即将北归路过这里，故而推迟启程等候在此。两位志趣相投、情感真挚的师友，已经相别整整七年，都以为此生无缘再次相见，如今一朝相见，不禁悲喜交集，执手涕泣。短暂的欢聚之后，秦观又奉诏量移衡州，苏轼也须尽快赶赴廉州，两人同行到雷州便不得不就此握别，各奔东西。生性敏感的秦观，对政局的起伏跌宕依然心有余悸，对捉摸不透的未来充满疑虑和忧思。临别之时，他竟自作挽词一篇相赠，言辞极为凄婉。早已参透祸福了然生死的苏轼见他这样，竟也不以为怪，只是互相勉励几句。没想到的是，两人在此一别竟成永诀。

握别后，秦观北行至滕州，因伤暑困卧，竟于元祐三年八月十二不治而亡。此时，苏轼中途又接诰命授舒州团练副使，永州安置，赶往永州的途中，惊悉秦观病逝的噩耗，苏轼悲痛不已，两日不能进食，苏轼悲痛地说："少游不幸死道路，哀哉！世岂复有斯乎！"他还说："少游已矣，虽万人何赎！"

听说秦观的女婿范温与其兄范冲尚在滕州料理后事，苏轼决定绕道前往，希望能在好友灵前放声一恸，以表深切哀思。可是，等他不分昼夜赶到滕州时，范氏兄弟已于半个月前扶柩离去了。苏轼孤影伫立，临风洒泪，无限伤感。

而此时，苏迈一家以及苏过的家眷尚在惠州，次子苏迨也从常州千里迢迢赶到惠州。因此，苏轼离开廉州之前，写信通知苏迈率领全家到梧州相会。苏轼至梧州时，苏迈、苏迨尚未到达。适逢秋旱，贺江水干不能行船，所以，苏轼又改道经广州北归。亲人即将相聚，苏过抑制不住兴奋的心情，写诗《将至五羊（广州）先寄伯达仲豫二兄》。苏轼看后，步韵作《将至广州，用过韵，寄迈迨二子》：

皇天遣出家，临老乃学道。北归为儿子，破戒堪一笑。

披云见天眼，回首失海潦。蛮唱与黎歌，余音犹杳杳。

大儿收众稚，四岁守孤峤。次子病学医，三折乃粗晓。

小儿耕且养，得暇为书绕。我亦困诗酒，去道愈茫渺。

纷纷何时定，所至皆可老。莫学柳仪曹，诗书教蛮獠。

亦莫事登陟，溪山有何好。安居与我游，闭户净洒扫。

苏轼祈望一家人从此安安稳稳地在一起过平常人的日子，永不分离。不要像柳宗元一样，老死蛮荒，靠幽峭的山水来消遣晚景余生。

正当苏轼带着一家三十余口北赴永州时，他又一次接到朝廷诰命：复朝奉郎，提举成都府玉局观，外军州任便居住。大半生的颠沛流离，终于可以安定下来了，苏轼感到由衷高兴。

宋徽宗建中靖国元年（1101年）正月初一刚过，苏轼北返到达大庾岭。大庾岭在古人心目中，是腹地和南部边陲的分野，是文明和蛮荒的界线。大庾岭是自然界的一道分水岭，也是精神道义上的一道分水岭。它让每一位来到这里的人，都完成灵魂深处的一次沦落或升华。有人从此一蹶不振，有人却在此笑看风云。苏轼在绍圣元年（1094年）九月经此岭赴惠州后，度过了长达七年的岭南贬谪生活，如今居然登岭北归，心中的感慨自然如波涛澎湃，波澜起伏。伫立岭上，苏轼思绪飞转，诗潮泉涌，写下了《过岭二首》：

其一

暂着南冠不到头，却随北雁与归休。

平生不作兔三窟，今古何殊貉一丘。

当日无人送临贺，至今有庙祀潮州。

剑关西望七千里，乘兴真为玉局游。

其二

七年来往我何堪，又试曹溪一勺甘。

梦里似曾迁海外，醉中不觉到江南。

波生濯足鸣空涧，雾绕征衣滴翠岚。

谁迁山鸡忽惊起，半岩花雨落毵毵。

在第一首诗中，"南冠不到头"流露出苏轼对自己被贬的失望心情。苏轼当时认为，自己以62岁的高龄渡海南迁，不可能会活着北归。现今得此喜讯，回想到自己平时不善钻营，也未利用各种利弊关系保护自己，就连自己被贬远行时，都没有几人相送，与当年在朝当权时多少人阿谀奉承的情景，形成了多么强烈的反差，苏轼顿时心情万分凄凉。可苏轼仍以高昂的姿态和无畏气魄，迎接自己多舛的命运。"至今有庙祀潮州"，几十年来政敌的诬陷都没有把他压倒，他从不后悔自己的所为。想到当年韩愈因上书谏迎佛骨，被唐宪宗贬为潮州刺史，其后潮州人念韩愈治州之功德，立庙以祀之。联想到自己被贬儋州，以韩愈自比，同样受到海南百姓的热烈欢迎和厚爱。苏轼在与海南黎族百姓的相处中，很快找到家的感觉。想到北归，想到远在千里之外的家乡，想到自己多年的颠沛流离，想起海南三年，一旦离去，真是死里逃生，感慨万千。"乘兴真为玉局游"，不如乘此北还，放下一切世俗的杂念，能像神仙一样，赴家乡逍遥游乐一番。

第二首诗是说，苏轼第一次贬谪黄州时，对宋神宗还抱有一线希望的话，这一次被贬岭南长达七年的生活，给他的思想带来很大的变化。在这次被贬的磨难中，支撑他活下来的，不再是对皇帝的期望和幻想，而是热爱他的才华、敬仰他的人格的岭南人民。对苏轼而言，活着的意义，不再是对皇帝负责，而是不负给他真正人间温暖的普通老百姓，善处逆境的苏轼，在岭海人民中间，找到自己生存的空间。

苏轼一家在岭上的一个山野村店休息，村店前坐着一位白发老翁。老翁见苏轼气质不凡，且徘徊山岭，不禁好奇地问随行的仆从："这位官人是谁？"仆从回答："是苏尚书。"老翁又问："可是鼎鼎大名的苏子瞻先生？"仆从点头称是。老人连忙来到苏轼面前，拱手施礼，由衷地说："我听说有人千方百计地想陷害您，今日北归，真是天佑善人啊！"

苏轼听了老人的话，十分感慨，在墙壁上题诗《赠岭上老人》，以表达自己的复杂心情：

> 鹤骨霜髯心已灰，青松合抱手亲栽。
>
> 问翁大庾岭头住，曾见南迁几个回。

翻过大庾岭，苏轼一家到达虔州，与同样遇赦北归的刘安世相遇。

刘安世字器之，号元城，官号刘待制，曾与苏轼同朝为官。当时，刘安世的盛名远在苏轼之上。宋神宗熙宁六年（1073 年），刘安世进士及第，但未就选。元祐元年（1086 年），司马光入朝为相后，推荐刘安世为秘书省正字，后他被提升为右正言。他在职多年，神色严肃立于朝堂之上，主持公道，当面指斥，在朝廷上谏争。有时碰上皇上大怒，他就握着手板退一步站立，等皇上怒气稍解，再上前争辩。旁边陪侍的人在远处观看，吓得缩着头直冒冷汗，把他称作"殿上虎"。当时，没有人不敬仰他。

他曾屡次上书奏章惇品性不端，不久，章惇掌握大权，他一再遭贬。为报旧怨，章惇在他贬谪途中，想方设法要置他于死地，但每次他都阴差阳错逢凶化吉。

苏轼与刘安世相遇后，在赣南游历两个多月。建中靖国元年寒食节这一天，苏轼邀刘安世游南塔寺寂照堂。刘安世好谈禅，不喜游山，山中新笋出土，苏轼想上山吃笋，怕他不肯同往，骗说邀他同参玉版和尚。刘安世听说有禅可参，欣然同往。到了廉泉寺，遍地都是鲜嫩的竹笋，苏轼建议烧笋野餐。大家一起采笋生火，不一会儿，空气中就弥漫着扑鼻的笋香，刘安世吃得津津有味儿，问苏轼："此笋何名？"

苏轼笑眯眯地回答："这就是玉版啊！此老僧善说法要，令人得禅悦之味。"

于是，刘安世这才知道上当。两人相视，不约而同哈哈大笑起来。苏轼随即脱口吟了一首《器之好谈禅，不喜游山。山中笋出，戏语器之，可同参玉版长老，作此诗》：

丛林真百丈，法嗣有横枝；不怕石头路，来参玉版师。
聊凭柏树子，与问箨龙儿。瓦砾犹能说，此君那不知。

之后，他们又游览了南塔寺寂照堂，苏轼在此作了一首《寒食与器之游南塔寺寂照堂》：

城南钟鼓斗清新，端为投荒洗瘴尘。
总是镜空堂上客，谁为寂照境中人。
红英扫地风惊晓，绿叶成阴雨洗春。
记取明年作寒食，杏花曾与此翁邻。

此时，先于苏轼北归的苏辙也接到"任便居住"的诰命，已经定居颍昌。

他写信劝说苏轼同住颍昌，兄弟一起安度晚年。但苏轼多年来魂牵梦萦的安居之地一直是常州，况且那里早已置办田产，贬谪岭南的这些年，家眷又大多住在那里。一时间，苏轼左右为难，他又何尝不想跟弟弟同住，以了却多年来"夜雨对床"的夙愿。

经过几番犹豫，再加上苏辙三番五次写信劝说，苏轼最后决定随苏辙定居颍昌。但是，苏轼的心里仍有忧虑，因为颍昌离京师太近，政治气候最为敏捷，忧患余生，他不想再投身到这是非扰攘的地方去。

几乎与此同时，京师盛传苏轼即将入相，很多好友专门写信给苏轼，专门求证这一消息。章惇的儿子章援也写来一封长信，言词恳切，言下之意希望苏轼登相位放过他父子。苏轼就地回复，也是一封长信，提及章惇时说："轼与丞相定交四十年，虽中间出处稍异，交情固无所增损也。闻其年高寄迹海隅……"书信背面还写了专治瘴毒的药方，荐与章惇备用。

建中靖国元年五月中旬，苏迈、苏迨回常州搬家，准备随父亲一起定居颍昌。于是，苏轼得空前往金山，与程德孺、钱济明二人一起游金山寺，登妙高台。在金山寺里，苏轼看到多年前李公麟给自己画的一幅画像，于是，苏轼在画像上自题一首六言绝句：

> 心似已灰之木，身如不系之舟。
>
> 问汝平生功业？黄州惠州儋州。

这次金山之行，苏轼从时任浙江转运使的表弟程德孺口中，听到了不少不利于元祐诸臣的消息，当即打消了去颍昌定居的念头，并写信告知弟弟："兄近已决计从弟之言，同居颍昌，行有日矣。适值程德孺过金山，往会之，并一二亲故皆在座。颇闻北方事，有决不可往颍昌近地居者。事皆可信，人所报，大抵相忌安排攻击者众，北行渐近，决不静尔。今已决计居常州，借得一孙家宅，极佳。"想到兄弟从此异处，再难相聚，苏轼想起自己25年前写下的"人有悲欢离合，月有阴晴圆缺，此事古难全"的句子，内心的怅恨无以言表。

长途跋涉，再加上天气越来越炎热，建中靖国元年五月下旬，苏轼准备自金山返回真州。此时，苏轼感觉身体微有不适，但他没太放在心上。苏轼曾在真州购置了几间房子，如今手头紧缺，打算把这点产业变卖出去。于是，苏轼泊船江边，继续在此逗留。

随着天气越来越炎热，苏轼常去真州白沙镇上避暑乘凉。没想到，在这里遇到了老友米芾。米芾在真州办了一个西山画院，得知苏轼北归路过这里，特意前来求见。老友相逢，让苏轼喜出望外。两人席地而坐，畅谈了一整天。此后，你来我往，终日厮守。

进入六月，天气越发酷热。已经是 64 岁高龄的苏轼，刚从瘴疠之地的岭海返回，早已身染瘴毒，再加上连日来旅途劳顿，竟然一病不起。他预感到自己将不久于人世，便强支病体，给苏辙写信，嘱托后事："即死，葬我嵩山下，子为我铭。"

等到症状稍微缓解一些，苏轼一家离开真州，前往常州。建中靖国元年六月十五，船到奔牛埭时，钱济明早已等候在那里。苏轼强撑着病体坐起来说："不料万里生还，却将后事相托，只是我和子由，自从贬往海南之后，不得再见一面，倘若从此永诀，此痛难堪，其余皆无足言矣。"

到达常州后，苏轼便直接住进了钱济明为他租借的孙氏馆。

建中靖国元年七月十三，苏轼病况好转，但次日又高烧，热毒大作。苏轼强撑病体写了《与钱济明书》："某一夜发热，不可言。齿间出血如蚯蚓者无数。细察疾状，专是热毒，根源不浅，当专用清凉药，已令人用人参、茯苓、麦门冬三味煮浓汁。渴则少啜之，余药皆罢也。庄生闻在宥天下，不闻治天下也。三物，可谓在宥矣。此而不愈，则天也，非吾过也。"

六月十八，苏轼自知难起，便唤三子于床前说："吾生不恶，死必不坠。"苏轼所说的"坠"，指的是地狱。

宋徽宗建中靖国元年（1101 年）七月二十八，苏轼溘然而逝，享年 64 岁。

消息传出，四方震悼，山河同悲，人们自发举行各种哀悼活动。

在荆州，大病初愈的黄庭坚悲痛万分。他将苏轼遗像悬挂正厅，每天早起整肃衣冠，上香供拜。当地士人举行哀悼仪式时，黄庭坚拖着病体前往参加。

在颍州，张耒白衣素帽，祭奠恩师，并拿出自己多年积攒下来的俸禄，在寺庙为老师做了一场佛事，以寄哀思。

在汴京，数百名太学生自发地聚集在慧林僧舍，举行饭僧仪式，痛悼一代文坛巨星的陨落。

李廌深感苏轼的知遇之恩，悲怆痛哭，作祭文曰："皇天后土，监一生忠义之心；名山大川，还万古英灵之气。"词语奇壮，读者无不肃然。

毫无疑问，苏轼是中国文学史上知名度极高的一位伟大作家，他人品高尚，才华横溢，罕有其匹。"明月几时有？把酒问青天。"一生影响巨大、命运多舛的他，必将永载史册，流芳千古！

[1] 达亮.苏东坡与佛教 [M].1.成都：四川大学出版社，2009.

[2] 王水照 崔铭.苏轼传 [M].1.天津：天津人民出版社，2013.

[3] 桃花潭水.苏轼：一蓑烟雨任平生 [M].1.哈尔滨：哈尔滨出版社，2015.

[4] 高有朋.大宋风月：苏轼 [M].1.上海：东方出版中心，2015

[5] 杜萌.奇才苏轼 [M].1.太原：山西出版传媒集团 山西教育出版社，2016.